ちくま文庫

増補 オオカミ少女はいなかった

スキャンダラスな心理学

鈴木光太郎

筑摩書房

まえがき

心理学という部屋の掃除をしたくなった。とにかくガラクタが多すぎる。これらをまずは処分することにしよう。そうすれば、なにやらウサン臭さのある学問という心理学のイメージを多少は払拭できるかもしれない。

ターゲットにするのは、現代心理学に亡霊のようにつきまとういくつかの神話である。文化人類学者のドナルド・ブラウンは、否定されているのに既成事実として何度もよみがえる人類学の話や考え方を、比喩的に「神話」と呼んでいる。ここでは、心理学のなかのそうした神話のいくつかを叩き割ってみる。もしあなたがそれらの神話をこれまで疑いもせずに真実だと信じてきたとしたら、あなたのなかの常識は音を立てて崩れるかもしれない（私としてはそうなってほしいが）。加えて、神話とまではいかないが、心理学におけるいくつかの準神話的な話も紹介し、それらの検証も試みてみよう。

本書では、どの章にも、スキャンダラスな事件や出来事が登場する。教科書に載っている理論や実験や知見はすまし顔で鎮座しているが、実はその陰では、さまざまなドラマが繰り広げられている。心理学という科学も人間のなす営為である。だから、おもしろいし、スリリングでもある。ここでは、心理学のいわば舞台裏も見ていただこうと思う。

それでは、心理学のなかの迷信や誤信がいくらかでも減ることを願いつつ、オオカミ少女の神話から始めることにしよう。

目次

増補　オオカミ少女はいなかった——スキャンダラスな心理学

1章　オオカミ少女はいなかった
――アマラとカマラの物語

オオカミが人間の子を育てる?

インドに、オオカミに育てられた2人の少女がいた。名前をアマラとカマラという。発見された時にはオオカミのようで、人間らしいところは微塵もなかった。アマラは発見後1年して亡くなり、カマラは9年を生きる。カマラについては、養育者であったシング牧師夫妻が献身的な努力をした結果、夫妻との間に多少の愛着関係を築くことができた。しかし、知的な能力はほとんど発達することがなかった。この話は、ヒトがヒトに育てられないとどうなるかを示す例としてよく知られている。幼児期や児童期の環境や教育がいかに重要かを如実に示す例として、教育関係者が好む話でもある。

まことしやかに語られ、実際にあったこととして信じられているこの話には、実はおかしなところが山ほどある。動物の専門家から見れば、オオカミが人間の子どもを育てるわけがない。(1)オオカミの乳の成分は、人間の赤ん坊が消化できるようなものではない。それに、ある動物がほかの動物種の子どもを育てるということも、起こりうることではない。たしかに、たとえばカッコウの「托卵」のように、習性として他種の鳥に子育てをしてもらう場合があるし、人間が介入することによって、種を越えた里親・里子関係を作ることもできる。しかし、自然界で、種を越えた養母・養子関係ができることはない。流産や死産をしたばかりの母親が、同種のよその子を育てるということなら考えられなくはないが、オオカミの母親が人間の赤ん坊を育てることなど、あるはずがない。

アマラとカマラについては、シングによる詳細な記録と写真が残されている。通常なら、これこそ動かぬ証拠である。けれども、記録があまりに詳細で、証拠の写真があるということそのものが、作為を感じさせる。こう考えるのは、私だけではない。これまでも、何人かの研究者は、この話に疑いの目を向けてきた。(2)

アマラとカマラ

では、アマラとカマラとは、どういう子どもたちだったのか。

1920年10月、インド東部のカルカッタに近いミドナプールという町で牧師をしていたジョゼフ・シングは、伝道旅行中にゴダムリという村に立ち寄る。彼はそこで、森に化け物がいるという噂を聞き、好奇心から村人たちと化け物狩りに出かける。何度かオオカミと一緒にいる化け物に遭遇するうち、シングは、その化け物が姿形から人間の子どもだと直感する。オオカミたちを追い払ったり殺したりしたあと、彼らは、オオカミの穴のなかにいた2人の子どもを発見し、捕獲する。

2人の子どもは、裸で、四つんばいで歩き、オオカミのようなうなり声をあげた。ことばらしきものは話さなかったし、その行動も、人間らしいところは片鱗もなかった。年齢は小さいほうが1歳半、大きいほうが8歳と推定された。シングは、教会に付属した孤児院も経営しており、ミドナプールに彼らを連れ帰って、夫人とともに養育にとりかかる。

子どもはどちらも女の子で、小さいほうがアマラ、大きいほうがカマラと命名された。シング夫妻は、少女たちが「見世物」になることを恐れて、またおとなになってから結婚話の障害になることを心配して、彼女たちの存在を外部には秘密にした。

最初、アマラとカマラは、オオカミのように振舞い、四つ足で歩き、生肉を好んで食べた。食べる時は、手を使わず、口をそのまま食物にもっていった。夜中に活動的になり、オオカミのような吠え声やうなり声をあげた。夜のほうが、ものもよく見えた。嗅覚も鋭かった。

小さいほうのアマラは、発見の1年後に病死する。その死に際して、カマラは2粒の涙を流した。

シング牧師は、カマラに何度か歩行訓練を試み、その結果なんとか立って歩けるようになった。言語的なコミュニケーションは、訓練しても、進歩は遅々としていた。使えるようになった語彙は、1926年までに30語。最終的に習得できたのは、45語にしかならなかった。アマラの死んだ直後から、シング夫人がカマラの体を撫でさすってやるようになると、夫人との間に愛着関係が生じ始めた。スキンシップは愛着の形成を促した。カマラは1929年まで生きた。

アマラとカマラの話は、1926年10月にイギリスの『ウェストミンスター・ガゼット』とアメリカの『ニューヨーク・タイムズ』に報じられ、専門家の知るところとなる。専門家は（もちろん、野次馬的な好奇心をもった人々もだが）この話に並々ならぬ関心を抱いた。それは、発達や言語や人間性など、心理学や人類学の根本問題に直接関わることだったからである。1928年には、ニューヨーク心理学会が、シングにカマラを同伴しての招待講演を依頼した。しかし、シングは、カマラの健康状態がよくないことを理由にそれを断り、カマラは翌年に亡くなってしまった。

シングの本とゲゼルの本

シングは、養育の日記をこまめにつけていた。しかも、アマラとカマラの写真も撮っていた。この記録の要約と20枚ほどの写真が、人類学者のロバート・ジングの尽力によって1冊の本として出版される（カタカナで書くとまぎらわしいが、アルファベットではSinghとZinggである）[3]。

この本には、アマラとカマラの記録そのものだけでなく、ジングの解説が添えられ、さらにそれまでの野生児の事例についてのジングによる再検討とカスパー・ハウザー（後述）についてのフォイエルバッハの報告の英語訳も加えられていた。出版は1942年。ただし、シングは、その出版を見ることなく、41年に他界している。

アマラとカマラの記録の出版に先立って、その前年、アメリカの発達心理学の大御所であったイェール大学のアーノルド・ゲゼルは、この話を紹介する本を出版した[4]。これは、シング牧師の日記と本の草稿を読んで感動したゲゼルが、一般向けにこの実話を解説したものであった。出版予定のシングの本から借りてきた9枚の写真が、この本の扉を飾っている。この本が、アマラとカマラの話を広めるのに大きく貢献した。著者が発達心理学の第一人者であったため、読者の多くは、この話を疑うことなく、そのまま受け入れた。

しかし、ゲゼルの本は、さまざまの点で問題がある。読者の関心に応えるように、シングの記録に手を加えているからだ。たとえば、2人の少女はオオカミに育てられたと断定している。しかも、母オオカミがどのようにして2人の少女を育てるようになったかも、克明に述べている。晩秋の午後に、野良仕事をしていた母親が刈り株にうつぶせにおいておいた赤ん坊を、たまたま通りかかった「やもめ」オオカミが興味を示して、やさしく口にくわえて自分の巣に連れて帰ったというのだ（そこまでわかっているなら、カマラがだれの子なのか特定できるはずではないか）。カマラは順調にオオカミのように育ち、その7年後、この母オオカミは、あろうことか、また人間の赤ん坊を巣まで連れてきて、育てるのに精を出した、というのだ。これがアマラである。

ゲゼルの本では、アマラとカマラを育てた母オオカミは、まるで人間の母親のように愛情深い存在として描かれている。人間らしくなく育つオオカミ少女たちは、きわめて人間味あふれるオオカミに育てられたというわけだ。

検討にも値しないゲゼルの本の内容はともかく、それがもとにしているシングの報告も、首をかしげる記述が多い。まず、証拠写真である。おかしなところを6点あげてみよう。

写真の不審点

私が最初に不審に感じたのは、アマラとカマラが重なり合って眠っている写真である（図1・1）。これは、ミドナプールに連れてこられてすぐに撮影されたものだという。私には、2人は同年齢のように見える。実際、どちらが年長のカマラだと思うかと聞かれれば、多くの人は迷うに違いない（この写真を100人の大学生に見せて2人の年齢を推定させてみたところ、平均で左上の子が5・5歳、右下の子が5歳という結果になった）。8歳と1歳半という2人の年齢は、体の大きさをもとにしてシング自身が推定したものである。だとすると、写真ではほぼ同年齢に見えるということは、写真の2人はアマラとカマラではないということになる。さらに、日中野外で寝ているということもおかしい。シングなら、オオカミは夜行性なので昼間寝ると説明するかもしれないが（後述）、それなら、どこかの暗い隅を寝場所に選ぶはずである。こんな明るい場所で、無防備に寝るわけがない。ただし、証拠写真を撮るという目的で、2人の子どもに、こうした場所、時間、姿勢で寝てもらったというのなら、話は別だ。

図1・1　インドのオオカミ少女
野外で眠るアマラとカマラ（1920年10月頃？）。Singh & Zingg（1942）より。

2点目は、カマラの写真である。図1・2a、b、cはそれぞれ、這っているところ、皿に口をつけて食べているところ、膝で立とうとしているところである。写真は、原著では撮影年月日が記されているわけではなく、該当する文章のページにさりげなく挿入されている（邦訳本は、その該当箇所の年月日が明記されている）。文章との対応関係からすると、写真が撮られたのは、それぞれ1920年12月頃、20年11月頃、22年2月頃のようだ（後述するマクリーンの本では後者2つは25年頃とある）。少なくとも、これら3つの写真は、違う日時に撮られている。ところが、並べてみると、これらがまったく同じ背景で、同じ位置どりをしていることがわかる。建物のまわりをめぐる堀の隠れ方や右奥の花をつけている植物は、まったく同じである。ある光景を日を違えて撮る場合、同じ場所に三脚を使ってカメラを固定するのでないかぎり、同じように撮ることは至難のわざである（プロのカメラマンでさえそうだ）。ということは、これら3枚の写真は同じ日時に1回で撮った可能性が強い。しかも、図1・1の2人が重なり合って眠っている写真も、これらと背景と位置どりが同じである。つまり、これら4枚は、おそらく同じ時に撮影されたものなのである。しかし、それには、別の日の説明がつけられている。

3点目も、違う時に撮影されたという写真である。図1・3aでは、カマラが牛乳

a

b

c

図1・2　庭で撮影されたアマラとカマラ

a．這うカマラ（1920年12月頃）。

b．皿に口をつけて食べるカマラ（1920年11月頃）。

c．膝立ちしかけているカマラ（1922年２月頃）。Singh & Zingg（1942）より。

の入っている皿に手を伸ばしている。1920年の12月に、シングの孤児院にやってきたばかりの時に撮った写真だという。図1・3bは、21年12月におもちゃで遊んでいるところを、図1・3cは、23年6月にコマをかじっているところを撮ったものである。これらも、部屋のなかの配置、カメラの位置どりがまるで同じである。それだけではない。図1・3のaとcのテーブルに掛けられた布の皺の寄り方も同一である。さらに、その上の皿の位置もまったく同じだ。図1・3bはブレているので、細部まではわからないが、構図からしてほかの2つと同じだろう。2年半の間で別々の時に撮ったものとされるこれら3枚の写真は、実は同じ時に撮影されているのだ。

4点目も、違う時に撮影されたというカマラの写真である。図1・4aは、膝をついてシング夫人からビスケットをもらっているところで、1921年8月に撮影されたものらしい。図1・4bは、シング夫人とほかの子どもたちの散歩についていっているところで、23年10月に撮影されたものだという。2つの写真の間には、2年2カ月の時間がある。ところが、3人の子どもたちを注意して見ると、まったく同じ子どもたちである。図1・4aの中央の女の子と図1・4bの右端の女の子は同じ子だ。というのは、背格好だけでなく、スカートの柄も、シャツも、まったく同じだからだ。図1・4aの右端の子は、長袖のシャツと膝までのズボンからして、図1・4bのカ

a

b

c

図1・3　部屋のなかのカマラ

a．牛乳の入った皿に手を伸ばすカマラ（1920年12月）。

b．おもちゃで遊ぶカマラ（1921年12月）。

c．コマをかじるカマラ（1923年 6 月）。Singh & Zingg（1942）より。

マラの頭のところにいる子だろう。つまり、この2枚の写真も、同じ日に撮ったものに違いない。膝をついているカマラにしても、両方の写真とも、首の曲げ具合や腕の伸ばし方など、まったく同じポーズをとっている。

5点目は、カマラが四つ足で速く走る時の写真である（図1・5a）。シングによれば、カマラが四つ足になって走る時には、人が追いつけないほど速かったという。しかし、人間は、骨格や関節の点でも筋肉の点でも、直立二足歩行用にできていて、訓練によって四つ足で走れるようになることはあっても、二本足よりも速く走れるようになるわけがない。オオカミのようだから速く走れるはず、あ

a　　b

図1・4　シング夫人、子どもたちとカマラ

a．ビスケットをもらうカマラ（1921年8月）。

b．散歩についてゆくカマラ（1923年10月）。Singh & Zingg（1942）より。

るいは2本より4本のほうが速いはずというシングの単純な考えにもとづく記述かもしれないが、どう考えても無理である。

そもそも、人間が直立二足歩行できるようになるのは、成熟によるのであって、学習や経験によるのではない。専門的にこのことを証明したのは、アマラとカマラの話を鳴り物入りで紹介したゲゼルその人であった(5)。オオカミの歩き方を真似てしまったために、四つ足でしか歩いたり走ったりできなくなってしまった――つまり、少女たちがオオカミの行動や性質を観察学習によって習得した――という論理は成り立たないはずなのだ。

しかも、この写真は、動きがわかるように、二重露出のテクニックを用いて、カマラが走るさまを見せている。しかし、これはカマラが走っているのではない。なぜなら、写真をよく見ると、背景も二重にずれているからだ。つまり、この少女(少年?)を四つ足の姿勢で静止させておいて、カメラの位置を移動させて撮影したものなのだ。明らかに撮影者の作為が見てとれる。

6点目は、カマラが木にのぼっている写真である(図1・5b)。カマラはオオカミのように四つ足で走るというのに、木にものぼるのだろうか。オオカミは木にのぼったりしない(のぼれない)はずだ。ところが、インドでは、オオカミが木にのぼるという誤った言い伝えがあるという。この写真は、それに合わせて、オオカミらしさを誤って演出したものなのかもしれない(6)。

記述の不審点

記述についても、さまざまな疑問がある。おもな点だけを以下にあげてみる。

1点目は、真暗闇のなかでは、アマラとカマラが眼を青白く光らせてものを見ているという記述である。この記述は報告のなかで何度か繰り返され、ジングもほかの専門家に聞くなどして、この可能性を検討している。これもありえるわけがない。光が向けられれば、眼底の反射によって眼から光が返ってくる可能性も

a　　　b

図1・5　走るカマラと木にのぼるカマラ

a．四つ足で走るカマラ。

b．木にのぼるカマラ（1922年3月）。Singh & Zingg（1942）より。

なくはない(ただし、夜行性の動物に見られる、眼底の特殊な反射膜であるタペータムは、人間にはない)。しかし、記録には、真暗闇のなかで眼が青白く光ることによってものを見ており、しかも真暗闇のほうがよく見えると書かれているのだから、これは、眼底の反射とは別である。夜行性の動物でさえ、光がないところでは眼が光るわけがない。シングのこの記述は、眼から出る光でものが見えるというヨーロッパ古代から中世にかけて考えられていた視覚理論を思わせる。およそ科学的ではないが、シングは、視覚の原理をどこかそう誤解している節がある。

2点目。写真のところでも述べたように、シングの記録では、アマラとカマラが夜行性の性質をもっていたとある。木にものぼったとある。生肉しか食べようとしなかったともある。すなわち、オオカミのようだったというのだ。しかし、実際のオオカミは、夜行性と昼行性の中間の生態を示し、木にはのぼらず、食性も雑食である。アマラとカマラについての記述は、ことさらに、シングが思い描くオオカミのイメージが強調されている。しかし、そのイメージには誤解がいくつもある。極めつきは、アマラとカマラの犬歯がオオカミのように長く尖っていたというものだ。ヒトの場合、長年の皮なめしで歯が磨り減ることはあっても、オオカミのような生活を送ることで、犬歯が尖るなどということは起こりうるはずがない。

3点目は、アマラとカマラを捕獲した際の記述である。これは、2ページにわたって詳細に書かれている。ところが、時刻の記述が一切ないのだ。記録というものは、時刻の記述がなければほとんど意味をなさない。しかも、ここは肝心の箇所である。その前日までの記述には、早朝、夕暮れ、夕食後、午後何時といった具体的表現が見られるのだから、なんらかの意図があって、時刻の記述をはずしたとしか思えない。

4点目。こうしてオオカミ少女たちを捕獲したのち、シングは、仕事のためにその村を去らざるをえず、彼らを木の柱で作った柵のなかに閉じ込めて、なんと5日間、水や食物をまったく与えることなく放置したのだ（世話を頼んであった村人たちは、この化け物たちにおそれをなして逃げ出してしまい、シングが戻った時には、村はもぬけの殻だった）。1歳半の子どもが、5日間まったく飲まず食わずの状態におかれるようなことがあれば、ふつうなら息絶えてしまうだろう。8歳の子どもでも、生き延びることができるかどうか。しかし、戻ってみると、2人とも弱りながら、生きていたというのだ。オオカミ少女の話自体が常識を超えた話であるために、こうした個々のディテールの非常識さが見逃されてしまいがちだが、これは明らかにありえないことだ。

5点目。シングは、カマラが習得できた語彙は40語程度であったと記している。リストのなかに記録されているのは45語で、しかも名詞のみである。しかし、日記のなかでは、カマラは動詞や形容詞も使っているから、使える語を数えてみると40や45語どころではなく、かなりの数にのぼる。一見すると記述は正確そうな印象を与えるが、子細に見てゆくと、食い違いがあちこちに見つかる。

実のところ、疑問点はあげてゆくときりがない。そのほかおもないくつかについては、あとの箇所で、個別の話題を論じる時にも触れることにする。

写真は信用できるか

「百聞は一見に如かず」ということわざ通り、写真や映像で示されると、私たちは、疑うことなく、それが真実だと信じてしまう傾向がある。この傾向は、論理的な思考を組み伏せてしまうほど強いことがある。もちろん、写真は、場合によっては動かぬ証拠になる。しかし逆に、証拠として、これほど信用のおけないものもない。

写真は、固定された位置から限られた範囲の空間を一瞬だけとらえたものであり、撮った後からも修正したり、トリミングしたりできる。写真そのものが本来的にトリッキーなのだ。さらに、演技をさせたり、やらせで撮ることもできる。

このことは、これまでのさまざまな証拠写真の捏造事件が例証している。ネス湖の恐竜を撮ったとされる有名な最初の写真は、模型が使われていたし、アメリカで19

図1・6　鳥の内臓を食べている（？）カマラ
Singh & Zingg（1942）より。

50年代に撮られたUFOの写真も、実際は葉巻や釜形の電気洗濯機を空中に吊るして撮影したものであった(7)。しかし、そのことを知らずに写真を見た人々の多くは、やすやすとだまされてしまう。その写真に、まことしやかな解説がつけられていれば、そのように見て、その存在を信じてしまうのだ。

1例をあげてみよう。カマラが野原に座って、手になにかをもって、カメラに顔を向けている写真がある（図1・6）。これだけであれば、なんの変哲もないスナップ写真である。ところが、これは、カマラが鳥の内臓を食べている写真だという解説がつく。彼女の嗅覚は鋭くて、肉の腐臭に敏感で、60メートルも離れた場所に捨ててあった鳥の内臓を嗅ぎあてて、その内臓を食べているところを発見された。この写真は、その時に撮ったものだという。こういう解説がつくと、つまり写真の見方が示されると、そうも見えなくはない（そうとしか見えないという人もいるかもしれない）。しかし、写真のなかで手にもっているのが鳥の内臓かどうかは判断のしようがない。しかも、肉を食べる時にはカマラは凶暴な顔つきになったという記述があるのに、写真は、どう見ても、笑っているか、はにかんでいる顔だ。このほかの写真も、解説が添えられていないかぎり、ごくふつうのスナップ写真としてしか見えない。シングの写真のうち数枚については、明らかにおかしな点があることについては、先に述べた通りである。

ところが、アマラとカマラの話が実話だとゲゼルに確信させたのは、ほかならぬこれらの写真であった。ジングは、「正常児の研究に何千枚もの写真を利用してきたゲゼル博士の専門的見解によれば、これらのスナップ写真にこそとくに価値がある」と書いている。ゲゼルは確かに乳幼児の研究に映画や写真を積極的に採り入れて画期的な研究をしたが（子どもの行動観察にマジックミラーを最初に用いたのもこのゲゼルだ）、写真の真偽の判別は、それとはまた別の話だ。先入観をもたずに、多少のカメラの知識と常識をもって写真を見れば、いくつかの奇妙な点に気づくことができたはずだ。

信用と権威づけ

シングの記録のなかで、これらの写真は、アマラとカマラについての記述を補強する役目をはたしている。加えて、記述の仕方も、記録が正確で、かつ信用できるものだという印象をできるだけ与えるように構成されている。

本の冒頭では、現地の2人の権威ある人物が、内容が真実であることを証明する文書を寄せている。ひとりはミドナプールの地方判事のウェイト判事、もうひとりはシングの上司のパケナム゠ウォルシュ主教である。しかし、前者が書いていることは、自分がシングの知人であり、シングが嘘をつく人間ではないということだけである。彼自身は、アマラもカマラも見たことがない。後者は、シングの孤児院を訪れた際に、2度カマラに会ったことがあり、シングの書いている通りであったという。さらに、その訪問の際にシングの日記も見たと述べている。しかし、彼は、言ってみれば身内である。加えて、本文中には、アマラとカマラそれぞれの死亡証明書の文面が出てくる。最期を看とった医師のサルバディカリが書いた書類である。この3人は、シングが立てた証人である。

ジングは、4人の発達心理や野生児やインドに詳しい専門家に、シングの日記や写真を見てもらい（そのひとりはゲゼルである）、それぞれから、日記がほんものだという鑑定結果を得た。しかし、その鑑定内容はと言えば、記録に不整合な箇所がないとか、ありえないことではない（積極的にありえると言っているわけではない）とかいった以上のことではない。これが、ジングが立てた証人である。彼らの4つの序文が、シングの記録を飾っている。これによって、シングの記録は、価値ある学術資料としての体裁を整えることができた。

本文における日記の形式も、記録が正確であるという印象を与えるのに一役買っている（ただし、まえに述べたように、記されているのが重要なことなのに、時刻の記載が抜け落ちているといったように、それが逆に不審さを感じさせる場合もある）。もとは、9年におよぶ養育日記があって、本に載せてあるのは、その日記からの抜粋だという。日付の記載は、記述の具体性を印象づけるのに大きく貢献している。

エピソードのハイパーリアリティ

これらに加え、シングの記録の特徴は、記述に微に入り細に入った箇所があり、しかもその記述が想像を越えたものであるがゆえに、逆にオオカミ少女の異常さのリアリティが際立っているという点である。ここでは、これを私流に「ハイパーリアリティ」と呼んでおこう。常識を超えたことであるために、読む者には、そのことが強く印象づけられてしまうのだ。先に述べた例では、暗いなかで目が光ったとか、5日間飲まず食わずの状態においても生きていたとか、四つ足で走ると2本足で走る人間より速かったとかいった記述が該当する。

別の例をひとつあげてみよう。アマラの死の直前のことである。アマラとカマラは赤痢になったあと、虫下しを飲んだところ、寄生虫が生きたまま たくさん出てきた。虫は赤色で、直径が小指ほど、長さが15センチあった。アマラからは、これが18匹、カマラからは、なんと116匹出てきた。数が具体的なだけに、光景が目に浮かぶようなリアルさがある。

しかし、これだけ大きな虫が腸のなかに116匹もいたりするものだろうか(8)。大きさからすると、人間の腸にいる回虫のような気もするが、注意してほしいのは、回虫の卵は野菜を介して体内に入り込むことが多く、アマラもカマラも、野菜は食べず、もっぱら肉を好んで食べていたということである。

このように、アマラとカマラの話はありえるかありえないかのぎりぎりのエピソードで占められていて、逆にそれが、驚きをともなったリアリティを生んでいる。発見されたオオカミ少女がひとりではなく、あろうことか、2人だったということなどは、ハイパーリアリティの最たるものと言えるだろう。

アマラとカマラを見た専門家はいない

そもそも、専門家でアマラとカマラを見た者はだれもいない。それは、「見世物」になるのをおそれて、シングが外部者に対して彼女たちの存在をひた隠しにしたからだという。しかし、後述するように、とりたてて秘密ではなかったという証言もあり、またあとになると、パケナム＝ウォルシュ主教が（あるいはシング自身やサルバディカリ医師かもしれないが）、新聞社にその情報を部分的に漏らしてもいた。したがって、勘ぐれば、シングがおそれていたのは、カマラが「見世物」になることよりも、彼女が専門家の目に触れることだったような気もする。

この話に実話だというお墨つきを与えたゲゼルも、その記録を世に送り出すという産婆役を買って出たジングも、アメリカにいて、カマラを見たことはなかった。つまり、彼らが手にしている証拠は、海を渡って届いたシングの日記と写真と手紙しかなく、彼らの真偽判断も、もっぱらこれらの資料にもとづいていた。ということは、判断の基準となるものは、資料の内的な整合性しかなかった。しかし、真偽で問題にしなければならないのは、当然ながら、状況に照らしてこれがありえることなのかという外的整合性のほうである。

たしかに、交通が不便であった時代に、よほどの好奇心と時間的余裕、それと体力がないかぎり、インドの片田舎まで確かめに行くことはない。しかも、カマラは1929年に亡くなり、シングも41年に亡くなっている。本が出版された頃には、2人ともこの世にはいなかった。現地に行ってみたところで、確認できることは限られている。

それでも、ジングは、1944年にミドナプールを訪れた。(9) これはたまたま、戦時中に赤十字の仕事をしていた彼がインド駐留のアメリカ軍に派遣され、時間を工面して、カルカッタ経由でミドナプールのシング夫人のもとを訪ねたものであった。ミドナプールに滞在できたのは半日ほどで、孤児院を見たあと、シングの墓に参って帰路についた。とてもシング夫人に時間をかけてアマラとカマラのことを聞くだけの余裕はなかった(この時、夫人は孤児院の経営に行き詰まっていて、ジングにお金の無心をしている)。おそらく、彼としては、オオカミ少女たちのことを紹介したことの責任感から、自分の目でその舞台となった場所を見ておきたかったのだろう。ジングという人の学問的誠実さがここにもうかがえる。この一件は、活字として残っているわけではなく、ジングからゲゼルにあてた手紙に書かれているだけである。ジングのその後りについてひとことつけ加えると、戦後はアカデミズムから退き、いくつかの職を変わり、1957年に57歳で亡くなっている。

オグバーンとボーズの調査

ところが、好奇心の旺盛な人はどこの世界にもいるもので、カマラが亡くなって22年、シングが亡くなって10年ののち、ミドナプールを調査に訪れた研究者がいた。社会学者、ウィリアム・オグバーンである。(10) 彼は、数年をかけて手紙や研究協力者を介して予備調査を重ね、1951年秋から52年春にかけて、現地に赴いて本格的な聴取り調査を敢行した。

成果はあった。それは、シングの記録に書いてあることの裏づけの多くがとれないという意味での成果である。オグバーンは、予定していた期間内に調査が終了できなかったため、アマラとカマラの捕獲地点の特定とやり残したいくつかの聴取りを、現地に詳しいカルカッタ大学の地理学者、ニルマル・クマー・ボーズに委ねた。この調査の詳しい報告は、77ページの論文としてまとめられ、2人の名前で発表された。(11)

シングの娘と息子への聴取り調査では、ほぼ本の内容通りの答えが返ってきた(カマラはよく木に登っていたとか、父親の部屋にはオオカミ少年・オオカミ少女の物語本があったとかいった、オグバーンが注目している証言もあった)。ところが、ほかの関係者に聞いて回って得た証言は、相互に食い違っていたり、内容的に矛盾していたり、曖昧であったり、まったく覚えていなかったりした。しかし、それらの枝葉を切り捨ててみると、以下のような全体像が浮かび上がってきた。

孤児院には、アマラとカマラらしき女の子がいたことはいた。しかし、彼女たちの存在は、シングが書いているように「秘密」でもなんでもなかった。ことばはできなかったが、直立で、2本足で歩き、見かけはオオカミのようではなかった。カマラは、ことばができないこととほかの子どもと交わらないことを除けば、見かけはふつうの子どもだったという証言もあった。

さらに、2人の子どもたちを発見し捕獲したのは、シングではなく、地元の村人のようであった。捕獲したまではいいが、対処に困って、孤児院を経営していたシングのところに連れてきたのだという。そして、2人は、オオカミと一緒にいたのではなく、トラと一緒にいたのだという証言もあった。シングが、信用できない男で、言うことはデタラメだという証言もあった。

アマラとカマラが発見されたのは、ゴダムリという村であった。シングは、このゴダムリがミドナプール地区とモーバニ地区の境の村だと書いていた。しかし、オグバーンは、地図を頼りに探したり、この地方に詳しい人（人口調査の専門家など）に聞いたりしたが、ゴダムリを見つけることができなかった。オグバーンから調査を引き継いだボーズも、古い地名や似たような地名を探してみたが（ボーズは地理学者だ）、該当する村を見つけられなかった。

この調査の過程で、ボーズは、ベンガル語の地方紙の老編集者から、当時掲載されたオオカミ少女の記事を得ることができた。１９２１年10月24日付の『ミドナプール・ヒアタイシ』である。アマラとカマラが捕獲されて1年後、アマラが亡くなって1カ月後に書かれたものである。おそらくこれが、アマラとカマラのことを報じた最初の記事だ。

記事には、こうあった。ミドナプールとモーバニの境で、トラの穴（オオカミの穴ではないのだ！）のなかにいる2人の少女をサンタル族の村人が発見した。トラは射殺され、少女たちが救出された。一方は10歳ぐらいで、もう一方は2歳半ぐらいであった。彼女たちは這って移動し、トラのような唸り声をあげた。たまたまそこにシングという牧師が伝道にきていたので、これらの少女たちの養育を彼に頼んだ。シングは現在、内緒で彼女たちを養育している。しかし、小さいほうは亡くなってしまった。

この記事は、オグバーンとボーズが得た証言の多くに一致する内容を含んでいる。

内容は当事者にしか知りえないことばかりなので、オグバーンらは、この情報を新聞社に提供したのがシング自身なのではないかと推測している。

もうひとつ、奇妙なことがあった。ボーズは、サルバディカリの息子にも聴取り調査を行なった。サルバディカリは、シングと親交があり、アマラとカマラを診た医師である。ボーズは、いまは亡きサルバディカリの日記を見せてもらう機会を得た。ところが、日記には、アマラとカマラについての記述は見当たらなかった。しかも、肝心の1929年の日記がなぜか欠落していた。

マクリーンの本と調査

オグバーンとボーズの調査から四半世紀が過ぎた1970年代半ば、オックスフォード大学出身の旅好きのフリーライター、チャールズ・マクリーンは、アマラとカマラの問題に興味を抱いた。彼は、シング、ジング、ゲゼルの本のもとになった資料がどこかに現存するのではないかと考えた。ありそうなところを探し回って、ついにイエール大学のゲゼル児童発達研究所の屋根裏部屋で人類学者ジングに関係した数百通の手紙を発見する（彼が期待していたシング牧師の日記の原本は見つからなかった）。

マクリーンは、この手紙の記述をもとにして、その当時のインドの情勢や背景とシング牧師の立場を織り込みながら、アマラとカマラの話を再構成する。(12) この本は読み物としては、たいへんおもしろい。しかし、それは、オオカミ少女の話が実話かどうかということとはまた別問題である。シング牧師がジングにあてた手紙がたくさん見つかっても、話の信憑性が高まるわけではない。シングが筋の通った話を作っているかもしれないからだ。ただ、それ以外の点では、この本は、ゲゼルの本とシングとジングの本が出版される経緯などが、よく調べて書かれている。

そうした調査の過程で、マクリーンは、ミドナプールに赴いた。1975年のことである。アマラとカマラの出来事から半世紀が経過していた。その地で、彼は、オグバーンらの調査の存在をはじめて知ったという(これは少しおかしな話だ。というのは、オグバーンらの調査報告はアマラとカマラの問題では必読の文献であり、この問題に関心をもっていれば、知らなかったということはありそうもないからだ)。

マクリーンは、さまざまな関係者に聴取り調査をし、アマラとカマラは確かにいて、ほぼシングの本に書いてある通りだという証言を多く得る。さらに、アマラとカマラが発見されたというゴダムリも見つけ出す。村の名前が変わっていて、別の名になっていたのだ(マクリーンはインドではよくあることだと書いている)。要するに、オグバーンとボーズの調べ方が悪かったというのである(繰り返すが、オグバーンは社会調査の専門家、ボーズはカルカッタ大学の地理学者だ)。

マクリーンは、シングの手紙を根拠に、シング自らがアマラとカマラを捕獲したのだと考えている。1921年10月に『ミドナプール・ヒアタイシ』に載った記事や26年11月にカルカッタの新聞『ステーツマン』に載った記事(これにはシング夫妻がカマラと一緒に写っている写真が掲載されている)では、彼女たちを捕獲したのは村人たちだった。この点は、シングの記録と矛盾する。マクリーンは、この矛盾を次のように説明する。この情報を新聞社に漏らしたのはサルバディカリ医師かパケナム＝ウォルシュ主教で、その時に誤った情報を流してしまったか、あるいは化け物を狩りに行くというのがキリスト教の教義に反する行為とみなされる可能性があったため、シング本人は狩りに行かなかったことにしたのではないか、というのだ。後者の説明は説得力に欠ける。そういう事情なら、シングは本のなかでもそう書いたはずだからだ。

なぜ実話として受け入れられたのか

すでに述べたように、シングの報告は、写真にしても記述にしても、不審に思える点が山ほどある。ゲゼルの本にいたっては、いかに一般向けとは言え、脚色のしすぎである(一般向けだからこそ、ほんとうは、誤解を生むような書き方は避けなければならないのだが）。では、なぜ、これほど問題の多い話が、実話として受け入れられたりしたのだろうか。

もちろん、この話を端《はな》から信じなかったり、作り話だと考えた研究者（人類学者、心理学者、動物学者）も数多くいた。しかし、ゲゼルの本が広く読まれ、シングとジングの本が出版されて、多くの人が目を通すようになると、たしかに疑わしいところはあるものの、実際の出来事としてあったかもしれない（あるいはそういうことがありうる）という印象が浸透していった。それには、この話を信じるだけの素地が十分に整っていたからである。

人間の子どもがオオカミに育てられたという伝説、民話、伝承は、古くから世界の各地にある。(13)もちろん、そうした伝説があるかないかは、個々の文化のなかでオオカミがどう位置づけられているかによって異なる。たとえば、日本には、子どもがオオカミに育てられたという伝承はほとんどない（ニホンオオカミはすでに絶滅してしまっているが）。これに対して、インドやヨーロッパでは、オオカミがそれなりに重要な役回りを与えられて、民話や伝承に頻繁に登場する。心理学者の藤永保によると、動物に育てられた野生児の伝承には地域差があって、東欧ではクマ、アフリカではサルかヒヒ、インドではオオカミが多いという。(14)

図1・7　古代ローマを建国したとされるロムルスとレムスの彫像
この有名な彫像は実際には、まずメスオオカミの像が紀元前500年頃のエトルリアで作られ、その2000年後のルネサンス期に2人の子どもの像がつけ加えられたらしい。現在、この彫像はローマのカピトリーノ美術館にある。Allman（1999）より。

オオカミに育てられたという伝説のなかでもっとも有名なのは、古代ローマ建国の英雄とされるふたごのロムルスとレムスだろう⑮。私が高校の頃に使った世界史の教科書にも、オオカミの乳を飲む赤ん坊のロムルスとレムスの彫像の写真が載っていた（図1・7）。これは、育てられたのが2人の子どもであるという点で、アマラとカマラとふしぎな符合を見せる。

インドには、森のなかでオオカミに育てられた子どもの民話や噂がいくつもあった。そうした民話を題材にとりながら、インドのボンベイ生まれのイギリス人、ラドヤード・キプリングは、あの『ジャングル・ブック』を書いた。(16)この物語はインドが舞台で、オオカミに育てられたモーグリという少年が活躍する。彼をとりまく動物たちは、人間のように会話し合う。この本は世界の子どもたちに読まれ続け、キプリングは、この物語やほかの作品の成功によって、1907年にノーベル文学賞を授与される。その後、ターザンなどのヒーローが生まれるのも、この『ジャングル・ブック』の成功にあやかっている。ターザンの本の出版は1914年。(17)1918年に映画化もされている。彼を育てたのはゴリラだった。

こうして、インドのみならず、これらの物語を読んだ世界各地の人々の心には、オオカミによって連れ去られた(もしくは人間によって遺棄された)人間の子どもが、オオカミによって育てられてもおかしくないという考えが形作られていった。それに、舞台がインドの森ということも、エキゾチックな感興をそそった。神秘的なインドならありうることだ、そう思えたのだろう。

ゲゼルのお墨つきとジングの検討

しかし、これだけでは、科学的な支持は得られない。アマラとカマラの話が学問的に受け入れられるようになるには、なんと言っても、心理学者のゲゼルが与えたお墨つきと人類学者のジングによる科学的検討に負うところが大きい。

ゲゼルの書いたものを読むかぎり、彼はシングの記録に微塵も疑いを挟まなかったようだ（晩年は多少疑っていた節がある）。たとえば、彼の『狼に育てられた子』の序文には、シングの記録の存在を知って「われわれは雀躍《こおどり》した」とか、その日記を読んで「その驚くべき人間記録に感動した」といった表現が出てくる。(18)これは、彼がシングの記録を疑うことなくそのまま受け入れたことを示している。彼がすぐ信じてしまったのには、前述のように、証拠として写真があったことも手伝っている。

発達心理学者としてのゲゼルは成熟優位説を唱え、生得説 vs. 環境説ということで言えば、ふつうは生得説の陣営に入れられる。ところが、アマラとカマラの話は、ヒトとして生まれてきても、人間の環境で育たないと、つまりヒトの間で育たないと、「人間」になれないことを示す例なのだから、環境優位説を支持する事例である。

実は、この頃、ゲゼルは、生得説と環境説の融和を考えていたようだ。したがって、アマラとカマラの話を耳にし、実際に自分の目で記録を読んでみて、環境説を支持するその話に心を動かされたのかもしれない。彼の『狼に育てられた子』は、滑稽なまでに話が脚色されているが、その一方で、この話から学問的になにが言えるのかがこと細かに解説されている。オオカミ少女の話を、いわば発達心理学の教材にしているのだ。ゲゼルにとって、アマラとカマラの話は、彼の人間発達の理論を立て直すのに絶好の材料であった。

これについて、藤永保は、ゲゼルがオオカミ少女たちの話を実話として支持したことは、むしろ、ゲゼルの大きなターニングポイントを示すものだと見ている。(19) 1930年代から40年代にかけてのアメリカは、行動主義的な環境説が主流になっていた。1920年代にゲゼルの成熟説は一世を風靡するが、40年頃にはすでに主流の座を下りていた。時代の流れに聡かったゲゼルは、自分の理論に環境説を採り入れることを考えていた。その時にアマラとカマラの出来事を耳にした。彼は、これぞとばかりにその話に飛びついた。アマラとカマラを見たわけでもないのに、1冊の本を書いて紹介までした（悪く言えば、横取りした）。アマラとカマラの話こそ、ゲゼルを環境説に転向させた契機だったのかもしれない。

この環境説で強調されているのは、環境への人間の適応能力である。人間は、ほかの動物とは違って、すぐれた学習能力をもっているので、環境にうまい具合に適応できるというわけだ。オオカミの子は、人間に育てられても、その学習能力の貧弱さゆえ、人間のようにはなれないが、人間の子は、オオカミに育てられても、学習能力があるので、オオカミのようになることができる。感覚能力、姿形、しぐさ、行動様式まで、オオカミが染み込んでしまうというわけだ。ゲゼルはそう考えていた。

一方、シングの記録を出版するのに力を尽くしたジングのほうは、ゲゼルとはかなりスタンスが違っていた。彼は、人類学者として野生状態や自然状態の人間に興味を抱き、世界各地の野生児の報告や文献を収集し、それらを比較・検討するという作業を行なっていた。しかし、論理的に言えば、こうした事例をいくら集めても、野生児の存在を証明したことにはならない（空飛ぶ円盤を見たという目撃例をたくさん集めても、空飛ぶ円盤の実在を証明したことにならないのと同じである）。ジングは、そうした事例の収集と整理をしてゆく過程で、おそらくこの限界を痛感していた。その時に、インドのオオカミ少女の話を耳にした。シング牧師に手紙で照会すると、しばらくして返事がきて、アマラとカマラの記録や写真が残っているという。なんという幸運！これこそ、自分が収集した事例すべてを結晶化させる種《たね》になる、そう思ったに違いない。

しかし、学者として、ジングは慎重であった。シング牧師から送られてきた記録を科学的に精査したのである。記録のなかの疑問点、矛盾点、不明点を洗い出し、シングに手紙で尋ねたり、専門家に聞くなどして、それがありうることなのかどうかを逐一検討していった。これは、ジング自身が自分を納得させるプロセスでもあったが、同時に、この記録が出版されたあとでは読者を説得する力にもなった。そうしたジングの学者としての誠実さが、シングの記録を学問的に価値あるものに仕上げたのである。

ヴィクトール、カスパー・ハウザー、ジニー

人間的な環境で育たなかった子どもは、「野生児」と総称される。これには、3つのカテゴリーがある。まず、野生の動物に育てられた場合。森などに遺棄されたあと自力で生き延びた場合。そして、人為的に社会から隔離して育てられた場合である。最後のカテゴリーは（家のなかに閉じ込められていることから）、前者2つと区別するために、「クローゼット・チャイルド」と呼ばれることもある。

第一のカテゴリーの代表が、アマラとカマラである。第二のカテゴリーの事例は、1799年に南西フランスのラコーヌの森で発見されたヴィクトールである（「アヴェロンの野生児」と呼ばれる）。第三のカテゴリーの代表として、1828年にドイツのニュルンベルクに現われたカスパー・ハウザーの事例や、1970年にロサンゼルスで保護されたジニーの事例がある。

アヴェロンの野生児については、医師で聾唖教育の専門家であったジャン・イタールによるしっかりした記録が残っている[20]。カスパー・ハウザーやジニーについても、詳細な記録がある[21]。アマラとカマラの記録は、こうした3本柱の証拠のなかの1本である。それに代わる克明な記録はないため、この3本からははずしづらい事例である。

カスパー・ハウザーは、なに者かに暗殺され、謎の死をとげる（いまも彼がどういう素性の少年だったのかは不明である）[22]。ほかの野生児について言えば、ヴィクトールは、イタールによる5年半にわたる教育の試みののち、養護を任された婦人のもとで20年あまりをひっそりすごし、1828年に40歳ぐらいで亡くなる[23]。ジニーも、アメリカのどこかの施設にいるはずだ。これらに対して、アマラとカマラの話には、そういう不幸な要素がない[24]。アマラの早すぎた死と懸命に生きたカマラの死という、決定的な結末で終わるのだ。しかも、それを目撃しているのは、シング夫妻とその周辺にいた人たちだけである。

なぜ話を脚色・捏造したか

アマラとカマラはいたのだろう。シングのもとには、メモ程度の日記もあったかもしれない。しかし、シングの記録は、誇張や脚色したものか、新たにこしらえたものだ。少なくとも写真は、記述に合うように演出しながら撮ったものである。では、シング牧師にこうした作りごとをするだけの動機や理由はあったのだろうか。

あったと私は思う。おそらく、彼女たちを孤児院に連れてきたのは、ほかの人たちである。シングが彼女たちを発見したのではない。しかし、自分が発見したことにしないと、野生児、あるいはオオカミ少女であったことの直接的な証明にならない。それに、記録のなかにオオカミらしさを出さないと、オオカミ少女ではなくなってしまう。新聞に出たあと、ジングやゲゼルから問い合わせの手紙が来始めた時点で、シングは、オオカミ少女だということをはっきり示す整合的な記録をでっちあげ始めたのではないか。それに、アマラもカマラもすでにこの世にはいないのだから、でっちあげても心配はない。彼女たちの存在が外部には秘密だったことにすれば、証人も自分たち夫婦とその周辺以外にはいないことになる。それにカマラの実際の行動や所作も記録の一部として入っているのだから、すべてが嘘なわけではない。そうだ、そうするしかない。そしてそうした。これが私の推測である。

だから、シングに話を脚色させるように仕向けたのは、間接的には、ゲゼルやジングなど専門家からの質問や問い合わせという圧力だったのだろう。これには、話が専門家の間に広まって、もはや引っ込みがつかなくなったという事情もある。あるいは、期待に胸ふくらませている彼らを喜ばせたかったという心理も、多少ははたらいていたかもしれない。ジングは、出版の可能性をほのめかしながら、シングに証拠の提出を要求した。シングとしては、日記や写真をなんとか形にして送らざるを得なかったのだ。

記録自体が整合性をもっているのは、このようにして記録を作り上げたからだろう。とりわけ、これまでの野生児に関する記録や本を参考にしながら、オオカミらしさを盛り込んだのだろう。ジングが日記の鑑定を依頼した4人の専門家は、これまで野生児の事例をあつかってきたり、インドに詳しかったりする学者であった。彼らは、日記の内容に野生児的な特徴が示されているかどうかや、インドで起こりうることかなどをおもに検討した。であれば、自分たちのもつ知識とも整合しているわけだから、この日記が変だと思ったり、おかしいと言えたりするはずがない。

ゲゼルもジングも、シング牧師の記録に振り回された。それは、彼らの目が節穴だったからではない。その時代のものの考え方や自身のもつ知識や関心によって、ある見方しかとれないということはよくある。しかも、ジングは、シング牧師の書いていることに最初疑いを抱きながら、矛盾点や疑問点を学術的になんとか解決しようとした。しかし、その過程で、知らず知らずのうちに、シングの言うことを信じるようになっていった。これは、特定の新興宗教に懐疑的な人がそれを調べるうちにその宗教にのめり込んでゆくのと似たところがある。懐疑を論理的に克服すると、それは信念に変わることがあるのだ。

消しても消しても消えぬ火

話がいったん世間に流布してしまうと、それを取り消すことはきわめてむずかしい。消しても消しても、消した先から火がつき出すからだ。こうした例は、有名なものがいくつもある。2章で紹介する、ポップコーンやコーラのサブリミナル広告の実験の話は、その1例である。多くの噂がそうであるように、いったん広まってひとり歩きしてしまったことは、本人があとから訂正しても、直ることはまずない。

人間的な環境から隔絶されて育った子どもの事例は、いくつか確かなものが存在する。アマラとカマラの事例は、そのなかで代表例として使われる。それゆえアマラとカマラの例を排除しようとすると、そうした一連の事例をもう一度組み直さなければならなくなる。この作業は、肉を切らずに血を流さずに、生きた人間のなかにある異物をとり出すように、きわめてむずかしい。

文化人類学者のドナルド・ブラウンは、学問の世界において、否定されたり反証が出たりしても、死に絶えることなく何度もよみがえる話を、現代の学問的「神話」と呼んでいる。(25) 2章で紹介するポップコーンのサブリミナル実験もこの類だろうし、3章で紹介するウォーフの言語相対仮説などもそうだ。これらが厄介なのは、野生児の事例は確かに存在するし、サブリミナル効果もあり、弱い形の言語相対仮説も誤りではないからだ。しかし、野生児の事例の代表としてアマラとカマラの話を持ち出すなら、それは誤りである。

ブラウンがこうした話を「神話」と呼ぶのは、それを期待し信ずる人たちがいるからである。あってよい、あってほしい、あれば話がおもしろくなる、そういった意識や期待があるがゆえに、話が「神話」として生き続けるのだ。オオカミ少女の神話も、人々の心のなかに、世界のどこかにそうしたことがあるのではないか、あるいはあってもいいのではないかという思いがあるがゆえに、生き続けてきた。

現代の神話

アマラとカマラの話は、日本では小学校の道徳の教材としても使われているし、高校の倫理の教科書にも載っていることがある。つまり、教育の現場では、既成事実として教えられている。こうなると、この話は、現代の常識の域にまで達していて、撤

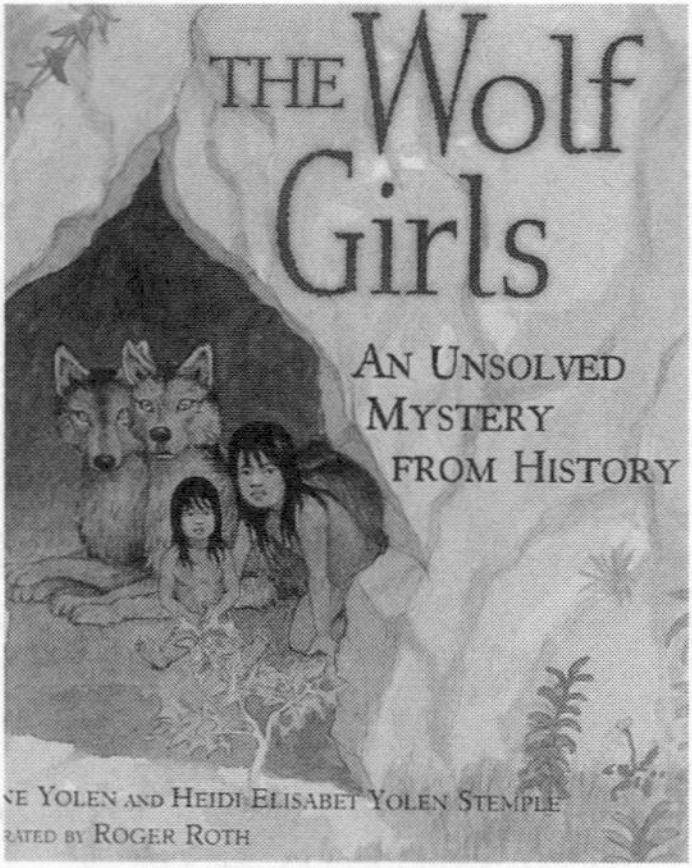

図1・8　アメリカで出ているオオカミ少女の絵本
Yolen, Roth, & Stemple（2001）の表紙。

回させるどころの話ではない。

常識の域に達しているのは日本だけの特殊事情かもしれない。海外でも、オオカミ少女の実話は、子ども向けの絵本などの題材になっている。だが、たとえば、図1・8に示すヨーレンらの絵本では、シングの報告を忠実に絵で再現しながら、最後のページで、この話については4つの可能性——シングの話は真実、真っ赤な嘘、少女たちは遺棄されたか迷子になったかした子たち、障害や自閉症などなんらかのハンディを負った子たち——があって、「この話を読んだ探偵役のきみなら、どれを選ぶ？」という設問がある。[26] このあたりが、実話として伝えている日本とは違っている。

しかも、アマラとカマラの話では、オオカミは、だしに使われているようなところがある。それがイソップ風の寓話ならまだよい。心理学者のお墨つきの実話として紹介されるから、困ったことになるのだ。教える側は、「人間の環境のなかで育たないとどうなるか」を問題にしたいのかもしれないが、子どもは、おそらく問題の焦点が「人間がオオカミに育てられるとどうなるか」にあるものとして聞く。その場合に植えつけられるオオカミのイメージも、人間の母親のように愛情深い側面ときわめて野性的な側面とを合わせもった（これほどアンビヴァレントなものはないかもしれない）、誤ったオオカミ像である。

さすがに現在は、日本の心理学の教科書では、オオカミ少女の話はかつてのように大々的にとりあげられることはなくなった。しかし、まったくなくなったわけではない。もちろん、「信憑性に若干問題がある」といった記述がおまけについているものもあるが、否定しているものにはまずお目にかからない。

なにも、そうめくじらを立てなくてもよいではないか。オオカミに育てられたのではないにしても、アマラとカマラの話には、いくらかの真実があるはずだ。そういう意見をもつ人もいるだろう。しかし、証拠が残っていて事実とされ、教科書にまで載っている話が、実は作りものであったということは、許されてよいことではないはずだ。もしかしたらあったかもしれないこと（話としてはいろいろ都合のよいこと）と、あったこと（事実）とは、区別されてしかるべきである。[27]

もうひとつに、疑わしきは罰せずという意見もある。だから、お咎めなし、でいいというわけである。しかし、疑いのある話が野放しであっていいわけがない。おそらくこれらの寛大な意見は、アマラとカマラの話が人間的な教育を語る際になくてはならぬ土台（あるいは小道具）になってしまっているため、この話がなくなると、なにも語れなくなることを危惧しての意見かもしれない。しかし、こういう話を土台にすること自体がそもそも問題なのではないか。この話を抜きにしても、人間的な教育というものを語れなければいけない。そう思うが。

では、アマラとカマラはどういう子どもたちなのか

自閉症児を数多く診てきたブルーノ・ベッテルハイムは、シングの記述にもとづいて、アマラとカマラが重い自閉症の子どもたちだったのではないかと考えている。[28] 藤永保も、自閉症、あるいはほかの障害のゆえに育てにくいために遺棄された子どもたちが生き延びたのではないか、と推測している。[29] 野生児の場合、その生育環境がほと

んどの場合不明で、もともとどういう子どもであり、どの年齢まで保護者に育てられたのかがわからないために、解釈をするとなると、さまざまな困難がともなう。生育環境がわからないからこそ、動物に育てられたという推測も出てくるのに違いない。

もともと、オオカミ少女（wolf girls）やオオカミっ子（wolf children）という命名にも問題がある。すでに述べたように、オオカミに育てられたという証拠はない。そもそも、この名前自体、オオカミのような、あるいはオオカミと一緒にいたということからの命名であって（シングによれば、まわりのだれかがいつからかそう呼び始めたのだという）、オオカミに育てられた、というところまでは含意していない。ところが、邦訳の題名『狼に育てられた子』になると、ゲゼルの解釈を反映させて、断定的な色彩を強く帯びる。こうしたネイミングも、強烈なイメージを作り上げて、誤解を呼ぶ一因をなしている。

もちろん、オオカミと一緒に行動していた可能性もないわけではない。おそらく、これまで逸話的に動物に育てられたとされている子どもたちは、その動物とともに行動していたか、その近隣にいるところを発見されたのかもしれない。２００１年６月に、南米チリで10歳の「野犬少年」が保護されたというニュースが報道されたことがあるが、この子は預けられていた福祉施設から2年前に抜け出して、野犬と行動をともにしていたものであった。(30) アマラとカマラが2人で見つかったというのも、それぞれが別々に遺棄されて運よく生き延びて、ある時に出会って（あるいは同時に2人が遺棄されて）、その後オオカミと行動をともにするようになったのかもしれない（ただし、最初の報道は、2人がトラの穴のなかにいたというものだったが）。

アマラとカマラのほんとうの物語

アマラとカマラについての私なりの推測をまとめてみよう。

別々か、同時かわからないが、森に遺棄され、なんとか生き延びた2人の女の子がいた（オオカミに育てられたのではなかった）。ある時、彼らは村人たちに生け捕りにされるが（シングが彼らを発見して捕獲したのではなかった）、ことばを話さず解さないため、村人たちがその処置に困り果てていたところに、たまたま伝道旅行で牧師のシングがやってきた。村人たちは、シングに子どもたちを託した。

シングは、彼らをミドナプールに連れ帰って、自分の孤児院でほかの孤児たちと一緒に養育する。2人は、アマラとカマラと名づけられたが、「オオカミ少女」や「オオカミっ子」とも呼ばれることがあった。1年後に、アマラは亡くなる。その直後に、地方紙に、彼らのことを報じる記事が出る。しかし、このニュースは広まらなかった。

5年後、同じニュースがイギリスとアメリカの新聞に出て、専門家の目に留まる。問い合わせの手紙がシングのもとに届く。この頃から、シングは意識的にオオカミらしさを強調する日記を作り始め、オオカミ少女に見える写真を撮る。3年後にカマラは亡くなる。

シングは、ゲゼルとジングからの問い合わせや要求に応え続けた。その結果、ゲゼルはこの話をもとに一般向けの本を書いて、話を広め、ジングは、シングの記録の真実性を検証して、それを出版した。シングは、ゲゼルの本は手にしたが、自分の捏造した記録そのものの出版を目にすることなく、1941年に68歳で亡くなった。シング自身、自分の名前とこの話が語り継がれ、教科書にまで載ることになろうとは、おそらく想像もしていなかった。

2章　まぼろしのサブリミナル

――マスメディアが作り出した神話

ポップコーンを食べろ、コカコーラを飲め

時は1956年。ところはアメリカ、ニュージャージー州フォートリーの映画館。ウィリアム・ホールデン主演の映画『ピクニック』がかかっていた。広告業者のジェイムズ・ヴィカリーは、この映画の上映中に「ポップコーンを食べろ」とか「コカコーラを飲め」というメッセージの書かれた画面を1／3000秒だけ映し出すことを企てた。1／3000秒というのは、瞬間とさえ言えないほどの短い時間である。ヴィカリーは、観客には知らせずに、この一瞬の画面を5秒おきに繰り返して映写した。実験は6週間続けられた。この期間内の映画館の入場者はのべ4万5699人にのぼった。観客は、メッセージ画面が映写されていることにはまったく気づかなかった。

ところが、この見えないメッセージは功を奏した。売店でのポップコーンの売上げがそれ以前の時期に比べて57・5%、コカコーラは18・1%増したのだ。見えていなくても、宣伝効果があった。

この結果の解釈はこうだ。挿入されている画面があまりにも短い時間しか映し出されないため、観客はその存在を意識しない。ところが、無意識ではちゃんと気づいていて、そのメッセージの作用によって、ポップコーンやコカコーラを欲しがってしまうというのだ（図2・1）。

あまりにも微弱すぎて感じられない刺激は「閾下《いきか》刺激」と呼ばれる。閾とは、やっと感じられるか感じられないかすれすれの強さ、つまり「しきい」とか境界のことをいう。「閾下」刺激とは、その「しきい」に達しない刺激のことである。英語では、この閾下をサブリミナル（閾《ライメン》よりも下《サブ》という意味の形容詞）と呼ぶ。こうした閾下の刺激を提示した時には、当然ながら、本人はその刺激を感じたという自覚がない。ところが、適切な方法で反応させると（たとえば、「2つの刺激のうちどちらかが先ほど提示された刺激なので、あてずっぽうでいいから、どちらか選んでほしい」といったように）、それが見えていた（聞こえていた）ような結果になることがある。これを「閾下知覚」と呼ぶ。微弱な刺激は、意識にはのぼらないが、情報の処理はある程度行なわれ

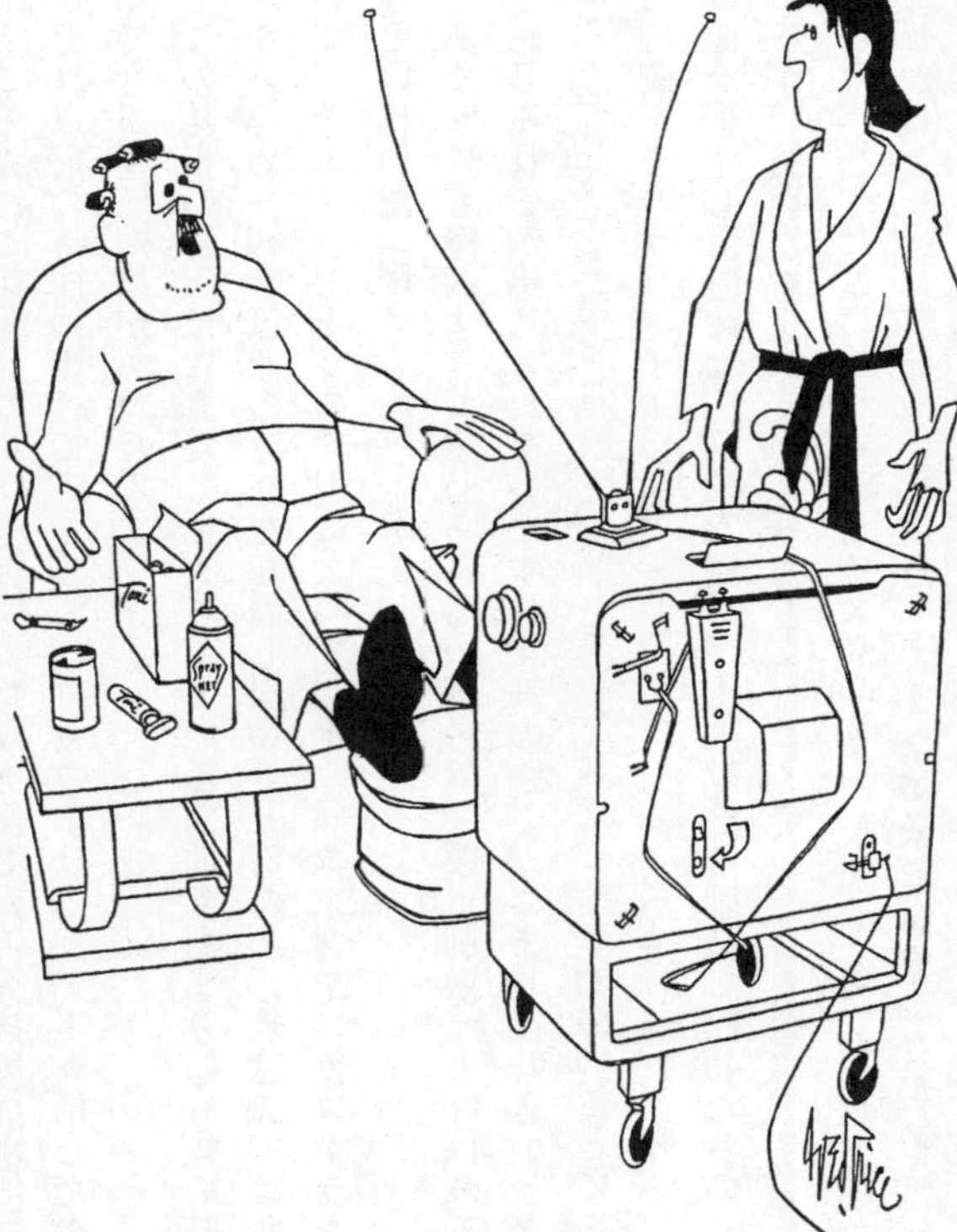

図2・1 「この身になにが起こるかは、自分でもわからん。座ってテレビを見ていただけなんだが」
サブリミナル効果が騒ぎになった直後に *Consumer Reports* 誌に載ったマンガ。Brooks（1958）より。

ていて、反応の方法しだいでは、その処理の結果がとり出せることがあるのだ。さらに、そうした閾下の刺激がその人の判断や行動や生理状態に影響をおよぼすことがある。これを、「閾下効果」、あるいは「サブリミナル効果」と呼ぶ。

見た覚えも聞いた覚えもないメッセージが、本人のあずかり知らぬところで、本人の行動や欲求に影響をおよぼすということがあるとすれば、これは重大だ。人を思い通りに操ることができるかもしれないからだ。それは、商品の広告や宣伝だけにとどまる話ではない。人の好みを変えたり、特定の欲求を作りあげることもできるだろう。政治的な宣伝や煽動にも使えるし、洗脳にも使えるだろう。映画やテレビを通して、それを見る不特定多数の人々に絶大な効果を上げることができるかもしれないのだ。この効果がとりわけすぐれているのは、本人が操られているという自覚がないことだ。なぜなら、本人は自分の意志でその行動を選択していると思っているからだ。操作する側から言えば、これほど好都合なことはない。

論文も報告も存在しない

サブリミナル効果のこの実験が報道されると、大きな反響があった。無意識を介して人の心を操ることができるということが、人々の恐怖心や不安を掻き立てた。アメリカ連邦議会や連邦通信委員会はすぐさまこの問題をとりあげ、1958年には連邦ラジオテレビ放送事業者連合が、こうしたサブリミナル刺激を放送してはならない、という自己規制に踏み切った。その時の人々の恐怖心や警戒心の程度が、この迅速な対応ぶりにもうかがえる。規制をしたからには、その規制の対象となるサブリミナル効果がほんとうにあることを認めたことになる。しかし、ヴィカリーの言うことがほんとうなのかどうかは、だれも確認したわけではなかった。

実は、このあまりにも有名な実験には、もとになるはずの論文や報告書が存在しない。学会で発表すらされていない。ヴィカリーが言ったことが新聞や雑誌の記事として、あるいは噂としてそのまま伝えられているだけなのだ。

学問の世界では、論文や報告が出ていなければ、とりあげるに値しない。なぜなら、検討のしようがないからだ。方法や手続きの詳細が公にされていなければ、当然ながら、追試も確認もできない。ところが、いま紹介したように、伝えられている実験の状況は、具体的で詳細をきわめる（たとえば入場者数が4万5699人、ポップコーンとコーラの売上げの伸び率がそれぞれ57・5％、18・1％というように）。けれど、方法や結果の処理のしかたなど、ほんとうに知りたい肝心の点については、なにも伝えられていない。これはおかしな話だ。

実験になっていない

伝えられている実験の概要からすると、この実験は実験の体裁をなしていない。少なくとも、心理学の実験だと言えるだけの最低限の基準さえクリアしていない。

たとえば、実験期間の6週間とそのまえの時期とで、売店のポップコーンとコカコーラの売上げを比較したというのだが、それらがコンスタントに売れるという保証はない。当然ながら、季節的な変動もあるはずだ（暑ければコカコーラは売れるだろう）。それは考慮してあるのか。それに、上映されている映画の内容や場面も、売上げに影響する可能性がある。実験時に上映されていた映画がなんだったかについてはわかっているが、比較の基準となるそれ以前の売上げ期間にはどういう映画が上映されていたのか。その影響はないのか。そもそも、映画が違えば、客層も違う。その違いが売上げに反映しないか。そして、売店での品物の並べ方は、実験の6週間とそれ以前とではまったく同じだったのか。並べ方が違っていたとしたら、それも売上げに影響する可能性がある。問題はまだある。ポップコーンとコーラのメッセージは、ひとつの画面に一緒に書かれていたのか、別々の画面なのか、別々の画面の場合それらを交互に映写したのか。いずれにしても、同じ観客が2つのメッセージを受けとっていたとすると、ポップコーンとコーラの売上げの間には相互作用が予想される。一方を買うともう一方は買わないとか、あるいは、ポップコーンを買う時には飲み物も買うのでコーラの売上げも伸びるとか、さまざまなことが考えられる。少なくとも、一方のサブリミナル・メッセージの効果だけを純粋にとり出すことは不可能だ。つまり、比較が比較になっていないのだ。

しかし、実験をうまく組めば、比較はできる。私なら、1日毎に、コーラのサブリミナル画面を入れる（実験条件1）、ポップコーンのサブリミナル画面を入れる（実験条件2）、なにも入れない（対照条件）を繰り返すだろう。曜日の影響もあるだろうから、どの条件にも曜日が均等に出てくるようにするだろう。祝日は避けたほうがよいかもしれない。天候も影響するだろうから、条件間で偏りがないようにする必要がある。売店の品物の並べ方も、条件間で公平になるように配慮するだろう。こうしたことをすれば、比較はできる。こんなことは、心理学実験のイロハのイなのだが、ヴィカリーはそれすらもしていないのだ。

1／3000秒の刺激提示など不可能

しかし、もっと根本的な問題がある。どんな装置を使ったのか知らないが、195

0年代に、1秒の1/3000の間だけ画面を映写することなど、どう考えても不可能なのだ。

映画の原理を考えてみよう。映画は、1秒間に24コマが連続して映写される。したがって、画面が1秒間に24回入れ替わる（現在の映画は、1コマを3回続けて映写するので、1秒間に72回画面が入れ替わる）。フィルムのコマが次のコマに切り替わる時間もほんとうは計算に入れないといけないのだが、ここでは簡単に考えて、1画面に割り当てられている時間は1/24秒（現在なら1/72秒）だとしよう。現在のインターレース方式の液晶テレビでも、1画面の提示時間は1/30秒である。ヴィカリーが言っているサブリミナル画面の提示時間は1/3000秒である。映画やテレビの一瞬の画面の、なんと1/100程度の短さなのだ！

しかも、この時間の短さだけが問題なのではない。その提示時間の短さに比例して、その分画面の光量も少なくなる。提示時間が1/100以下なら、画面は、通常の画面の1/100以下の光量になる。これでは、脳を刺激するどころか、網膜すら刺激しない。これは誇張ではない。観客は、映画の明るいスクリーンを見ているのだ。その際に、通常の映画の1コマの1/100程度の時間で、しかも1コマの1/100程度の光量の画面が挿入されて提示されたところで、それはないのと同じだ。しかも、その画面は、コーラの写真とか大きく書かれた1文字とかではなく、細かな文字の書かれたメッセージ画面なのだ！

装置の問題もある。映画を映写しながら、なにも映されていない暗い瞬間に同期させて1／3000秒だけ別の画面をどうやって映写したのだろうか。こうした装置を、彼はどこからどうやって調達したのか。実を言えば、半世紀以上を経た現在でさえ、お金と時間があって有能なテクニシャンがいれば話は別だが、こういった装置を作るのは、その道の研究者（視覚研究者のことだが）にとってさえ並大抵のことではない。

これだけの問題があるのだ。この実験が論文になるはずはない。なぜなら、論文の場合には、どのようにして（どういう装置で、どのように2台の映写機を連動させて）、どのような画面を提示したかを書かなければならないからだ。彼には書けるわけがなかった。もちろん、書くつもりもなかっただろうが。

おそらくすべて捏造

1962年、当のヴィカリーがある業界紙のインタヴューに答え、実は、あの時のデータは少なすぎてなにかが言えるようなものではなかったと洩らしている。(1) 4万6000人弱の観客を断りもなく被験者にしておきながら（大規模実験だ）、6週間も実験をしながら（していればの話だが）、データが少なすぎたもないものだ。だが、この「告白」が大きくとりあげられることはなかった。サブリミナル効果の話がこれだけ広まってしまったあとでは、この告白は、自分の失火で起きてしまった火事場で小便をするぐらいの効果しかなかった。しかし、ヴィカリーのことば使いは不正確だ。「データが少なすぎた」のではない。いま見てきたように、実験そのものが「でっちあげ」なのだ。（このインタヴューで、ヴィカリーは、サブリミナル広告用の装置で一儲けするはずだったのに、マスメディアがサブリミナル画面の自主規制に踏み切ったばかりに、折角の儲け話がパーになったということばかり喋っている。）

閾下知覚を専門的に研究していた実験心理学者は、こんなデタラメ話など最初から相手にしなかった。たとえば、それまでの閾下知覚の実験的研究を概観したノーマン・ディクソンの『閾下知覚』という本が、1971年に出版されるが（この本は専門家にはよく読まれた）、そのなかには、このヴィカリーの実験は、話の片鱗すら姿を見せない。[2] 専門家は、論ずるに値しないものとして、完全に黙殺していた。

しかし、マスコミや一般の人々（そして一部の心理学者）はそうではなかった。放送局がサブリミナルな画面を規制している以上、その効果は既成事実になってしまっていた。とりわけ、ブライアン・キイのように、フロイトの考え方を踏襲しながら、サブリミナル効果に尾ひれをつける連中も現われた。(3) キイの言うところでは、効果的な広告には、セックスのイメージがどこかしらに隠されていて、それが無意識に作用するのだという(彼の本を読むと、どうやら、人間というのは四六時中セックスのことばかり考えているらしい。いや、無意識だから、本人の知らない心のどこかで考えているということか)。このようにサブリミナル効果がひとり歩きを始めてしまった以上、ヴィカリー自身の小声での告白があったところで、サブリミナル広告の効果の存在も、それを示したとされるポップコーンやコーラの実験も、真実としてなんら揺らぐものではなかった。それに、多くの噂がそうであるように、いったん広まってしまったことは、本人があとから訂正しても、白紙に戻ることはまずない。

閾下知覚研究との関係

こうした捏造は、始末に負えないところがある。というのは、閾下知覚というものが確かに存在するからである。(4) それに、ある種のサブリミナル効果もないわけではないからだ。というよりも、すでに19世紀末から、実験心理学の分野では、閾下知覚に対する関心があった。実験心理学の歴史の初期にあっては、感覚の研究が主で、とりわけ閾値(具体的には、閾に相当する刺激の物理量のことだ)の研究が、ひとつの大きなテーマだった。ある意味で、サブリミナルは、実験心理学の十八番《おはこ》だったとも言える。

多少専門的なことを述べておこう。閾には、「絶対閾」と「弁別閾」がある。閾下知覚は、このうち前者の絶対閾に関係する（後者の弁別閾は、似たような2つの刺激の違いがどの程度まで小さい違いでわかるかという境目を指す）。絶対閾はさらに、見えたり聞こえたりし始める境目に相当する「感覚閾」と、見えたり聞こえたりするものがなにかがわかり始める「認知閾」に分けることもある。閾下知覚の場合は、この2つに関わっている。

こうした絶対閾はその刺激に対する一種の感度のことだが、その閾値は一定かというと、そうではない。刺激の提示条件、その人の状態（生理的状態、慣れや疲労）によって大きく変動する。個人差も大きい。さらに、文脈（前後関係）によっても、また、刺激に関する知識をあらかじめもっているかどうかによっても、変動する。さらに、その人が判断基準を甘くするか辛くするかによっても、閾値は変わる。たとえば、「見えたという自信が100％ある時だけ答えてくれ」とか「見えたと少しでも思えたら、あてずっぽうでもいいから答えてくれ」という教示の与え方によっても（つまり、反応すべきかどうかの基準のとり方によっても）、閾値は上下する。

実は、このことをもとに、1960年代、実験心理学では、刺激検出の基準のとり方による検出率の変動をあつかった「信号検出理論」という考え方が導き出され、ノイズの多い画面から本物の信号を検出するような場面（たとえばレーダー監視作業）で人間の側の要因（ヒューマン・ファクター）を系統立てて考えるのに役立った。このように、感じられたか感じられないかではなく、感じられた場合に（あるいは感じられない場合に）、それがどの程度確かなものなのかを問題にするようになったのだ。別の言い方をすると、閾値の質的側面が注目されるようになったわけだ。ここではこれ以上詳しくは述べないが、重要なのは、閾というものが変動するものであって、それについて専門的な研究が詳しく行なわれてきていたということである。

このように、実は、「閾下刺激」とひとくくりで呼んでしまっているが、その刺激には、閾値に近いものから遠いものまでさまざまなものがありうる。閾値に近い程度の刺激なら、意識にのぼるほどではないにしても、ある程度の処理を受けている。だから、特殊なやり方を用いると（たとえば、答えさせ方によって、あるいは生理的な反応を調べることによって）、それをとり出すことができることがある。これが閾下知覚である。つまり、閾値に近い刺激ほど、閾下知覚が起こる可能性が高く、逆に、閾値にはるかにおよばない微弱な刺激では、その可能性はないと言えるだろう。(5)

フロイトの無意識

　100年前に最初に「無意識」ということを言い出して概念化したのは、ジークムント・フロイトである。彼の言う意識・無意識は、よく海に浮かぶ氷山にたとえられることがある。私たちが意識できるのは、海面から出た氷山の部分だけである。海面下の部分は意識できない。これが無意識に相当する。ただし、この氷山には、氷山自体の上下運動や波の上下によって、意識できたりできなかったりする部分、つまり喫水線の部分がある。日常では意識していないのに、夢や催眠などによって意識にのぼるものは、この変動する境界部分に相当する。

　では、この無意識には、どんな内容のものがどのようにして入るのだろうか。フロイトによれば、その人の自我を脅かすような不快な体験、苦痛、恐怖、倫理にもとる欲望（とりわけ性的な願望）、葛藤状態などだという。それらは、意識に出てこないようにぎゅっと押し込められて（「抑圧」されて）いる。

　1例をあげてみよう。私たちは、幼い時にさまざまなことを体験したはずなのに、その時のことをほとんど覚えていない。これを「幼児期健忘」と呼ぶ。なぜ幼児期のことを覚えていないのか。フロイトによれば、幼児期の思い出や感情は、記憶のどこかにはあるのだが、抑圧されて無意識のなかにあり、意識までのぼってくることはないからだ。(6) 不快なことや、倫理的にいけない種類の性的欲望は、とりわけ強く抑圧される。しかし、そうした抑圧されていた欲望は、のちに病理的な行動として姿を現わすことがある、とフロイトは言う。

私に言わせれば(ほかの研究者も言っていることだが)、幼い時のことを覚えていないのは、幼い時にはまだ脳のなかの記憶のシステムが十分に機能していないからだし、(記憶は部分的にことばに頼ることも多く)幼児期には言語の習得がまだ十分なものではないからだ。それに、時が経つにつれて昔のことほど曖昧になり、忘却の彼方に消え去るからだ。別に、無意識や抑圧をもち出してこなくても、「幼児期健忘」は説明できる。

幼児がおとなも顔負けの性的欲望をもっていることは、どう転んでも証明などできない。フロイトの支持者なら、おとなになってからの心理病理こそ幼児期に性的欲望があったことの証拠だと言うかもしれないが、それは論点先取というものだろう。しかし、現在も、人間の心理発達の理論としてフロイトの考えを基礎に据えた理論は一部で生きていて、教科書にも登場する。たとえば、発達段階として、人間には口唇期とか肛門期とか男根期《だんこんき》があるのだそうだ。ということは、私にもあなたにも、そんな時期があったということだ。学術的な専門用語だからと言われてしまうとそれまでだが、肛門期や男根期といった概念を学生の前でしゃべるだけの勇気は私にはない。（私たちの心の底は、それほどまでに、セクシャルなものとスカトロなものとで満ちているのだろうか。）

サブリミナル広告の効果は証明不能

フロイトの説は、とり方によっては（つまり、人によってということだが）、想像力豊かでとても魅力的な説かもしれない。だが、この説が科学的に検証できるかとなると、まず不可能である。というのは、ある人が無意識によってある行動をしたとしても、その人はその行動を（無意識の内容とは異なる）別の理由でしていると思っているからだ。いま述べた幼児期健忘の例で言えば、私にも幼い頃にとてつもない性欲（小児性欲なるもの）があったことになる。しかし、私はそのことを証明できないし、自分で知ることすらできない。なぜなら、それは抑圧されていて、意識にのぼってくることはないからだ。誤解のないようにつけ加えておくが、ここで言いたいのは、無意識がないということではない。そうではなくて、意識できないものを無意識と言っているのだから、論理的に、無意識は証明不能だということである。

ヴィカリーのサブリミナル広告についても、これとまったく同じことが言える。本人は、ポップコーンを食べたくなったのは、自分の意志によってだと思っているし、サブリミナル広告を見ていないと思っている。ということは、本人にとって、問題にすべきことはなにもない。かりにサブリミナル広告で被害が出た（効果があったということだが）と第三者が判断したとしても、それを立証するのはむずかしい。被害者本人は、自分が被害者だとは思っていないからである。

ヴィカリーのサブリミナル広告の効果は、論理的に証明不能ということに加えて、現実問題としても、証明不能である。マスメディアが、映画の観客やテレビやラジオの視聴者など不特定多数の人々に向けて、そうしたことをしてはいけない、という自主規制を敷いてしまったからである。つまり、ほんとうに効果があるのかどうかは不問に付して、とにかくそうしたことは倫理的に許されないことだという判断を下してしまったのだ。これで、ヴィカリーのサブリミナル広告の効果は、実験的に証明不能の事柄になり、一種の迷宮入りを果たした。同時にそれはひとつの神話にもなってしまった。

認知心理学の閾下とフロイトの無意識

ここで注意しておくべきことがある。それは、認知心理学で言う「意識下（閾下）」とフロイトの「無意識」には大きな違いがあるということである。この2つを混同しているために、話がわけのわからないところに行ってしまうのだ。

フロイトの無意識は、抑圧されて意識にのぼってこないものである。抑圧されているものは、たんに意識されないだけでなく、先ほど述べたようにネガティヴな内容を含んでいる。一方、認知心理学で言う意識下あるいは閾下は、処理容量や意識や注意の限界の問題である。ある刺激が意識されないことがあるのは、それが十分な処理を受けていなかったり、重要でなかったり、注意が向けられなかったりしたからであって、ネガティヴな内容をもつからではない。

違いは、もうひとつある。閾下知覚では、いまここにある刺激が意識にのぼらない。これに対して、フロイトの「無意識」では、意識にのぼらないのは、過去の体験や出来事である。心理学者の多くも、実はこの2つを明確には区別してこなかったし、いまも漠然としか区別していない。

これには、日常的なことばの使い方も関係している。「無意識」は、「意識」されざるものを指すわけだが、「意識」ということばは、多様な使われ方をする。[7] 彼女の存在を意識する、意識を失う、意識改革、自意識過剰、などなど。これらは日本語の例だが、英語でも consciousness, awareness, arousal といったことばがあって、さらにそれぞれが多様に使われる。専門的にも、意識が、覚醒のレベルを意味することがあったり、注意状態を指したり、自覚の状態を指したり、あるいは状態ではなく意識内容そのものを指したりすることがある。もともと「意識」や「無意識」ということば自体に、使う人の間で混同、誤解、齟齬《そご》や矛盾を生じさせる可能性がある。これでは、ことばの使い方の交通整理をするのが関の山で、意識や無意識を定義するどころの話ではない。

サブリミナル広告の論理

以上のような問題があることを念頭におきながら、ここで少し落ち着いて、ヴィカリーやそのあとの支持者（たとえばブライアン・キイ）の言うサブリミナル広告を論理的に考えてみよう。

まず、サブリミナル広告そのものについて最小限言えるのは、「①刺激が閾下である→意識にのぼらない」ということだけである。一方、フロイトの考えでは、「②ある欲求が無意識のなかに抑圧されている→（本人の自覚のないまま）その欲求が行動に影響をおよぼすことがある」。このように、①と②は、まったく別のことである。

ところが、「無意識」という共通の用語を使うと、この2つがなんとなくつながる（「刺激が閾下である→行動に影響がおよぶ」）ような感じがしてしまうのだ。ここで多くの人は、煙に巻かれてしまう。

では、①と②の間を埋める論理的ステップはなんだろうか。少なくとも必要なのは、「刺激が閾下なので意識されない→その内容は無意識のなかに記憶として残る→残った記憶は抑圧されたものと同等の機能をもつ」ということである。しかし、無意識のなかに残ったと仮定されているものは、欲望ではない。それは単なるメッセージである。したがって、このメッセージが「指示された行動を本人にとらせるだけの暗示的な効果を果たさ」なければならない。このように、サブリミナル広告の効果が生じたというのなら、いまカギカッコでくくっただけのことがなくてはいけない。

少し四角張った言い方をしすぎたかもしれない。くだけた言い方をしてみよう。押し売り的に、ただ見せられただけのメッセージが（いや、自覚的には、見せられてもいないメッセージが）、強い影響をおよぼして欲求を生じさせ、それがメッセージの指示する購買行動を引き起こすというのだ。そんなことがあるわけがない！　ちゃんとメッセージが見えていたって、ふつうはほとんど効果がないからだ。これがどれだけバカなことを言っているかは、これを逆方向に言い換えてみるとよくわかる。すなわち、

「はっきり見せられたものほど、そして意識されたものほど、効果がない。見えないものこそ、つまり無意識であるものこそ、効果がある」。

信じてしまうだけの時代背景

ヴィカリーのこうした与太話がなぜ一気に広まり、信じられてしまったのか。これだけ信憑性のない話が受け入れられるからには、それなりの素地や土壌が用意されていたと考えなければならない。

ひとつには、当時、フロイトの考え方がアメリカ社会のなかに根をおろしつつあったということがある。精神分析が（少なくとも中・上流階級の）一種のライフスタイルに組み込まれ、精神的に健康な人も、自分が最近見た夢などを精神分析家に語って診断や助言を仰ぐことが生活の一部になっていた（これを、それまで行なわれてきた、教会での懺悔や告解の習慣の一種の変形だとみなす人もいる。そうかもしれない）。夢解釈や無意識といった考え方が、かなり広く受け入れられていたのだ。

第二に、当時は、人の心を操ることができる（逆に自分の心がほかの人間によって操られることがあるかもしれない）ということが、ある種の恐怖心と警戒心をもって考えられていた。１９５０年代の半ばと言っても、まだ第二次世界大戦の記憶が生々しくあった時代である。ヒットラー率いるナチスがなぜドイツ国民の支持を得、その指示で人々はユダヤ人の大量虐殺をはじめとしてさまざまな非人道的なことを実行したり、許容したりすることができたのか。なぜ人は煽動されてしまうか。なぜ権威者のいいなりになったりするのか。ナチス・ドイツと似たような事態を招かないように、省みることができることは省みるべきであった。それが社会に課せられた課題であった。心理学でも、権威への服従がどのように起こるか、絶対的な権力を行使できる場合にはどういうことをしてしまうか、個人の意見や行動が周囲の影響をどのように受けるか（同調行動、集団の圧力、説得）が研究の焦点として、盛んに研究されていた。[8] サブリミナル広告は、まさにそうした大衆の心理操作のおそるべき事例でありえた。[8]

第三に、1950年代後半、映画やラジオといった視聴のメディアに、テレビが加わったということがある。アメリカでは家庭向けのテレビ放送が開始されるのが1950年であり（ちなみに日本は53年）、テレビをもつ家庭が急速に増えつつあった。つまり、映画館に行かずとも、日常的にサブリミナル画面にさらされる危険が存在し始めていた（このへんの状況は、図2・1に示した諷刺画によく表われている）。[9]

そして、最後にあげるのは、このなかではもっとも直接的な伏線かもしれない。それは、ヴァンス・パッカードというアメリカ人ジャーナリストの書いた『かくれた説得者』という本が、1957年の半ばに出版されたことである。(10) この本は、消費者の購買意欲をどのようにして操作すればよいか、人を効果的に説得するにはどうすればよいか(下司《げす》な言い方をすると、人を手玉にとるにはどうするか)など、さまざまな心理的手法について述べている。そのなかでは、意識下の欲求を操作する方法も紹介されている。この本は、飛ぶように売れ、1957年の9・10月期には全米のノンフィクション部門第1位、11・12月期には第2位を占めた(日本でも、翻訳が翌年の58年に出版されている)。ヴィカリーの実験の話がマスメディアにセンセーショナルにとりあげられたのは、この同じ年の9月であった。そのニュースが大きなインパクトをもったのは、このパッカードの『かくれた説得者』が売れていたからにほかならない。人々は、パッカードの本を読んで、そうした決定的な「実験」の話を期待していたのだ。

当時の実験心理学の研究——知覚的防衛

実は、実験心理学のほうでも、重要な伏線があった。それは1949年に発表されたエリオット・マクギニスの「知覚的防衛」の研究である。(11) 実験はこうだ。ある単語を被験者に瞬間的に提示して、それがなにかを答えてもらう。最初は提示時間が短すぎてわからない(最初の提示時間は10ミリ秒)。しかし、提示時間を長くしてゆくと

（1回の提示につき10ミリ秒長くする）、ある時間からなにが提示されたかがわかり始める。これが認知閾に相当する提示時間である。提示された単語は、penisやbitchやwhoreといった口にするのがはばかられるような単語（ここではタブー語と呼んでおく）とmusicやtradeのようなふつうの単語（中性語）である。この認知閾の測定と同時に、被験者の指には電極をつけ、指の皮膚の電気抵抗も測定する。これは、心理学ではGSR（皮膚電気反応）と呼ばれているものだが、これによってそのときの被験者の情動状態（快不快、覚醒、興奮、心の動揺）が測定できる（いわゆる「嘘発見器」と同じものだ）。

マクギニスが得た結果は、次のようなものだ。タブー語は、中性語に比べ、認知閾が高かった。中性語では認知閾の平均が0・64秒、タブー語では1・20秒だった。つまり、タブー語は、中性語の2倍長い提示時間でないと認知できなかったのだ。

ところが、単語を認知できなかった時、GSRの値は、タブー語の場合は中性語に比べて一貫して高い値を示した。つまり、両者とも認知できていないのだから、GSRは同じになってよいはずだが、そうならずに違いがあった。このことは、タブー語は認知（意識）できていないけれども、情動反応からすれば実は見えていたということになる。

そこでマクギニスは、次のように解釈した。タブー語は、短い提示時間の場合には、それが不快な単語であるがゆえに抑圧されて意識にのぼらなかったのだろう。つまり、タブー語に対しては知覚的な防衛が起こっていたのだろう。このように、マクギニスの解釈は、フロイトの無意識と抑圧、そして情動をよりどころにしていた。

しかし、別の解釈もできる。タブー語の認知閾が高いのは、言うのがためらわれたからなのかもしれない。あるいは、言って間違っていたら恥ずかしいから、はっきりわかってから答えていたのかもしれない。マクギニスのように、無意識を持ち出してくる必要などない。1950年代前半には、こうした論争が交わされていた。

ヴィカリーが行なったという実験は、フロイト的な解釈も含めて、このマクギニスの「知覚的防衛」の実験によく似ている。たぶん、ヴィカリーは、マクギニスの実験をヒントにしたのだろう。ヴィカリーの実験がありえるように思った心理学者も、一部にはいた。そう錯覚したのは、この実験を知覚的防衛の実験の延長のようにとらえていたからなのかもしれない。

マスメディアの専有物として──心理学の教科書への影響

どうしてヴィカリーの実験の話がこれだけ広まり、いまだに大多数の人々に実話として信じられているのかを、まとめてみよう。もともと、閾下知覚の研究は実験心理学の十八番《おはこ》であったのに、それとはほとんど関係のないところで、一介の広告業者がサブリミナル広告の実験をでっちあげた。マスメディアはこれにすぐ反応した。なぜなら、それが自分自身に関わることであったからだ。そしてサブリミナル広告のマスメディアによる自主規制は、そうした広告の効果が確かにあるのだという印象を与え、話を広めるのに役立った。

ことは、最初はマスメディアとその周辺だけで進行した。それ以外の人間、たとえば閾下知覚の専門家が、口をさしはさめるような状況ではなかった。もちろん、口をはさんだところで、マスメディアは聞く耳をもたないか、あるいはそれを聞き流すだけだったろう。それに、マスメディアの側から「効果がないとほんとうに言い切れるのか」と問い詰められたら、専門家は「おそらくない」とか「たぶんない」としか答えられないだろう。ことばはいろんなふうにとれるから、「たぶんない」は、「ひょっとするとある」にすり替わってしまうことがある（マスコミの取材による報道のしかたには、この手のものが実に多い）。

ヴィカリーのこの話が広告業界やメディアの世界のなかだけで済んでいればそう大きな問題はなかったのかもしれないが、両者の影響力は絶大なだけに、そういくはずもなかった。話は広まり、既成事実化した。一部の心理学の教科書にも、閾下知覚を紹介する際の枕としてこのサブリミナル広告の実験が載るようになる。もちろん、それは、読者の好奇心をかき立てるには、解説や紹介のきっかけとしてよく知られている話を使ったほうがよいからだが、もうひとつ大きな原因がある。それは、教科書の執筆者の多くが、不精を決め込んで、原典にあたることをしていないからだ（調べれば、原典がないことぐらいすぐにわかる）。しばらくするうちに、世間では、この話が閾下知覚（潜在知覚、サブリミナル効果）を代表する、いわば看板になってしまっていた。

こうなると、サブリミナル広告の実験の話を全否定するのは、むずかしい。それを全否定すると、それを聞いたり読んだりした人の大半は、閾下知覚そのものが（そしてその膨大な研究も）否定されたかのように誤解したり、あるいはそれらの研究全体をいかがわしいものであるかのように思ってしまうからだ。これは厄介だ。オオカミ少女の話の場合と同じく、看板を下手にはぐと、本体もついてきかねないのだ。

ある人々は、サブリミナル広告の実験が嘘だとしたところで、閾下知覚の研究にはほとんど影響はないので、そんなものは無視しておけばよい、かかずらうだけ時間のムダだと言うだろう。しかし、そういうものではないと思う。ヴィカリーのやったことは罪深いが、一方で、科学者がそのことを批判せず、実話として語り継がれてゆくのを放置することも、同じだけ罪深いことなのではないか（これを法律用語では「不作為」と呼ぶ）。

ホットドッグが食べたいよ

ヴィカリーの実験と称するものがきっかけでサブリミナル広告の危険性が問題になった直後、彼は、連邦議会や連邦通信委員会のメンバーのまえでサブリミナル広告のデモンストレーションをする破目になる。1958年の1月のことだ。彼はほとんどデモンストレーションの求めに応じていないのだが、この時は国家《おかみ》の要請ゆえ逃れられないと思ったのか、素直に（内心は渋々だろう）応じている。

議員や委員たちに映画（『グレイ・ゴースト』というタイトルだった）を見せながら、例の「ポップコーンを食べろ」というメッセージを1／20秒間、5秒おきに繰り返し提示し続けた。今回は、1／3000秒というとんでもなく短い提示時間ではなかった。1／20秒（50ミリ秒）なら、穏当な時間である。もちろん、この提示時間でも、その画面が映画のコマにはさまれると、ふつうの場合は知覚されることはない。つまり、サブリミナルな刺激としてはほどほどのものだったと言えるだろう。ところが、映画を見ただれも、ポップコーンを食べたくなるようなことはなかった。彼らもその効果を期待していただけに、拍子抜けであった。ある上院議員は、「わしゃホットドッグが食べたいよ」と言ったそうである。(12)

それでも、サブリミナル広告の信者なら、次のように言うかもしれない。このデモンストレーションでは、映画を見る人々が実験の内容を知っていたし、サブリミナル画面としてなにが入れられているかもあらかじめ知らされていた。サブリミナルの効果は無意識が介するのだから、刺激がなにかが意識的にわかってしまうと、効果が生じなくなってしまうのだと。あるいは、議員たちは先入観をもっていて、素直な心で見てはいなかったと。あるいは、1/20秒という長い時間では効果がなくて、1/3000秒のようにとんでもなく短い時間でないと、効果がないのだと。このように、なぜ効果がなかったかの言い訳は、おそらくあちこちからひねり出してくることができるはずだ。

3章　3色の虹？
——言語・文化相対仮説をめぐる問題

言語や文化によって、色の見え方が違う？

世界には、色を表わす単語が数えるほどしかない言語もあれば、無数にある——それこそ色の名称や表現が多彩な——言語もある。なぜ、こうした違いがあるのだろうか。それは、色彩豊かな環境に住んでいれば、色を細かく区別する必要があるし、砂漠の環境とか氷や雪の世界で生活していれば、そんな必要性はないからである。つまり、まず環境とそれに対応した知覚があり、次にそれを表現する必要性があり、そしてその結果として特定の単語や言語表現がある、と考えるのが自然である。

ところが、そうではないと考える立場がある。言語を介してはじめて知覚は可能になり、明瞭になるというのだ。これが「言語相対仮説」である。それぞれの言語において名称や表現がはじめは恣意的に作られ、そのようにして生じた名称や表現が今度は、それを話す人々の概念やカテゴリーを規定して、認識や知覚を決定する。言語が違えば、認識や知覚が違ってくるのだという。

色の名称の例で考えてみよう。色の感覚は、太陽光のスペクトルの波長にほぼ対応する。言語相対仮説によれば、人間の目に見える光のスペクトルは色の名称によってカテゴリー分けされるから、色の名称が3つしかなければ、それに対応する3つの色しか見えないことになる。つまり、空にかかる同じ虹を見たとしても、言語によって、7色の虹が見えたり、3色の虹が見えたりするというわけだ。さらに、言語相対仮説では、このことばによる切り分け方も恣意的である（つまり、言語ごとに異なる）と考える。たとえば、7色の名称しかもたない言語がいくつかあるとすると、その言語間でも、その7つの名称が指し示す色は異なる。言語は文化を構成する大きな要素だから、こうした言語相対仮説の考え方は、文化が認識のしかたを規定するという文化決定論の一種だとも言えるだろう。

なにをバカなことを言っているのだろう。この主張の通りなら、ある言語からほかの言語へとなにかを翻訳する際には、たくさんの困難が立ちはだかるはずではないか。だが、現実には、翻訳は容易にできる。もちろん、たとえば、ゾウの鼻を英語では

noseとは言わず、日本語の「木の幹」にあたるtrunkと言ったりするので、語をそっくりそのまま置き換えるわけにはいかず、語の意味と使い方を考えた翻訳が必要になるだろう。しかし、日本語と英語それぞれのネイティヴ・スピーカーの間で、ゾウの鼻の知覚が違ったりはしない。

では、一方の言語では、他方の言語にある語に相当するものが欠けていたら、どうだろう。この場合には、説明的な翻訳をするしかないが、しかしそれで意味は通じる。色の場合だって、その色を直接示す単語がなくても、「なになにのような色」と言えば、通じるだろう。その言語に該当することばや表現がないと、ものが知覚できないなどということはない。それに必要があれば、色のことばは作り出せるし、輸入して使うことだってできる。

ただし、色の場合には、ほかの語や表現とは事情が少し異なるかもしれない。さまざまな文化の人に太陽を一色で描いてくれと頼めば、彼らは赤やオレンジや黄や白のように違った色で塗るかもしれない。それは、その文化が習慣として太陽をどの色で表現するかによっている(1)。しかし、そうした違いはあるものの、同じ太陽がまったく違った色に見えるなどということはありえない。

バーリンとケイの研究――基本色彩語

そもそも、色を指し示す名称（色彩語）は、言語ごとに恣意的にできあがっているものなのだろうか。恣意的にできあがっているというのが、１９６０年代以前の人類学者や言語学者の一般的見解であった。これは、言語相対仮説そのままである。しかし、これは、実証的なデータにもとづくものではなかった。１９６０年代、その問いに直接答える研究が現われる。カリフォルニア大学バークレー校の人類学者、ブレント・バーリンとポール・ケイの研究である[2]。

彼らは、まず世界各地の言語98（日本語も含まれている）を選んだ。次にそれぞれの言語で使用されている色彩に関する語のなかから、一般性があってすぐわかる基本的な語（基本色彩語と呼ばれる）を抽出した[3]。その結果、基本色彩語が白と黒（あるいは明と暗）しかない言語もあったが、多くても11程度（無彩色の色彩語3つと有彩色の色彩語8つ）で、各言語はこの間に分布するということがわかった[4]。

しかも、基本色彩語には、すべての言語にあてはまる規則性があった。基本色彩語が2つしかないなら、それは白と黒（あるいは明と暗）である。3つなら、3つめは赤である。5つなら、緑と黄が加わる。11なら、白、黒、灰、赤、緑、黄、青、茶、紫、ピンク（桃）、オレンジ（橙）である。基本色彩語が最少2種類から最多11種類

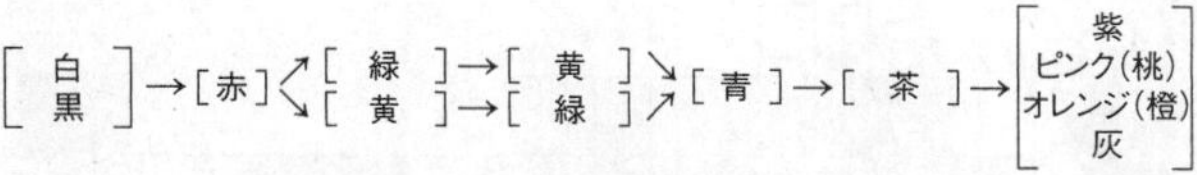

図３・１　基本色彩語の進化の規則性
Berlin & Kay（1969）より。

まであるとした場合、数学的に可能な色の組み合わせは２０４８通りにもなるが、98の言語で実際に得られた組み合わせはごく少数に限られていた。つまり、色彩語はそれぞれの言語で恣意的に作り出されているのではない。

バーリンとケイは、この結果をもとに、図３・１のように、基本色彩語の進化を想定した。ここで言う進化とは、基本色彩語が多様になるという意味だが、その進化のしかたには明確な順序がある。まず、基本色彩語が2つしかなければ、それは白と黒（あるいは明と暗）である。もうひとつ加わる時には、それは赤で、4、5番目は緑か黄かのどちらかになる。さらに色彩語が加わる時には、それは青で、次に茶色が加わる。8番目から11番目は、紫かピンクかオレンジか灰色である。

次に、バーリンとケイは、それぞれの言語の基本色彩語がどのような範囲の色を指しているかを調べた。どんな色かを表示するには、簡易で一般的な方法として、マンセルが考案した色票（色相、彩度、明度の3次元で段階的に変化する）を用いる方法がある。バーリンと

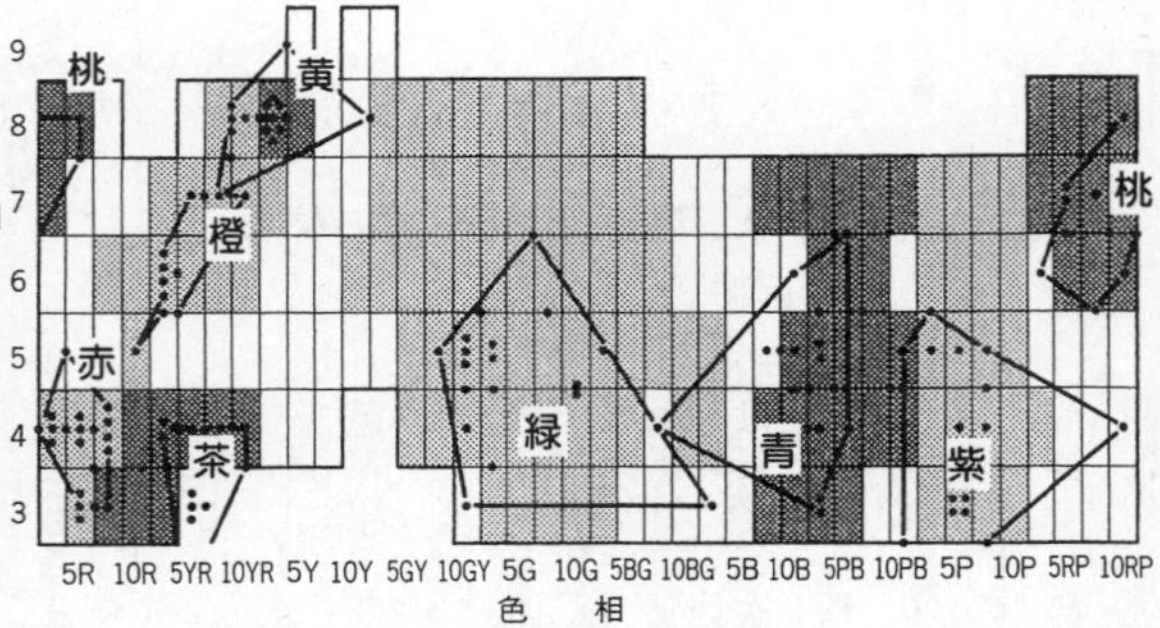

図3・2　異なる20の言語における基本色彩語に対応する色票の範囲と焦点

ドットは各基本色彩語の焦点。もっとも外側に位置する焦点どうしを直線で結んで、20言語の各色彩語の焦点の範囲が示してある。Berlin & Kay（1969）の原図を松沢（1991）が作成し直したもの。

ケイは、329色のマンセル色票が規則的に配列されたチャートを用いた。色票はどれも彩度がもっとも高い色で、チャートを横に見てゆくと色相が段階的に変化し、縦に見てゆくと明度が段階的に変化するように並べてあった（図3・2のように、それぞれのマス目が個々の色票に相当しているようなチャートを想像していただくとよい）。

バーリンとケイは、98の言語それぞれのネイティヴ・スピーカーに、このチャートを見せ、それぞれの色彩基本語がどの範囲の色を示しているか選んでもらった。加えて、その基本色彩語が示すもっとも典型的な色票がどれかも答えてもらった。これがその基本色彩語の色の中心

（これを「焦点」と呼ぶ）に相当する。

その結果、基本色彩語が少ない言語では、色彩語の示す範囲は広くなったものの、その焦点はほぼ一致していた。基本色彩語が多い言語の場合も、その焦点となる色は一定の範囲に集まり、ほかの色彩語とははっきり区別されていた。図3・2に示したのは、11の基本色彩語をもつ20の言語の結果である。ドットで示してあるのが、各基本色彩語の焦点である。この図から、言語が異なっても、それぞれの基本色彩語が示す色はほぼ共通していることがわかる。ただし、緑が青に近い（あるいは青が緑に近い）言語がひとつずつあったのと、黄がオレンジに近い（あるいはオレンジが黄に近い）言語がひとつずつあった。だが、全体的に見れば、それぞれの言語の色の指し示し方は、恣意的ではなく、明らかに普遍的な規則性に従っていた。

色の知覚の普遍性——色の弁別と基本色彩語

では、なぜ、色の知覚が文化や言語によってさまざまで、色彩語の指し示す色の範囲も恣意的だと考えられたりしたのだろうか。ひとつは、色彩表現がわずかな言語もあれば、数え切れないほど豊かな言語があったり、先ほど述べたように、太陽といったものでさえ、言語によっては違った色で表現されることがあったりするからだろう。

それに、文化によって、特定の色が特定の意味をもっていたり、特定の象徴であったりする。典型的な例は国旗だ。色がなにがしかの意味をもち、その意味の付与は恣意的な側面をもつ。(5)

もうひとつには、複数の色彩語の境界が曖昧な場合があるということも関係している。日本語では、たとえば緑なのに青葉や青信号と表現することがあるように、色が置換可能な、あるいは曖昧な場合がある。こうした境界の曖昧さは、その命名が恣意的だという印象を与える。

しかし、バーリンとケイの研究からわかるように、基本色彩語は多くてもせいぜい11で、黒と白と灰色という無彩色を除くと、8つほどでしかない。この数は、短期記憶(あるいはワーキングメモリー)の容量や注意の限界について知られている心理学的事実とも対応している。その限界容量(情報の処理容量)は、通常7±2(5〜9)であると言われている。つまり、この程度の数のことしか、一時的に覚えることができなかったり、ぱっと見て正確に認識できなかったりする。この数を「魔法の数7《マジカルナンバー・セヴン》」と呼ぶ。1950年代に、心理学者のジョージ・ミラーが言い出した概念だ。(6)

この魔法の数7は、日常のさまざまな場面に顔を出す。曜日は7つ。音階が7つ。七つの海、七不思議、七変化、七福神、七草、七癖、七難、七賢人、七つ道具、七曲り、七星などなど。このように、7というのは、日常の特定の事物を即時に把握できるカテゴリー（あるいは分類や種類）の平均的最大数である。色の場合の七色の虹という表現も、それにあたる(7)。

有彩色の基本色彩語の最多数8つというのも、この7±2の範囲内にある。一目で区別できるのは、この程度の数の色が限界で、それが個別のカテゴリーをなし、そしてそれらのカテゴリーには普遍性が見られる。もちろん、私たちは、目の前にある2つの色が同じかどうかを聞かれたなら、微妙な色味の違いまで、驚異的なぐらいによくわかる。こうした色どうしの識別を専門用語では「弁別」と呼ぶが、色の弁別については、人間は、数千どころか、数十万の色の違いを識別できるとも言われている(8)。しかし、こうした色の知覚と色のカテゴリーとは、別物である。色の基本カテゴリーは、色の弁別に比べると、驚くぐらいに数が限られるのだ。

しかし人間は、そこにとどまるわけではない。そこを出発点として、必要なら、言語表現の力を借りてまわりにある色彩を細分化し、意味づけてゆく。生活のなかで色彩が重要な意味をもち、つねに注意をはらっている社会では、色彩の言語表現は精密で緻密なものになる(9)。

チンパンジーの色のカテゴリー

しかし、色の知覚も、そのカテゴリー分けも、人間だけに共通なわけではない。人間と近縁種のチンパンジーで考えてみよう。チンパンジーに色の弁別をさせると、ほぼ人間と同様の結果になる。つまり、人間のような色覚をもっている。では、色のカテゴリーについてはどうだろうか。チンパンジーも色のカテゴリーをもっているとしたら、それは人間の場合となにが同じで、なにが違うのだろうか。

京都大学霊長類研究所の松沢哲郎は、この問題をチンパンジーのアイで検討した(10)。まず、アイに特定の色と漢字を対応させて提示して、これらの漢字を覚えさせた。漢字は、11種類の基本色彩名である。色は、11の基本色のうち、ほぼその色名の焦点にあたる色がそれぞれひとつだけ提示された。つまり、それぞれの色彩名について、1例だけを提示して学習させた(この学習では、正解の色彩の漢字を選ぶと、報酬がもらえた)。

そのあと、テストでは、色票をひとつひとつアイに提示して、その時にどの色彩名で答えるかを調べた。用いられた色票は、それまで一度も提示されたことのない色票、224種類であった(なお、テストでは、正解・不正解というものがないから、報酬はなかった)。アイは、画面上の11の漢字から該当すると思うものをひとつ選んだ。

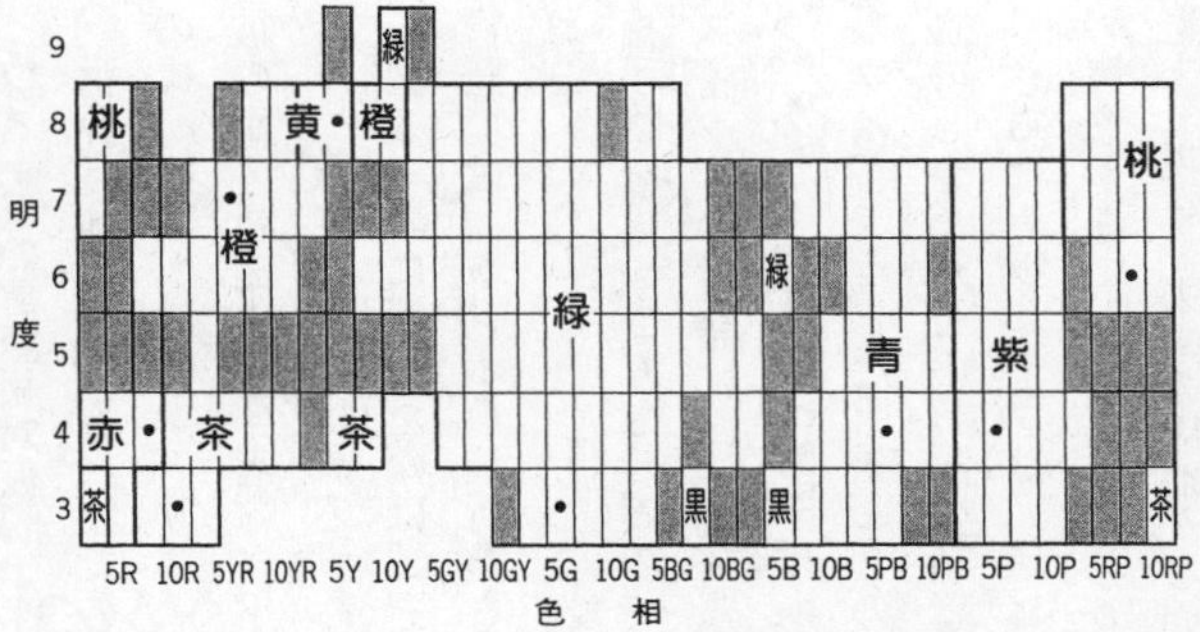

図3・3　チンパンジーのアイによる基本色彩語に対応する色票の分類
図3・2と見比べてほしい。松沢（1991）より。

結果は、図3・3のようになった。同じ色票については、全体を通して3回テストされたが、アイが示す色名が3回一致した色票が白抜きで示されている。灰色で塗られているのは、その都度別の色名だった色票である。つまり、それらは、アイにとっては判断に迷う、ある色と別の色のカテゴリーの境界に相当すると考えられる。図3・2と比べるとわかるように、カテゴリーの範囲は人間の場合とほぼ同じようになった。このように、色のカテゴリーそのものは、文化を越えて共通であるどころか、種をも越えるのだ。

ウォーフの言語相対仮説——ホピには時間の概念がない？

世界各地の異なる言語での例をあげながら、言語相対仮説を極端な形で世に広めたのは、ベンジャミン・リー・ウォーフである。1930年代のことだ。その仮説は、彼の師の言語人類学者、エドワード・サピアの考えを継承していたので、サピア－ウォーフ仮説とも呼ばれる。

図3・4に示したのは、その1例である。(11) アメリカの先住民族のひとつ、ホピ族の言語では、トンボも飛行機もパイロットも、飛ぶものはすべてひとつの単語で表現される（ただし、鳥については別の単語がある）。彼らはそれで困らないし、文脈がその指示物をはっきりさせるので、混乱もない。また、雪と氷のなかで生活する極北のイヌイットの言語には、英語のsnowにあたる単語が3つ（ウォーフの別の論文では7つ）あり、(12) 英語のwaterにあたるものは、ホピ語では2つの単語で表現される。(13) ウォーフは、こうした言語ごとの単語や表現の違いから、色、雪や水といった自然物の認識のしかたがどの言語の話者かによって違っていると主張した。

さらに、ウォーフは、ホピ語には時間表現が見られないので、ホピの人々には時間の概念がないとまで主張した。ウォーフによれば、ホピ語には時制がない（動詞には、過去・現在・未来の区別がない）。また、ほかのものの単位は複数形で言うことがある

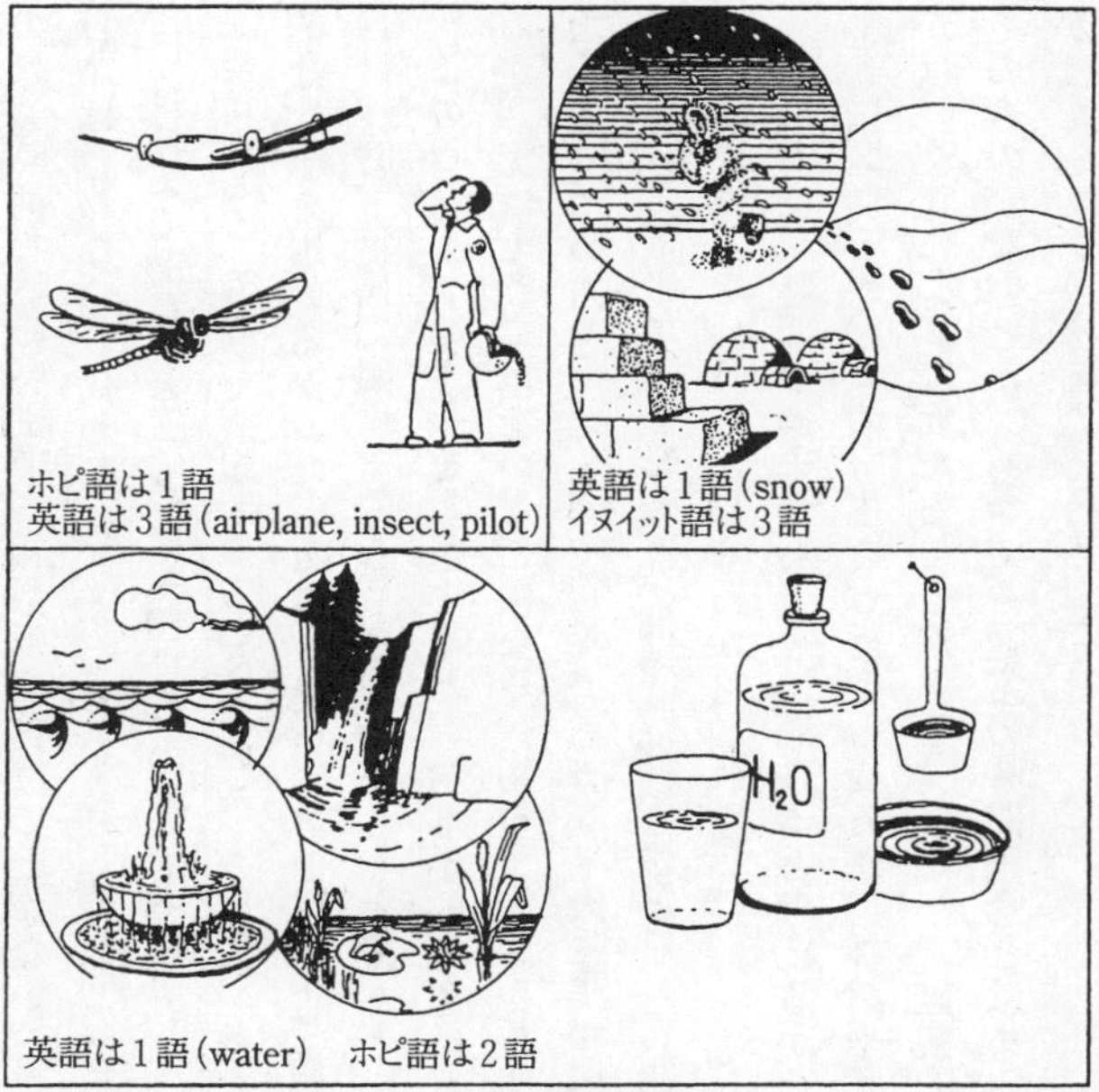

図3・4　言語相対仮説を示す例
Whorf (1956) より。

のに、時間だけは特別で、複数形で言うことがない。たとえば、10人とは言うが、10日とは言わない。代わりに、ふつうなら「10日間滞在した」と表現するところを、「11日目まで滞在した」とか「10日目の後に去った」と表現する（つまり、順序数での表現はあるが、基数で表現することはない）。さらに、多くの言語は、時間の表現に空間的な比喩を用いるが（たとえば、「長い」時間）、ホピ語にはそれもない。時間的順序、日付、暦、年代に関する関心も、おそろしく希薄だという。

このウォーフの主張を敷衍すると、物理学的概念は普遍なもののように思われているが、実はそうではないことになる。物質、空間や時間の認識は、言語によってまったく違っているというのだ（哲学者のカント大先生が聞いたら、さぞびっくりするだろう）。この通りなら、物質や空間や時間の概念は、言語や文化を越えては伝えられない場合があるということになるかもしれない。

たしかに、時間が過去から未来に流れると考えるかその逆と考えるか、時間をどのように区切るか、人の一生をどうとらえるか、神話や歴史では時間をどう意味づけるかは、文化によって異なることがある。しかし、直観的だと思われてきた時間の概念そのものがないとか、あっても通常の時間概念とはまるで違っているとかいったことがはたしてありうるだろうか。

この話を徹底的に検討したのは、北アリゾナ大学の言語学者、エッカート・マロツキである。彼は、1960年代に、ホピ語の文例をつぶさに調べ、ホピ語には（なんと！）時間表現があるということを発見する。(14) 実際には、時間を表わす形容詞や副詞はたくさんあり、時間を空間のようにあつかう比喩も数多くあった。時間の単位（時間区分、日、週、月、季節など）があり、儀礼の暦があり、計時のしかたが幾種類もあり、そして時間の単位には複数形があり、相《アスペクト》によって過去・現在・未来も明確に表現できたのだった。なんのことはない、彼らも、私たちと変わらない時間概念をもっているのだ。ウォーフのもとにした資料は誤っていたことになる。その極端な主張は成り立たないのだ。

では、なぜウォーフは誤ってしまったのだろうか。実は彼は、ホピの居住するアリゾナへ調査に行くということもなく、ニューヨーク在住のホピ出身のひとりのインフォーマント（情報提供者）からホピ語を教えてもらっただけだった。彼はそれだけをもとに自説を展開した。一方で、ウォーフは神秘思想にも入れ込んでいた。(15) 彼がホピを研究対象に選んだのは、創世神話や特異な宇宙観をもつ神秘の民としても知られていたからなのかもしれない。ウォーフは、ホピの言語や文化に不思議なもの（自分の文化と極端に異なるもの）を見たいと思い、実際それを見てしまったのだろう。

サピア - ウォーフ仮説と弱い形の言語相対仮説

言語が私たちの認識に影響するのは、当然である。なぜなら、私たちは、ことばを通してものごとを考えたり、覚えたりしているからだ。用いている言語が違えば、認識のしかたにもなんらかの違いが生じてくるだろう。つまり、言語相対性は確かにある。しかし、ウォーフの主張するように、言語が知覚や認識を強く規定し、現実のものごとに対応する単語や表現がない場合にはそれを認識できないなどということはありえない。つまり、極端な形の言語相対仮説は明らかに誤りである。

ウォーフ流の強い仮説に対して、言語の違いが思考や認識にある程度影響するという、穏当な仮説は、「弱い」言語相対仮説と呼ばれる。問題は、「弱い」言語相対仮説は残して、極端な形の言語相対仮説だけを切り捨てることがなかなか難しいという点である。これは、オオカミ少女やサブリミナル広告の話を切り捨てると、野生児や闘下知覚もついてきてしまうのと似ている。これはなかなか厄介だ。

極端な形の言語相対仮説、サピア - ウォーフ仮説はしぶとく生き残り、いまも、過去の説としてではなく、ほぼ正しいこととして心理学の教科書に載っていることがある。イヌイットの雪の例を載せているものもまだ見かける。「仮説」であって、いまだ証明されていない考えだという留保条件をつけている教科書も多い(16)（これらの教科書の書き手は、「仮説」とは証明できないことをいう、と誤解している節がある。「仮説」は、検証可能であることが前提になっているはずなのだが）。

思考や理解への言語の影響——最近の発見

最近になって、言語が思考や理解におよぼす影響について重要な発見が2つほどあった。これらを簡単に紹介しておこう。

西洋人やほかの文化（たとえば日本）の人々は、ものの位置を、自分や相手や対象を基準点にして左右で表現するのがふつうである。たとえば「ぼくの右後ろにある」とか「あなたの右手にある」とか「その車の左側にある」とかいったように。しかし、マックス・プランク言語心理学研究所の言語人類学者、スティーヴン・レヴィンソンは、この表現方式が普遍的なものではないことを発見した(16)。世界には、左右といった語を用いずに、地理的な外界の客観的基準（たとえば特定の山や湖や川）にもとづいて位置を表わす言語も数多くある（よく調べられているのはマヤ言語のツエタル語やオーストラリア先住民の言語のグーグ・イミディィル語だ）。たとえば、「それはあの湖の北西方向にある」というように。あるいは、「右に少し動け」ではなく、「南に少し動け」というように。後者の方式をとる言語では、「右」や「左」といった単語は定位において役割をはたさない（そもそも「右」や「左」といった単語をもたない言語もある）。

どちらの表現方式も、位置や方向を正確に伝えることができるという点では等価であるが、日常的にどちらの方式を用いているかによって、思考や認識のしかたが違ってくることが予想される。左右を用いる方式では、たとえば話す相手の左右がどの方向かをつねに考慮しなければならないし、客観的基準で位置を表わす方式では、基準物の位置と東西南北をつねに気にしていなければならない。レヴィンソンは、それぞれの方式をとる言語の人々を被験者にした実験を行ない、空間の認識のしかたやその記憶のしかたが異なることを明らかにしている。

もうひとつの発見（?）は、現在世間を騒然とさせている報告である。２００８年に、30年にわたってアマゾンの奥地に住むピダハンという部族を調査したアメリカの言語人類学者、ダニエル・エヴェレットは、『眠ってはならぬ、ヘビがいる（邦訳書名はピダハン）』という著書を出版し、大きな反響を呼び起こした。[17] この著書のなかで、エヴェレットは、ピダハンの言語には左右を表わす単語がなく（いま述べたのと同様、客観的基準で位置を表現する）、色を表わす単語も、数を表わす単語ももたないという驚くべき報告をしている。ピダハンは過去や未来に対する関心がなく、そのため過去や未来への言及もほとんどないという。創世神話も昔話もなく、通常の意味での神もいない。エヴェレットはさらに、ピダハン族の文には、どの言語にもあるとされていた入れ子構造（専門的には「再帰」という）がまったく見られないということも発見した。これがもしほんとうだとするなら、きわめて重要な発見であり（ウォーフも霞んでしまうほどだ）、人間の外界や時間の認識について、そして人間の言語の普遍的特性について根底から考え直してみる必要が出てくるかもしれない。

エヴェレットによると、色や数を表わす単語の不在は、彼らの生活では色や数についてコミュニケーションする必要がないからであり、過去や未来への言及が見られないのは、彼らが現在の生活にしか価値を見出していないからだという。しかし、生活をする上で、色や数、過去や未来について考えたり伝えたりする必要がないなどということがありうるだろうか。通常、幼児の言語発達においては、早くから色や数への興味を示し、それを指し示す単語が（試行錯誤を経て）自然に習得される。[18] このようなことから考えても、色や数を表わす単語が日常的に必要でないというのはありえないことのように思える。

センセーショナルなこのピダハンの話は世界に広まり、その本もベストセラーになり、いまはエヴェレットの書き語ることだけが巷間を歩いている。科学の世界では発見が公に認められるためにはほかの研究者による確認作業が必須だが、現地での調査にもとづく確認は行なわれていない。ピダハンについてなにが問題かと言えば、この話が一般に広まってしまったのに、専門の研究者がそれを確認できていないということにある。またひとつの神話が生まれつつあるのかもしれない(19)。

環境や文化が知覚を規定する?

サピア－ウォーフ仮説とよく似た考え方に、知覚が文化や環境によって規定されるという考え方がある。同じものを見ても、異なる文化や環境で育つと、違ったように知覚されるというのだ。この章の後半では、この問題をとりあげてみよう。

図形の長さ、大きさ、向きや形が実際とは違って見える現象は、幾何学的錯視と呼ばれている。これは、だれにも起こる現象であるように思われていた。ところが、民族によっては、あるいは環境や文化によっては、こうした幾何学的錯視の一部が起こらないことがあるという。研究を2つほど紹介しよう。

アメリカのアイオワ大学のシーガルらは、1956年から6年をかけて、アフリカの12部族とフィリピンの1部族、計1878人に対して、幾何学的錯視の錯視量を測定した(20)。用いられた錯視は、ミューラーリヤー錯視、ザンダー錯視、垂直水平錯視

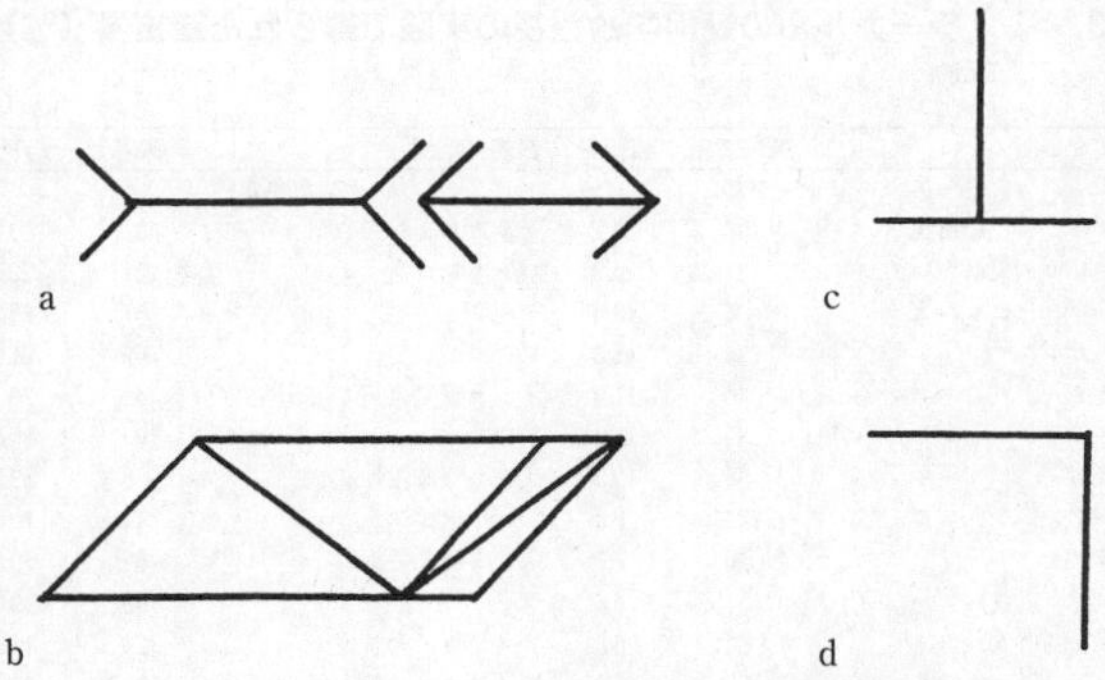

図3・5　シーガルらの実験で用いられた幾何学的錯視の図形

ミューラーリヤー錯視（a）、ザンダー錯視（b）、2つのタイプの垂直水平錯視（c、d）。aでは、左右の水平線分は実際には同じ長さだが、矢羽の向きによって違った長さに見える。bでは、同じ長さの斜め線分が違った長さに見える。cとdでは、垂直線分と水平線分は同じ長さだが、垂直線分のほうが長く見える。Segall et al.（1963）より。

（2種類）の4種類である（図3・5）。彼らは、比較のための対照群として、アメリカの学生と南アフリカの都会に住む人々でも、同じ実験を行なった。

結果の詳細を表3・1に示す。全般的には、アメリカの学生や南アフリカの都会に住むヨーロッパ人では、ミューラーリヤー錯視やザンダー錯視の錯視量が大きかった。ところが、ブッシュマン（サン族）や南アフリカの鉱山労働者の群では、ミューラーリヤー錯視が起こらなかった。また、ザンダー錯視は、どの群でも起こった。垂直水平錯視については、スク族やバンヤンコレ族などで、錯

表3・1　シーガルらの幾何学的錯視の実験で得られた錯視量（%）の平均

部族・集団	被験者数	錯視量	部族・集団	被験者数	錯視量
ミューラーリヤー錯視			垂直水平錯視（⊥）		
アメリカ・一般市民	188	20.3	セネガル	130	22.7
アメリカ・大学生	27	16.2	バンヤンコレ	261	22.5
南ア・ヨーロッパ人	36	13.5	ダホメ	57	22.3
セネガル	125	12.2	スク	69	21.0
ダホメ	40	11.9	イジョ（児童）	46	20.7
ズールー	35	11.2	トロ	105	20.0
トロ	86	10.3	イジョ（成人）	86	19.5
バンヤンコレ	224	9.3	ブッシュマン	41	19.5
ハヌノオ	49	7.7	南ア・鉱山労働者	69	19.3
イジョ（児童）	54	6.6	ファン	98	19.3
イジョ（成人）	84	6.5	アメリカ・大学生	29	18.7
ソンジュ	89	6.2	アメリカ・一般市民	198	18.4
ファン	85	6.2	ソンジュ	91	18.2
ベーテ	75	3.2	ハヌノオ	52	15.3
スク	61	2.8	南ア・ヨーロッパ人	36	15.0
ブッシュマン	36	1.7	ベーテ	79	9.8
南ア・鉱山労働者	60	1.4	ズールー	35	9.5
ザンダー錯視			垂直水平錯視（┐）		
アメリカ・大学生	28	19.9	トロ	98	19.5
アメリカ・一般市民	196	19.1	ダホメ	63	19.2
ズールー	67	18.5	イジョ（児童）	57	18.4
イジョ（児童）	53	18.3	バンヤンコレ	291	17.0
南ア・ヨーロッパ人	42	17.4	南ア・鉱山労働者	69	11.5
ファン	96	17.3	ファン	105	9.1
バンヤンコレ	262	17.3	スク	69	9.0
イジョ（成人）	98	16.9	ソンジュ	95	8.9
ダホメ	58	16.0	イジョ（成人）	97	8.9
セネガル	198	15.7	ブッシュマン	39	8.6
ソンジュ	97	14.7	ズールー	74	7.8
トロ	105	14.3	アメリカ・一般市民	203	7.2
ハヌノオ	52	13.5	アメリカ・大学生	30	7.2
ベーテ	86	12.8	ハヌノオ	53	6.3
スク	91	9.7	セネガル	168	6.0
南ア・鉱山労働者	71	8.7	南ア・ヨーロッパ人	42	5.0
（ブッシュマンでは実施していない）			ベーテ	88	2.0

それぞれ錯視量の大きかった部族・集団（国）順に並べてある。ミューラーリヤー錯視の場合、平均が1.4%や1.7%といった値は、0%と統計的な有意差がなく、錯視が起こっていない。Segall et al.（1963）の表を一部改変。

視量が大きかった。

シーガルらは、これらの結果を、被験者になった人々の暮らす視覚環境の点から説明した。すなわち、線遠近法的な要素の豊富な（つまり3次元的な直線成分の多い）環境のなかで暮らす人々は、ミューラーリヤー錯視が顕著に起きるが、そうでない環境で暮らす人々では、この錯視は起きない。垂直水平錯視も、見晴らしのきくサヴァンナで暮らす人々では顕著に起こる。しかし、そうでない環境で暮らす人々では、この錯視が起きない。

もうひとつの研究は、ペンシルヴァニア州立大学のリーボウィッツらの研究である。[22]あつかったのは、ポンゾ錯視である。彼らは、収斂する斜め線も含め、背景の奥行きが強調されるように工夫された刺激図形を用いて（図3・6）、錯視量を測定した。被験者は、アメリカの学生、グアムの学生、ウガンダの学生、そして教育を受けていないウガンダの村人であった。

その結果、アメリカとウガンダの学生では、背景の奥行きの強調にともなって、錯視量は大きくなった。グアムの学生では、錯視は起こるものの、奥行きの強調にともなう増加はなかった。ところが、教育を受けていないウガンダの村人では、錯視はまったく起こらなかったのだ。

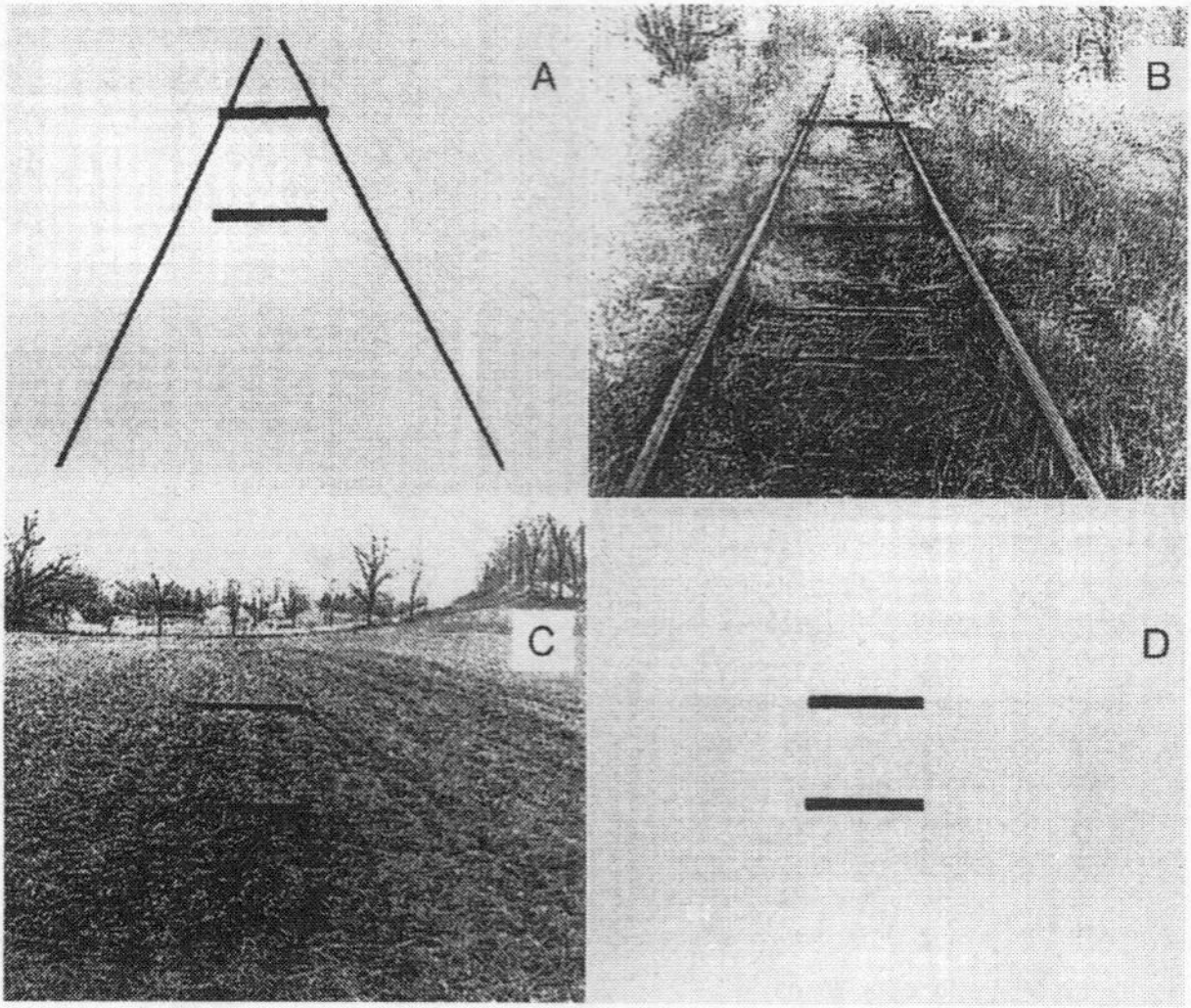

図3・6　リーボウィッツらの実験で用いられた刺激

ポンゾ錯視では、２本の上下におかれた同じ長さの水平線が、収斂する斜め線の間におかれると、上の水平線分のほうが長く見える。Ａは通常のポンゾ錯視の配置。Ｂは斜め線（線路）にキメの変化勾配が加えられた刺激。Ｃはキメの変化勾配のみの刺激。Ｄは統制刺激で、同じ長さの２本の水平線分。Leibowitz et al.（1969）より。

この結果を、リーボウィッツらは、環境と教育の点から説明した。すなわち、グアムの学生で錯視量が少ないのは、太平洋の孤島であるグアムでは、遠近に応じて収斂する直線成分も少なく、線路も直線道路もなく、日常的にポンゾ錯視のような配置を経験することがほとんどないからである。そして、ウガンダの学生ではポンゾ錯視が起こるが、村人では起こらないのは、教育を受けていない村人は遠近法的な見方を知らず、刺激図形をただの平面として見てしまっているからだという。

幾何学的錯視が起こらないなどということがあるか

ある民族や部族では、特定の幾何学的錯視が起こらないなどということがあるだろうか。文化や教育や環境が錯視量に多少の影響をおよぼすことはあるにしても、錯覚がまったく起こらないということが、はたしてありうるだろうか。さまざまな可能性を考えるにつけ、これらの実験結果はにわかには信じがたい。

というのは、これらの幾何学的錯視は動物でも起こるからだ。系統発生的に人間に近いサルだけでなく、鳥や魚でも、ミツバチやハエといった昆虫でも、こうした幾何学的錯視が起こる。(23) つまり、幾何学的錯視自体は、動物の視覚（この場合は形態視のできる動物ということになるが）に共通する現象なのだ。たとえば、京都大学の藤田和生は、ハト、アカゲザル、チンパンジーで、ポンゾ錯視を調べ、その錯視量は種ごとに異なるものの、錯視そのものはどの種でも起こることを示している。[24] 動物でも起こる幾何学的錯視が、なぜ一部の人間（ある部族の人々）では起きなかったりするのか。難癖をつけるようだが（しかし、これこそ重要なことだ）、なぜそのような実験結果が得られたのか、可能性を考えてみよう。これは、とりもなおさず、これらの実験に潜在する弱点を確認しておくことでもある。

幾何学的錯視の実験で、人間を被験者にして錯視量を測ってみるとわかるのは、個人差が大きい（ただし個人内では一定している）ということだ。この個人差は、錯視の種類によって異なる（あるタイプの錯視で錯視量の大きな人は別のタイプの錯視でも錯視量が大きいわけではないという意味だ）。幾何学的錯視のなかでもとりわけ錯視量の大きなミューラーリヤー錯視を例にとろう。４７０名の大学生を被験者にして行なわれた研究によると、錯視量の平均は24％ほどだが（一方の線分が他方の線分の１・24倍の長さに見える）、錯視量の大きな被験者では45％にもなり、一方、小さな被験者では５％にもならない。[25] このように、錯視量には大きな個人差がある。これらの個人差は、おそらくは、文化や環境の違いに起因するというより、その人のパーソナリティや認知の特性（判断にどの程度迷うかとか、どういったところに注意を向けるかとか）に起因するものなのかもしれない（残念ながら、詳しい研究が行なわれているわけではない）。

さらに、こうした錯視量は、人為的に変えることもできる。たとえば、被験者に刺激図形を時間をかけてじっくり見させるとしよう。ミューラーリヤー錯視の場合だと、はじめは20％から30％もの錯視量があったのが、5分もの間凝視させてから錯視量を測定すると、数％まで減ってしまう(26)。したがって、先に紹介した実験では、被験者がどれだけの時間をかけて刺激図形を観察したのか（判断に迷えば、それだけ時間をかけて刺激図形を見ることになる）も、当然問題になる。

しかし、一番問題なのは、こうした比較文化研究ではある程度しかたのないことなのだが、実験や調査を手分けしてやっていることである。つまり、実験実施者は、民族や部族を通して同じではない。たとえば、先に紹介したシーガルらの実験では、実験実施者として現地で別の調査をしている研究者に協力を仰いでいる。そのため、シーガルらは、詳細な実施マニュアルを作成している。これなら正確さが期せそうだが、実際に読んでみると、細かすぎてこちらがくたびれるほどである。専門家（私のことだ）にとってさえそうなのだから、実験をよく知らない実験実施者の場合には、どうしてこんな面倒なことをしたり言ったりしなければいけないのか、と思うかもしれない。それに、マニュアル通り（杓子定規《しゃくしじょうぎ》という意味でもあるが）というのは、実験室で大学生を被験者にして行なう実験ならともかく、臨機応変さが要求される現地での実験の場合には、かえって裏目に出ることがある。では、どうすればいいのか。無理難題を言うようだが、やはり、同じ実験者が同じようにしてすべての実験を行なうしかないだろう。

問題なのはこれだけではない。なにをするかという教示は、多くの場合、現地の通訳を介して被験者に伝えられている。この通訳というのがクセモノで、教示をはしょったり曲解しているおそれがある。しかも、実験者が意図していることが被験者に伝わっているかどうかの確認がとれない。通常は、錯視が起こらない時とか逆の結果が出てきた時に、教示を誤解している可能性を（その場で）考えて被験者に確認することになるのだが、この研究では錯視がないというのが正式の結果なのだから、それが本当の結果なのか誤解の産物なのかはわかりようがない。もちろん、実験実施者や通訳の、教示以外のことば遣《づか》いやしぐさによって、被験者の反応がゆがめられている可能性もある（心理学で言う「実験者効果」や「要求特性」である――6章参照）。実験で得られた民族・文化間の結果の違いが、なんのことはない、実験実施者や通訳の違いによるものだとしたら、あまりに間が抜けている。

これだけ問題があるのだ。錯視量がかなり違っているというデータを示されて、だから幾何学的錯視が起きない民族や部族がいるのだといった結論を、そのまま鵜呑みにできるわけがない。しかし、心理学の教科書では、これらの研究は、次に紹介する研究とともに、文化や生活環境が知覚に影響をおよぼす例として紹介されている。

線遠近法がわからない?!

1950年代後半、南アフリカで職業教育の研究にたずさわっていたハドソンは、読み書きのできない鉱山労働者（ほとんどは黒人）向けに安全を喚起するにはどうすればよいかを考えていた。文字がダメなのだから、視覚に訴えればよい。そこで、絵の描かれたポスターを作った。しかし、効果はなかった。なぜなのだろう。ハドソンは、鉱山労働者にいくつかの絵を見せて、どのように見えるかを言わせてみた結果、どうやら彼らが遠近法がまったくわかっていないようだということに気づいた。

そこで彼は、この発見を、実験によって確かめようとした(27)。図3・7は、彼が用いた絵だ。男が槍でアンテロープを狙っている。両者の間に木があって、そこにゾウがいる。ゾウはアンテロープより遠くにいる。そうわかるのは、aでは絵の上に描かれた大きさによっている。bとcでは、それに加え、重なりがあり、それによって遠近がわかる。dとeとfは収束する線から遠近がわかる。gは線画ではなく、その光景

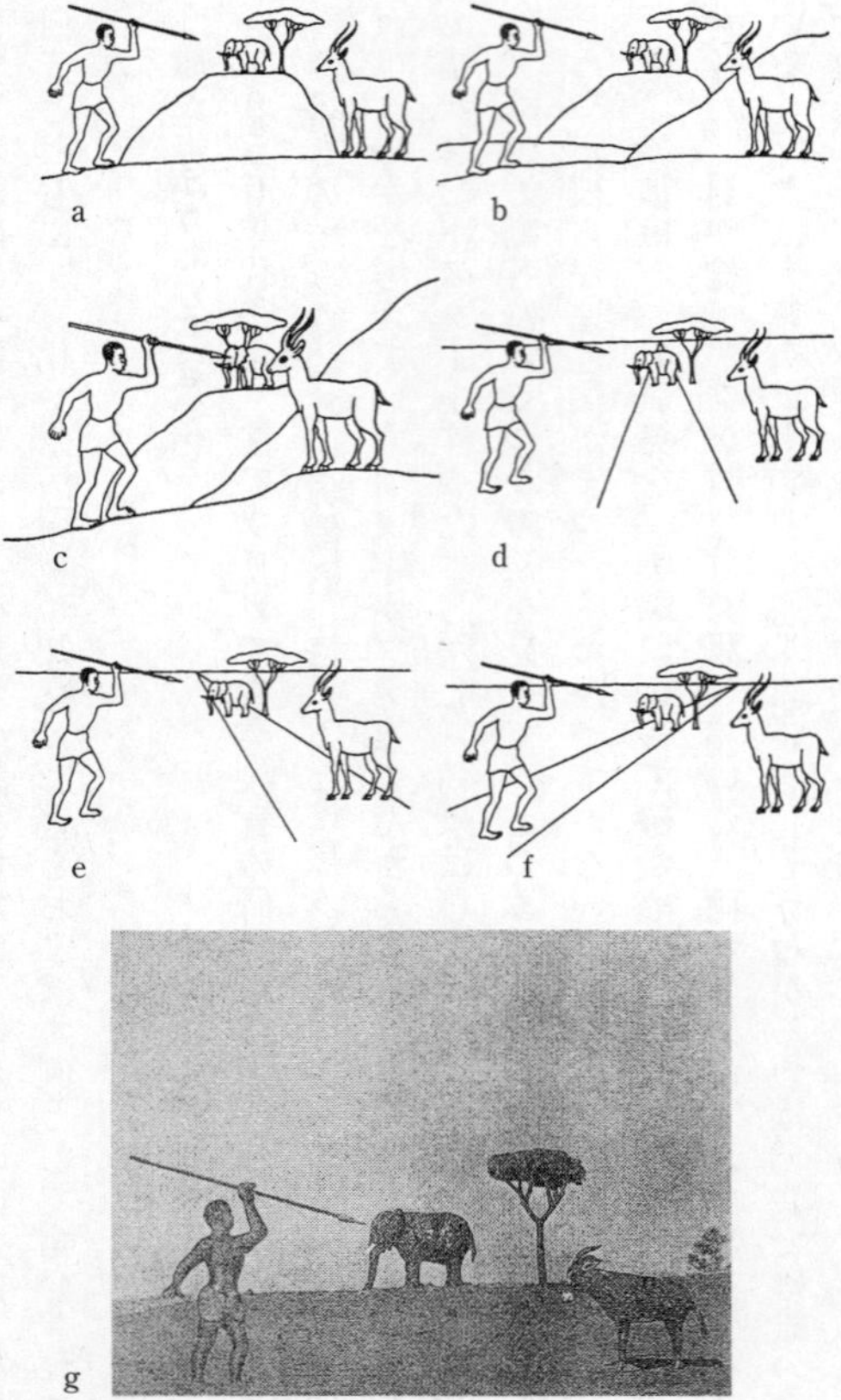

図3・7　遠近の手がかりの理解を調べるためにハドソンが用いた刺激
男が槍でアンテロープを狙っている。手がかりは、aでは絵の上に描かれた大きさ、bとcでは、それに重なりが、dとeとfでは収束線が加えられている。gはリアルに（？）描いた絵。Hudson（1960）より。

をリアルに描いた絵画である。ミソは、どの絵でも、槍の先がゾウにもアンテロープにも向いているということだ。

これらの絵を被験者に見せ、「なにが見えるか」、「この男はなにをしているか」、「男に近いのはゾウのほうかアンテロープのほうか」と聞いたのだ。ここでは、最後の質問が遠近法に関したことを聞いている。「アンテロープ」と答えれば遠近法的に正解であり、「ゾウ」と答えれば誤りである（1番目と2番目の質問も、答えようによっては、遠近をどのようにとらえているかが確認できる）。被験者は552人。黒人・白人の鉱山労働者、就学児童、教師など、11の群からなっていた。

その結果、読み書きのできない（すなわち教育を受けていない）鉱山労働者の群では、ほとんどの者はどの絵でも遠近法に合った見方ができなかった。就学児童では、学年が上がるにつれて、そうした見方ができる者の割合が増えていった。このことは、絵の遠近法的解釈というものが、単に絵を見ればできるというものではなく、教育が必要だということを意味している。

出来損ないのハドソンテスト

最初に作って使い始めた者の勝ちで、このテストは「ハドソンテスト」と呼ばれ、その後も使われ続けた。最初のテストが使われることが多いのは、それ以降にとられるデータとの比較に使える（それともうひとつに、テストを作る手間が省ける）からである。しかし、これはよいことばかりではない。最初のものが出来損ないなら、それがそのまま引き継がれることになるからだ。

ハドソンの絵にもそれが言える。ハドソンの論文に即して遠近の手がかりの説明をしたが、そもそも、これらの絵は遠近感が感じられる絵だろうか。ハドソンによれば、絵の面上での高さ、通常の実物の大きさ、線の収束が遠近の手がかりになるはずだという。しかし、こんな下手クソな絵に遠近を感じるほうがどうかしている。(28)ハドソンがもっともリアルだと言っている図3・7のgにしても、彩色してあるだけで、のっぺりした、奥行き感の感じられない絵である。実は、ハドソンの結果では、教師の群でさえ、線画（図3・7a〜f）で遠近法的な見方ができたのはやっと半数を超える程度であり、リアルとされる絵（図3・7g）でも遠近法的見方ができたのは9割だった。ということはどういうことか。刺激として適切さに欠けるということではないか。

刺激画の線画では、男は槍を左手にもっている。(29)サウスポーだとすると、この絵は多少不自然に感じられるかもしれない。しかし、右手でもっているように見えなくもない（脚の位置はおかしくなるが）。槍の向きも、見方によってはいろいろな向きに見える。それに、アンテロープが逃げずにいて、それをこんな至近距離から狙ったりする状況がありうるのか。ゾウにしても、子ゾウではないのか。このように、遠近を問題にする以前に、絵そのものがたくさんの不自然さを抱えているのだ。そもそも、絵画の奥行き手がかりを問題にするのなら、こんな下手クソな絵ではなくて、西洋の遠近法のリアルな絵画を使って、条件を操作すればよいではないか。

質問のしかたも問題である。被験者はこう思うかもしれない。「絵のなかでは、男の近くにいるのはゾウだ。でも、そんなバカみたいに簡単なことを聞くわけはないから、アンテロープが正解で、ゾウを奥行き的に遠くにいると見てもらいたいんだな」。ある程度教育を受けた（つまり質問の意図を汲みとることを学んでいる）児童なら、質問の意図をそのように読んで、答えてくれるかもしれない。つまり、質問者（実験実施者）の質問の意図をどう解釈しているかが問題となる。こうした質問や教示の受けとり方が結果に大きく影響することについては6章で述べるが、ハドソンの実験にもこの問題がある。(30)

線遠近法至上主義

西洋の人々は（西洋絵画を見慣れている私たちもだが）、平面に線で模式的な絵を描き、線遠近法で奥行きの次元を表現するということがあたりまえのことだと思っている。しかし、少しもあたりまえではない。ハドソンの実験結果を素直に解釈すると、言えるのは、線遠近法は唯一の基準ではないかもしれないということだ。しかし、ハドソンも、ほかの研究者も、そういう解釈はとらず、教育を受けていないアフリカの人々は遠近法がわからないという解釈をとった(31)。絵の見方の文化差をあつかうと言っていながら、彼ら自身が文化的な偏見に縛られている。ここでは、西洋風の遠近法（とくに線遠近法）がいかに特殊なものかを考えてみよう。

線遠近法（透視図法）は、西洋文化の産物だ。もとはと言えば、この描画法は、教会の空間の演出のために考え出されたものであった。教会の内部の床のある1点に立って、そこから壁の上に描かれた絵画を見た時に、向こうにヴァーチャルな空間が広がっているように見せる工夫である。この方法では、ある光景を視点を固定して見る時に（不動の位置から片目で見るということだ）、目に映る光景のなかの幾何学的関係を、そっくりそのまま教会の内部の壁面に再現する。これは、網膜に映る像を壁面に再現することだとも言える。

この技法が明確な表現形式としてできあがってゆくのが、15世紀、ルネサンス前期である。しかし、これは絵画を描く側のテクニックである。見る側は、そうした知識をもっている必要はない。指定された位置から絵を見上げるだけでよい。だから、絵についてはなんの知識もない（だが信心深い）当時の人々も、これらの絵を見て、そのリアルさに、とりわけその奥行きのある空間に息を呑んだのである。それは、線遠近法（透視図法）をもたなかったルネサンス以前の人々や、ほかの文化の人々とて同じことである。おそらく、遠近法がわからないとされるハドソンの被験者を、イタリアのどこぞの有名な教会に連れて行って、ここという1点に立たせたなら、その人は、天井の絵に度肝を抜かれるに違いない。なぜなら、その絵は、野外でそうした光景を見た場合とほぼ同じ網膜像を与えるからであり、日常空間で奥行きを感じさせているのと同じだけのものがそこにあるからだ(32)。

だが、1点に視点を固定して描くこうした遠近法は、ひとつの表現法にすぎない。遠近の表現には、たとえばいくつかの視点から見たように描く多点透視図法や、遠くのものほど大きく描く逆遠近法など、ほかにもさまざまなやり方がある。つまり、それぞれの遠近法は、絵を描く際のいわば約束事である。だから、西洋美術のプロの芸術家は、その後、こうした西洋美術の約束事の束縛から逃れようと懸命になった。たとえば、20世紀以降の現代芸術は、既存の表現法に背を向け、いかに本質を描き出すかに焦点をおくようになった(33)。しかし、西洋文化が世界標準になってしまったためか、あるいは線遠近法がルネサンスの時期に苦労して完成されたためか、美術教育の世界では、いまだに、線遠近法（透視図法）を教えるのが基本になっている。ここでは、これを「線遠近法至上主義」と呼んでおこう。それが美術の世界だけで済んでいればそれほど害はないのだが、その考えが人間の知覚や認識や文化の差異の説明にまでおよんでくると、いろいろな問題が発生する。ハドソンやデレゴウスキーの研究などはそうした例と言えるだろう。

遠近の表現はいろんなものがありうる

私たちは、同じ大きさのものがあった場合、それらの距離が異なっても、あるいは網膜には違った大きさに映っていても、同じ大きさのものとして知覚する。形もそうだ。真四角なテーブルの面は、ななめから見れば、網膜には台形やひずんだ四辺形に映るが、私たちはどこから見ているかを計算に入れることによって、それを真四角な面として見る。心理学では、これを「大きさの恒常性」や「形の恒常性」と呼んでいる。絵を描く場合には、このように感じられたままに（つまり、恒常性があるように）

描くこともできるだろう。しかし、その時にできあがるものは、線遠近法に反するものになる。だが、そう描いて悪いという決まりはない。線遠近法（透視図法）が最良の表現形式だとは、だれが決めたわけでもない（西洋の芸術家や美術の教師の間では決まりごとかもしれないが）。もちろん、それは、遠近や奥行きの次元を表現する方法としては最上のものかもしれない。しかし、絵というのは遠近や奥行きだけの表現ではないから、ほかのものに重点をおく別の表現方法がいくつもありうるのだ。

西洋文化のなかにいる人々は、セザンヌの線遠近法のゆがみやピカソの多点透視図法は芸術として斬新だと評価する。しかし、それらと同じように描くほかの文化の表現法は、遠近法の誤りとみなす。これは大きな矛盾だが、多くの人はこの矛盾に気づいていない。[34] もちろん、セザンヌもピカソも線遠近法の因習を通り抜けてそこにたどり着いたのであって、西洋美術の文脈のなかで見れば、高く評価できる。しかし、そもそも絵が情報をできるだけ多く、できるだけ正確に伝える手段だとすれば（もちろん、美の表現という目的もあるが）、遠近法に則らないさまざまな表現法があってよい。

ハドソンのほかの研究の例を引こう。ハドソンは、アフリカのバントゥー族の人々（子どもとおとな）に、図3・8のような上から見たゾウの絵を見せて、どちらが好ましいかという質問をしている。[35] 右と答えたひとりのヘソ曲がりを除いて（その子いわ

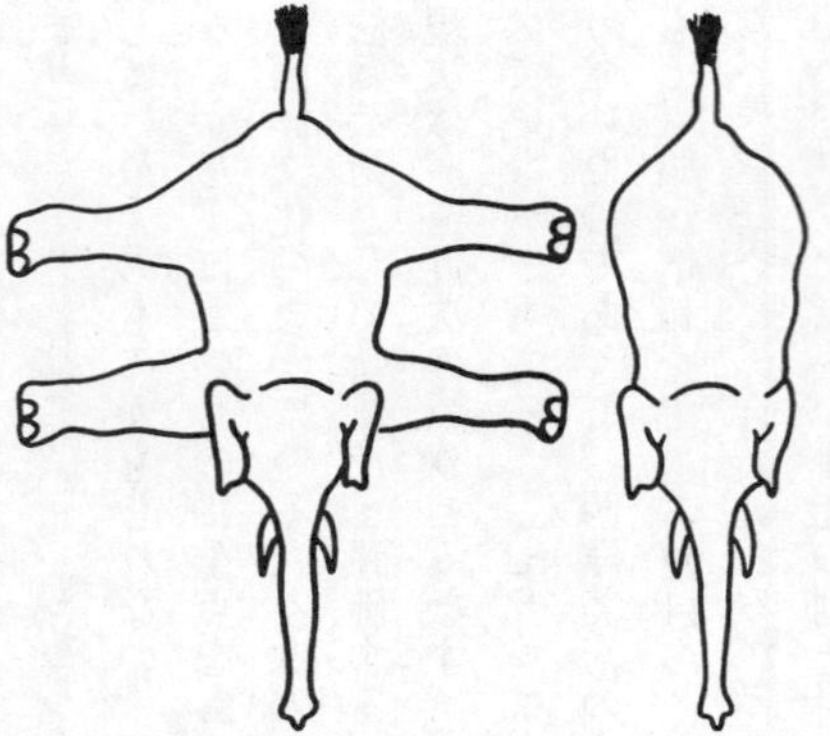

図3・8　上から見たゾウ
ハドソンの実験では、アフリカのバントゥー族の子どももおとなも、左側の絵が好ましいと答えた。Deregowski（1972）より。

く「左は暴れている危険なゾウだから」）、全員が左が好ましいと答えた。つまり、1点から見えたように描く図法は好まれないのだ。どれだけゾウらしさが表現されているかということなら、私も迷わず左の絵のほうを選ぶだろう。1点から見えたままを描くのがふつうだというのは西洋の線遠近法に染まった考え方であって、絵が、情報をできるだけ詰め込んで伝える手段だとすれば、左の体を広げて足まではっきりわかる絵のほうがよいに違いない。

幾何学的錯視の遠近法説は正しいのか

幾何学的錯視に戻ってみよう。ある部族の人々でミューラーリヤー錯視が生じないのは、線遠近法の例があまりないところに住んでいて、線遠近法がわからないからだという。こう主張するためには、ミューラーリヤー錯視が遠近の知覚に関係して生じるという前提がなければならない。ミューラーリヤー錯視の遠近法的説明は、イギリスの知覚心理学者、リチャード・グレゴリーが提唱して、それが俗説として広まっているのだが、そもそもこの説は正しいのだろうか。

グレゴリーの説とは、次のようなものだ(36)。3次元の外界の対象は、私たちの目の網膜という、いわばスクリーン上に2次元的に投影される。それらの像は、線遠近法の法則に従っている。ミューラーリヤー図形を見る時、網膜上では、内向の矢羽のついた線は、建物の隅が網膜に投影された場合の像と似たような配置になる。逆に、外向の矢羽のついた線は、建物の角の像と似たような配置になる（図3・9上）。ふつう、建物のひっこんだ隅のほうが、出っ張った角よりも、相対的には遠いように感じられるだろう。もし同じ長さの線が2つあってそれぞれ内向と外向の矢羽がついているとするなら、より遠くに見える線のほうが実際はより大きいはずである。グレゴリーは、平面（たとえば紙）に描かれたものを見る時でも、私たちは自動的にこうした解釈をしてしまうので、内向の矢羽のついた線のほうが同じ長さの外向の矢羽のついた線より長く見えてしまう、と主張する。つまり、網膜に映った像から遠近の距離や大きさ

図3・9　グレゴリーによる幾何学的錯視の遠近法的説明
上はミューラーリヤー錯視の場合。下はポンゾ錯視の場合。鈴木（1990）より。

を知覚させるメカニズムが、平面に描かれたものにも適用されるので、ミューラーリヤー錯視が生じるというのだ。ポンゾ錯視では、2本のななめ線は収斂する線路や道のような配置になるので（図3・9下）、より遠くに位置するように見える水平線分がより長いように見えることになる。

そうだろうか。実は、ミューラーリヤー錯視もポンゾ錯視も、線遠近法的な配置でなくとも生じる。逆に、線遠近法的配置を強力にしても、錯視はほとんど生じなかったりする（図3・10）。しかも、ミューラーリヤーやポンゾの図形を見ずに手で触っても（線を凹凸にした刺激を指でなぞる）、同じような錯覚が生じる。(37) 視覚的な経験をもたない先天性の盲人（つまり、視覚的な遠近法を経験したことのない人）がこれらの触覚刺激を触っても、同様の結果になる。ということは、これらの錯視が生じるのは、2次元平面に描かれた線を3次元的に解釈するからではないのだ。(38)

もちろん、実際の風景写真などでは、奥行き感は錯覚を強める効果をもつ。前述のリーボウィッツらのポンゾ錯視の実験で、アメリカの学生で、奥行き感の強い写真のほうが錯視量が多いという結果は、そのことを示している。したがって、写真のなかに奥行き感を感じなければ、錯視は強まらないことになる。ここまでは納得できる。

しかし、すでに述べたように、教育を受けていない（線遠近法を知らない）ウガンダ

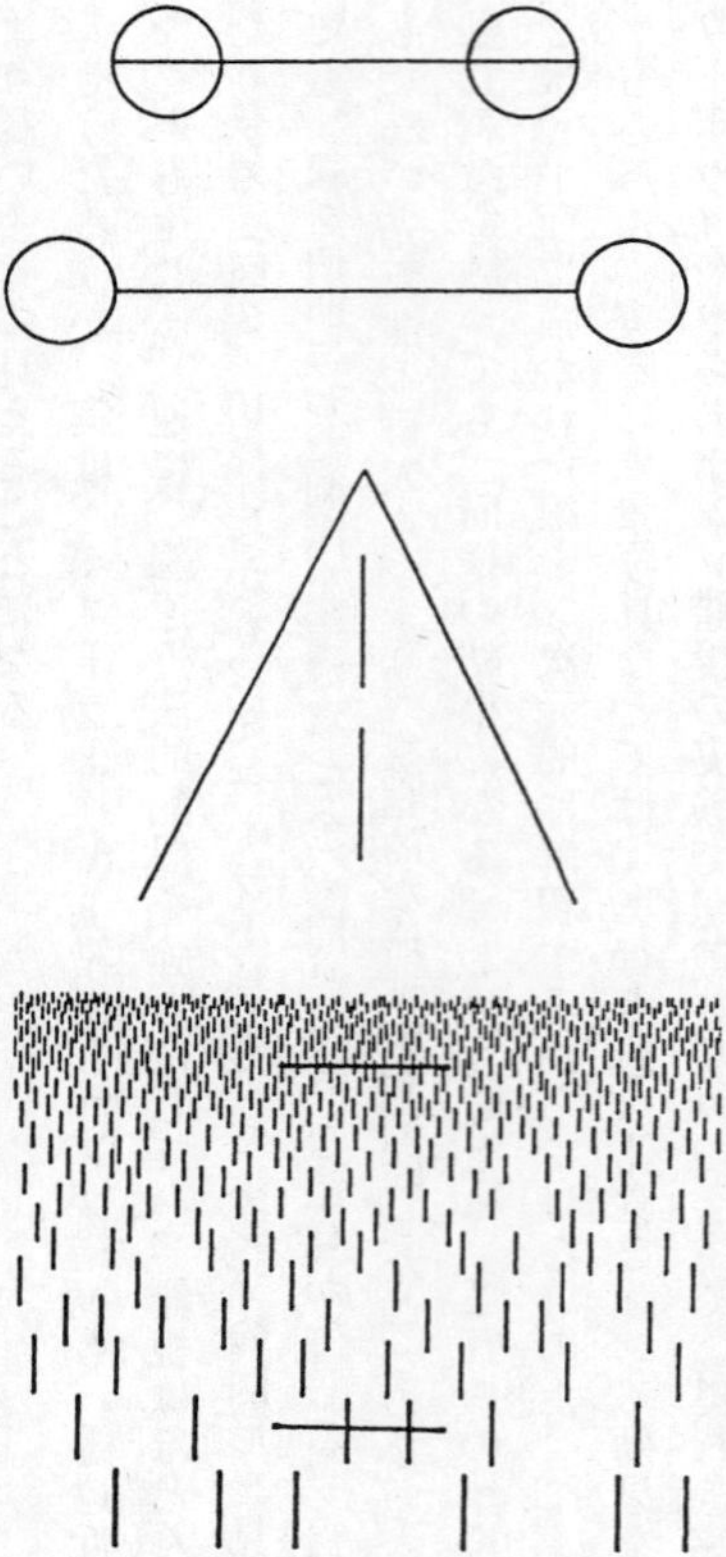

図3・10　幾何学的錯視の遠近法的説明に対する反証
ミューラーリヤー錯視は遠近法的な配置でなくても生じる（上)。ポンゾ図形の水平線分を垂直線分におきかえた場合、遠近法的に遠くに位置した線分は長くは見えない（中央)。きめの勾配による遠近法的配置では、ポンゾ錯視は起こらない（下)。鈴木（1990）より。

の人々では、ポンゾ錯視がまったく起こらないなどということは、まず考えられない。ポンゾ錯視は動物でも起こるというのに！

丸屋根の家に住むと

グレゴリーによれば、南アフリカのズールー族ではごく少量のミューラーリヤー錯視しか得られないのは、彼らの生活環境に起因するという。(39) ズールーの人々は、草葺きの丸屋根の家屋を作ることで知られている（図3・11）。私たちの環境は、道路や建物など直線成分や直角が豊富にあるのに対し、ズールーの環境には、角や直線がほとんどない。土地の耕し方も曲線的で、その文化は「円形文化」とも呼べるものだ。グレゴリーは、彼らがそうした環境のなかで生活しているために、線遠近法的な見方ができず、その結果、遠近法が関係する錯覚が起きないのだ、と主張する。しかし、グレゴリー自身が示す写真（図3・11）を見るかぎり、家は丸いが、私には直線成分がたくさんあるように思える。

グレゴリーは、生活環境が遠近法的解釈を可能にしない例をもうひとつあげている。アフリカの密林に住んでいる人が広く開けた場所にはじめて出た時に、遠くにある大きなものが小さなものとして（たとえば遠くにいるウシがアリのように）見えたという

図3・11　ズールー族の円形家屋
Gregory（1998）より。

のだ(40)。しかし、私が思うに、この大きさの錯覚は最初だけであって、すぐに遠近に応じて大きさが正確に見えるようになるはずである。私たちだって、なにもない砂漠の真ん中に一瞬で連れて行かれたなら、最初は向こうにいるラクダの大きさが実際とは違って見えたり、大きさがわからなかったりするだろう。グレゴリーのあげている例は、線遠近法的な成分の少ない環境で暮らしていると、遠近法的な見方ができないという証拠にはならない。

　最後に、グレゴリーを困らせることをひとつあげて、この章を終えることにしよう。グレゴリーは、円形文化のズールー族の人々ではミューラーリヤー錯視がほんの少ししか起こらないと書いている。ところが、シーガルらの実験のミューラーリヤー錯視の結果（表3・1）を見ると、ズールー族では11・2％の錯視量がある。アメリカの大学生の錯視量（16・2％）や南アフリカのヨーロッパ人の錯視量（13・5％）とそんなに違わないのだ。グレゴリーは、この矛盾をどう説明するのだろうか。

4章　バートのデータ捏造事件
――そしてふたごをめぐるミステリー

サー・シリル・バート

シリル・バートは、ロンドン大学ユニヴァーシティ・カレッジの教授であった。1971年に88歳で他界するまで、教育心理学界の重鎮として、なかでも知能の遺伝説の論客として活躍した。イギリス心理学会会長も務め、爵位も授けられた（だから、正式にはサー・シリル・バートと呼ばねばならない）。1950年に大学を退いた後も、研究や執筆活動は衰えることを知らなかった。

バートのよく知られた業績のひとつは、因子分析という統計手法を心理学に導入したことだ。彼は、因子分析を開発したのがカレッジの前任者でもあったスピアマン(1)ではなく、自分だという主張もした。これも、彼が亡くなったのちに問題となる。もうひとつの大きな業績は、知能が遺伝することを双生児のデータで証明したことである。双生児研究は、バートだけが行なったわけではないが、組織的に多くのデータを集めたものは、バートの研究を嚆矢《こうし》とする。バートの研究は、知能の遺伝説に強力な支持を与え、その考えは、イレヴン・プラス（小学校高学年の11歳頃に、進路を成績によって振り分ける）などイギリスの教育政策にも反映された。その研究は、1970年代まで、心理学の一般的な教科書のページを飾っていた。

双生児研究の論理はきわめてシンプルだ。一卵性双生児は、遺伝的に同一である。したがって、知能が遺伝するのか、環境によって作り上げられるのかを問題にしようとするのなら、同じ家庭で育った場合と異なる家庭で育った場合との間で知能がどの程度似るのかを比較すればよい。前者は環境が同じで、後者は環境が異なると言えるから、両者を比較することによって、環境と遺伝それぞれの影響の程度がわかる。さらに、二卵性双生児（互いの遺伝子が半分同じ）やきょうだい（これも遺伝子が半分同じ）で同じ家庭や異なる家庭で育った場合も加えて比較すれば、知能に遺伝と環境がどの程度関わっているのかが明らかにできるだろう。

論理はこのように単純なのだが、障害は別のところにある。第一には、そうした双生児やきょうだいを見つけ出して、知能テストをさせてもらえるかである。バートは、

1913年からロンドン州議会の教育行政に携わり、専門家として、ロンドンの児童の学業成績や知能の測定に関わった。その過程で、きょうだいや双生児の児童のデータを大量に入手することが可能だった。また立場上、児童の身の上や家庭環境の情報も入手できた。一卵性双生児で、別々に育った児童のケースも、手を尽くせば見つけることができた。こうしてバートは、双生児のデータを、1960年代に入るまで丹念に集め続けた（後述するように、そう思われていた）。

バートは、自分のこうした研究を簡単に紹介していたが、まとまった形で発表するのは1955年以降である。55年の論文では、別々の家庭で育てられた一卵性双生児21組があつかわれていた(2)。この3年後、バートの共同研究者、J・コンウェイ女史が、単独で——つまり、彼女ひとりの名前で——その研究をさらに進めた内容の論文を発表する(3)。この論文では、別々の家庭で育てられた一卵性双生児は42組で、55年のバートの論文に比べてその数が2倍に増えていた。さらにその8年後の66年、83歳のバートは、この一連の研究の総決算とも言うべき論文を発表する(4)。別々の家庭で育てられた一卵性双生児は53組で、コンウェイの論文から、11組が増えていた。当時、これら一連の論文を目にした者にとっては、これが着実にデータを集めた結果であるように思えた。

しかし、1970年代半ばになって、これが捏造である疑いがもちあがる。やがて、それはスキャンダルの炎となった。

捏造スキャンダル——発端

捏造のスキャンダルの火の手は、2つ、別々のところからあがった。ひとつは、専門家による中程度の火の手だった。

バートの1966年の論文は、彼の一卵性双生児研究の集大成であり、別々の家庭で育った一卵性双生児のデータは、55年の論文の21組から53組に増えていた。プリンストン大学のレオン・ケイミンは、この論文と55年の論文を比べていて、表のなかの一部の相関係数が3桁ともぴたりと一致することを発見する。(5) しかも、コンウェイ女史の58年の論文も、そうであった。被験者数が違っているのに（新しい被験者の組を増やしていっているので被験者の大半は重複しているが）、相関係数の値はまったく同じだった（表4・1）。少しでも相関係数をあつかったことのある人ならわかることだが、こんなことはまず起こりえない。しかも3桁の数値が3つも同じになることは、どう考えてもありえない。

とすると、この一致については、なにが言えるだろうか。ケイミンは、数値自体が

表４・１　1955年のバート、58年のコンウェイ、66年のバートの研究で得られた相関係数の表の一部

	一緒に育った一卵性双生児	別々に育った一卵性双生児	一緒に育った二卵性双生児
バート（1955）			
集団テスト	**0.944**	**0.771**	**0.542**
個別テスト	0.921	0.843	**0.526**
最終評価	**0.925**	0.876	**0.551**
コンウェイ（1958）			
集団テスト	0.936	0.778	**0.542**
個別テスト	0.919	0.846	**0.526**
最終評価	0.928	0.881	**0.551**
バート（1966）			
集団テスト	**0.944**	**0.771**	0.552
個別テスト	0.918	0.863	0.527
最終評価	**0.925**	0.874	0.453

1958年と66年の表で太字で示してあるのは55年と同一の値。

信頼のおけないものだと、したがってバートの55年から66年までの研究はまじめに相手にするだけの価値がないと結論した。ただ、ケイミンは、捏造ともケアレスミスとも断定しなかった。なぜなら、決定的な証拠がなかったからだ。彼は１９７２年にこのことを報告し、74年に自著のなかでもとりあげ、大きな疑惑を提起した。

共同研究者はいたのか

時を同じくして、もうひとつ大きな火の手が『サンデー・タイムズ』の一面記事からあがった[6]。記事を書いたのは、オリヴァー・ギリー、医学担当の記者である。彼は、あるところからバートの疑惑の話を聞きつけて、取材を始める。取材先は、大学院でのバートの教え子、ハル大学のクラーク夫妻だった。彼らは恩師であるバートの書いた論文を読んで、ケイミンと同様に、数値がぴたりと一致することをいぶかしんでいた。

次に、ギリーは、ロンドン大学教育研究所のジャック・ティザードを取材した。ティザードは以前、故バートの研究に関して尋ねたいことがあったため、バートの共同研究者のマーガレット・ハワード女史に連絡をとろうとしたことがあった。バートが1956年にハワードと連名で論文を発表していたからだ(7)。ティザードがイギリス心理学会に問い合わせたところ、その名前の会員は見つからないという答えが返ってきた。バートのいたロンドン大学の職員や学生の現在や過去の名簿にも、彼女の名前は見当たらなかった。ロンドン在住のバートの同僚だった人たちにも問い合わせてみたが、ハワード女史のことはだれひとりとして知らなかった。これはとてもミステリアスだ。

この話を聞いたギリーは、本腰を入れて調べ始める。ハワード女史が学生でも正規の職員でもなく、私設あるいはパートタイムの助手とか、正規でない研究生であった可能性もある。加えて、バートのもうひとりの共同研究者、コンウェイ女史についても、調べてみる必要があった。その結果、ロンドン大学のユニヴァーシティ・カレッジには、ハワード女史なる人物も、コンウェイ女史なる人物もいた形跡は見つからなかった。ただ、バートの秘書だったグレーテル・アーチャー女史によれば、かつてバートは、その2人がオーストラリアかどこかに移住してしまって連絡がつかないと話していたという。

ということは、どういうことになるか。バートだけが知っていて、ほかにだれも知っている人がいないのだから、コンウェイもハワードも、バートの作り出した架空の人物なのではないか。これがおそらくもっともありうる可能性だろう。では、なぜバートは共同研究者がいるように見せかけなければならなかったのか。

1955年、バートは72歳になっていた。論文は精力的に書いていたものの、彼がひとりで調査を行なってデータを集めるというのは、どう考えても不可能だった。つまり、調査をしたかのように見せかけてデータを捏造しようとしたが、自分がひとりで調査したことにすると、ほかの人々から怪しまれる恐れがあった。そこで、研究のサポート役として架空の助手が必要になった。大筋の真相はおそらくそういうことなのではないか。

ギリーは、『タイムズ』紙の1976年の10月16日号の尋ね人欄にコンウェイ女史とハワード女史の情報を求める広告を出す。1週間が経ったが、どこからも連絡はな

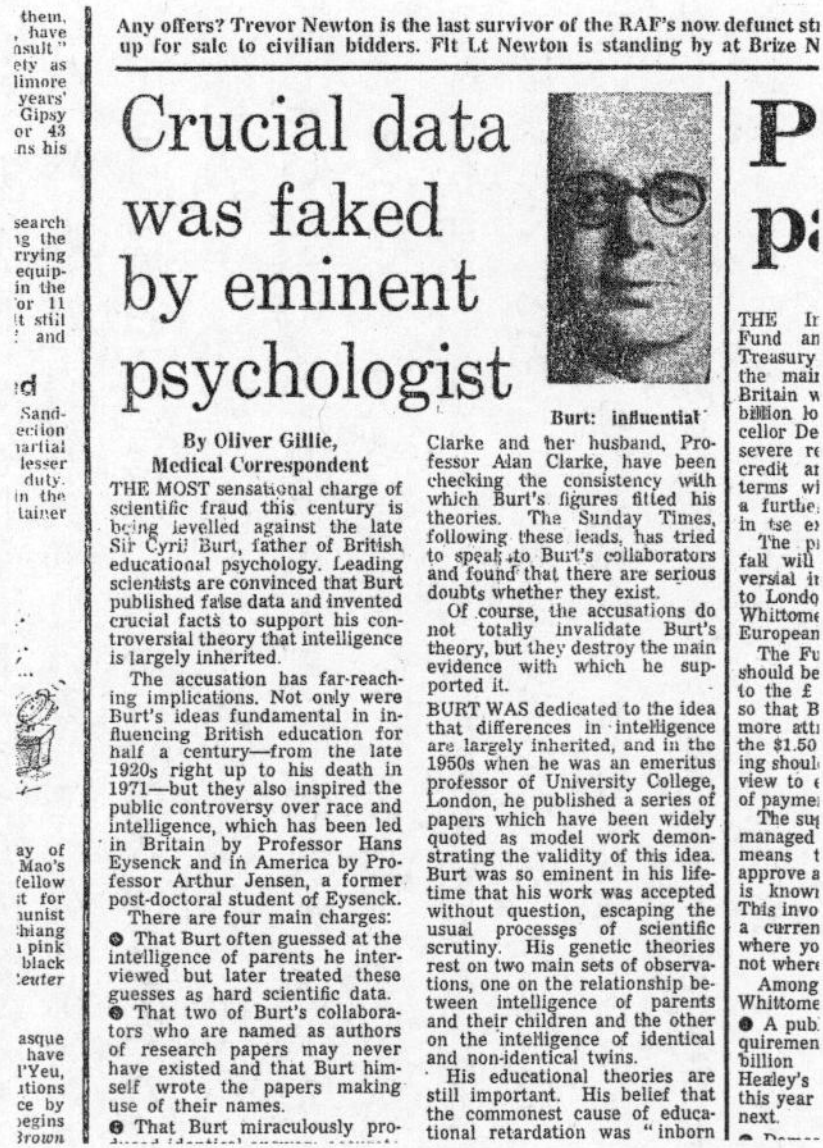

Any offers? Trevor Newton is the last survivor of the RAF's now defunct st… up for sale to civilian bidders. Flt Lt Newton is standing by at Brize N…

Crucial data was faked by eminent psychologist

Burt: influential

By Oliver Gillie,
Medical Correspondent

THE MOST sensational charge of scientific fraud this century is being levelled against the late Sir Cyril Burt, father of British educational psychology. Leading scientists are convinced that Burt published false data and invented crucial facts to support his controversial theory that intelligence is largely inherited.

The accusation has far-reaching implications. Not only were Burt's ideas fundamental in influencing British education for half a century—from the late 1920s right up to his death in 1971—but they also inspired the public controversy over race and intelligence, which has been led in Britain by Professor Hans Eysenck and in America by Professor Arthur Jensen, a former post-doctoral student of Eysenck.

There are four main charges:

- That Burt often guessed at the intelligence of parents he interviewed but later treated these guesses as hard scientific data.
- That two of Burt's collaborators who are named as authors of research papers may never have existed and that Burt himself wrote the papers making use of their names.
- That Burt miraculously pro-…

…Clarke and her husband, Professor Alan Clarke, have been checking the consistency with which Burt's figures fitted his theories. The Sunday Times, following these leads, has tried to speak to Burt's collaborators and found that there are serious doubts whether they exist.

Of course, the accusations do not totally invalidate Burt's theory, but they destroy the main evidence with which he supported it.

BURT WAS dedicated to the idea that differences in intelligence are largely inherited, and in the 1950s when he was an emeritus professor of University College, London, he published a series of papers which have been widely quoted as model work demonstrating the validity of this idea. Burt was so eminent in his lifetime that his work was accepted without question, escaping the usual processes of scientific scrutiny. His genetic theories rest on two main sets of observations, one on the relationship between intelligence of parents and their children and the other on the intelligence of identical and non-identical twins.

His educational theories are still important. His belief that the commonest cause of educational retardation was "inborn…

図4・1　バートのデータ捏造スキャンダルを報じる『サンデー・タイムズ』(1976年10月24日号)

かった。この結果を得て、『サンデー・タイムズ』は、バートの捏造事件の記事の掲載に踏み切る(図4・1)。このニュースが世間に知れるや、大きな反響があり、後れてはならじと、ほかの新聞や雑誌もこの話題を「消えた女史たち《ミッシング・レディース》」とか「学界未曾有の捏造事件」といった見出しでセンセーショナルに書き立てた。

ハーンショーの伝記——決定的証拠?

ワイドショー好きの人間でなくとも、このスキャンダルの真相には興味をそそられる。実はこの時、この問題に白黒をつけることになるかもしれない作業が進行中であった。バートの伝記の執筆である。これがスキャンダルの火を消すのか、あるいはそれをさらに煽ることになるのか。関係者はみなその完成を心待ちにした。

伝記の作者は、リヴァプール大学のレズリー・ハーンショー。バー概念形成の研究などもしていたが、イギリスの心理学史にも詳しかった。バーンショー。トの死後数週間して、バートの妹（彼らは2人きょうだいで、彼女は8歳年下だった）のマリオン・バートは、亡き兄の伝記の執筆をハーンショーに依頼した（図4・2）。ハーンショーは、バートを敬愛していたから、二つ返事でこれを引き受けた。彼には、バートの日記と残されていた手紙やメモ類一切が託された。8年がかりの整理と執筆作業の末（ただし本格的に執筆が始まったのは75年からのようだ）、世間が注目する伝記は、1979年に出版された[8]。マリオン・バートは、その出版を見ることなく、前年の78年に他界した。

それは、火に油を注ぎ入れるような内容だった。バートの日記には、日常的なこまごましたこと（だれと会ったとか、何時にどこでお茶を飲んだとか）が記されていた。だから、なにかがあれば、日記に記されているはずだった。だが、日記には、コンウ

図4・2　シリル・バートとその妹マリオン・バート
1952年に撮影。Hearnshaw（1979）より。

エイやハワードという名前は出てこなかったし、1950年以降の日記ではバート自身が双生児の調査をしたという形跡もなかった。つまり、その時期、彼は、双生児に関して調査らしい調査は一切していなかった。これで、彼がデータを捏造したのは火を見るより明らかだった。

マスメディアは、この事件を大々的に報道し続けた。1984年には、イギリスのBBCテレビによってドラマにもなり、捏造にいたる彼の一生がこと細かに描かれ、捏造者としてのバートのイメージは確固たるものになった。

もちろん、バートの1950年以

降の論文が捏造であっても、それ以前の研究は非難の対象外のはずだし、知能の遺伝−環境論争について言えば、バートの捏造があったとしても、知能の遺伝説の土台そのものが崩れることはないはずである。しかし、不正行為の処罰というのはほかのことにもおよんでしまうから、バートの研究全体が葬り去られ、遺伝説の証拠全般も疑わしいものであるかのような印象を生み出した。

巻き返し——いくつかの反論

死人に口なしで、お墓のなかのバートは、身の証を立てられなかった。それゆえ、非難も攻撃も一方的なものにならざるをえなかった。ハンス・アイゼンクやアーサー・ジェンセンといった、それまでバートの考えを支持していた研究者も、提示された証拠が揃っていただけに、決定的な反論ができなかった。バートが歳のせいで注意を怠り、データを取り違えたのかもしれないということを認めながら、だがそれはほんの一部だということで応戦するしかなかった。

しかし、スキャンダルの発覚から十数年して、巻き返しがあった。時間がかかったのは、多少冷めた目で事態を見直す必要があったからだろう。とくに、ハーンショーの、証拠にもとづく揺るぎがたいように見えるその伝記を子細に検討してみる必要があった。その検討は、遺伝‐環境論争にコミットしていない2人の研究者の手で別々になされた。2人とは、科学社会学者のロナルド・フレッチャーと心理学者のロバート・ジョインソンである。(9)

2人は、ハーンショーの記述がフェアではないとした。日記は、その日に起こったことすべてを書くわけではないから、洩れているものもたくさんあるはずである。実際のところ、バートは研究のことを日記に多く記す人ではなかった。フレッチャーはまた、バートの疑惑を暴き糾弾する人々の言動がどのように大げさなものになっていったか、そしてマスコミがそれをどう煽ったのかも分析している。たしかに、ハーンショーの記述はフェアではないところもあった。それには、周囲の事情が影響している。伝記の執筆中に、ケイミンがバートの相関係数の異様さを指摘し、ギリーがバートの捏造疑惑についてセンセーショナルな記事を書き、それを追いかけるようにさまざまな記事が出たからである。当然ながら、ハーンショーはそれらを読まざるをえなかった。それゆえ、日記を読む彼の目が、知らず知らずのうちに影響を受けてしまっていた。

スキャンダルの発覚後に新たにわかったことがある。ハワードもコンウェイも実在し、バートの近くにいたらしいのだ。しかし、それは1920年代から40年代初頭にかけてで、50年代ではなかった。だから、戦後のことだと思って、その時期のことを調べてもわからなかったのだ。コンウェイの存在を突き止めたのは、フレッチャーである。コンウェイ女史は1908年にロンドンに生まれ、ダブリン大学を卒業後、ロンドンのキングズ・カレッジで教員免許をとり、36年から数年間ロンドン州議会（つまり、その数年前までバートのいたところだ）に勤めていた。彼女は、養育を必要とする児童を担当していたようだから、バートの調査も手伝っていたのだろう。ハワード女史についても、ギリーの記事が出た直後に、彼女が実在したとする証言者が何人か現われた。実は、彼女の名前は、1924年のイギリス心理学会の名簿のなかにあった。ユニヴァーシティ・カレッジの正規の職員ではなかったようだが、証言によれば、彼女は数学に詳しく、30年代にユニヴァーシティ・カレッジでバートの研究を手伝っていたらしい。37年に撮られたカレッジ内の心理学研究会の写真にも写っていた。バートが秘書のアーチャー女史に話したように、彼女たちがその後他国に移住して、いまはイギリスにいないというのは、ほんとうのことなのかもしれない。

だとすると、どういうことが推測されるだろうか。バートの近くに、1930年代以前にはハワードもコンウェイもいたのかもしれないが、50年代以降はいなかった。ということは、バートが彼らの名前を騙《かた》り、その名前をペンネームのように使ったということになる。では、なぜ彼らの名前でなくてはいけなかったのか。おそらく、彼らがその論文のなかのデータの収集や分析を手伝ったからだろう。名前を冠するだけの仕事をしたのかもしれない。このように考えると、1950年以降に発表された双生児の論文は、その執筆に先立つ数年間で行なわれた調査ではなく、ハワードやコンウェイが手伝った時期（1920年代〜40年代初頭？）に行なわれたものである可能性が大きい。バートは、おそらく故意にだろうが、いつ、どのようにして調査をしたのかを明記していない（いまならこうした論文は専門雑誌の審査をパスしないだろう）。しかし、なんの但し書きもないのだから、論文を読む者が、1955年や66年の論文をその20年とか30年前に行なった調査の論文だと思って読めるわけがない（つまり、ハワードとコンウェイの名前を使ったのは、彼らがイギリスからはるか離れたところにいて、バートの論文を目にする機会もないし、異議を申したてる恐れもない、それに彼らは実際に調査の一部を手伝っていたのだから問題はない、とバートが踏んでいたからのような気がする）。

では、なぜ55年、58年、66年と、年を追うごとにデータが増えていくのだろうか。1940年代初頭までの調査だけにもとづいているとするなら、データが増えることは、ありえないはずである。実は、調査の生《なま》のデータは、1941年のロンドン大空襲で焼失したか、あるいは疎開させはしたものの（疎開先はウェールズだった）大部分は戦争と移動の混乱のなかで散逸してしまったようだ。ニコラス・マッキントッシュは、次のような解釈をしている。(10) バートは、残っていたデータの一部をもとに少しずつ整理を進めていったのではないか。そして失われたものについては、記憶を頼りにデータを埋め合わせて、再現していったのではないか。過去の記憶は作られたりゆがんだりすることがよくあるとは言え、これは、バートに好意的にすぎる解釈のような気がする。

私は、あとから増えた分はやはり捏造なのだと思う。そう思うのは次のような理由による。バートは、1971年にアイゼンクにあてた手紙のなかに、自分の双生児研究が1913年から39年にかけて少しずつ集めていったデータをもとにしていると書いている。(11) つまり、データは第二次世界大戦直前までのものだということだ。バートは、1943年の論文のなかで、自分が集めたデータの紹介をしているのだが、違う家庭で育った一卵性双生児については15組のデータが収集できて、IQの相関係数が0・77（小数点以下3桁目がないが、表4・1の値と同じ0・77だ！）だと記している。(12) おそらく、この15組がほんとうに彼が集めたもので、最終的に集めたとされる53組のうちの残りの数、すなわち38組は彼の捏造なのだろう。

もうひとつ、真相を知る上で残念な出来事があった。[13] バートと親交のあったカリフォルニア大学のアーサー・ジェンセンは、バートのもとには双生児調査の古い生データの一部が残っているということをバートから聞かされていた。バートの死を知ってから数日後、ジェンセンは、バートの秘書のアーチャー女史と連絡をとる。夏にロンドンに行く予定があるので、その時にそのデータを見せてほしい、と。ところが、受けとった返事は、彼を落胆させるものだった。ロンドン郊外のハムステッドにあるバートのアパートには、資料が山のように残されていて、アーチャー女史がその始末に困ってエディンバラ大学のリアム・ハドソンに相談したところ、焼却したらいいと言われ、そうしてしまったというのだ。あとから考えると、重要な証拠が（あればの話だが）、この時灰になってしまった。灰にならなかったのは、このあとハーンショーが調べることになる日記と手紙やメモ類だけだった。

なぜ捏造したか

なぜバートはデータを捏造し、過去の共同研究者を著者や共著者に仕立ててまで論文を発表せねばならなかったのだろうか。以下は、私の推測である。

バートは、知能の遺伝説の立証をライフワークにしていた。彼には、その証拠となる研究を提示する責務があった。実際、若い頃には一卵性双生児のデータを集めたことがあった。しかし、その研究をまとめて発表しようと思ってはいたものの、機会を逸したまま、20年近くが経過していた。それに、そのデータは消失して、いまは手元にはない。では、どうすればよいか。記憶を頼りにデータを修復して、論文を書くしかない。こうして仕上がったのが１９５５年の論文である。しかし、そこには、自説に都合のよいようにデータ操作も加えられていた。論文を発表してみると、だれも疑う者などいなかった。研究を確固たるものにするために、データ数は増やしたほうがよい。では、そうしよう。58年と66年の論文は、そうした歯止めを自分ではずしてしまった結果なのだろう。(14)石器捏造で日本の考古学界を揺るがすことになった藤村事件などを例にとるまでもなく、捏造は一度やってバレないと、繰り返してやってしまう、そしてその手口が大胆になってゆく傾向がある。(15)それに、後述するように、バートは数値いじりが好きだった。彼の頭のなかでは、自分が作り上げたデータの数値がひとり歩きしていた。おそらく、バートは、データを捏造することで、自分の主張を自らが証明することになって、自己完結できたのだろう。

ハーンショーは、バートの伝記のなかで、捏造は、(16)老年期を迎えてからのバートの孤独と性格の変化が引き起こしたものだと書いている。バートは、１９３２年に26歳年下の女性と結婚はしたものの、趣味も性格も合わず、30年代の後半からは別居状態になっていた（子どもはいなかった）。身寄りと言えば、医者をしていた妹のマリオン・バートだけだった。1950年にユニヴァーシティ・カレッジを退いた後は、かなり孤独な境遇におかれ、ふさぎ込んで怒りっぽくなり、もともと狭い交友関係がさらに限られたものになっていた。ユニヴァーシティ・カレッジのスタッフとも折合いが悪くなり、カレッジにも出入りできなくなった。加えて、持病のメニエール病も進行し、耳も遠くなった。そうした研究者としての孤独は、より意味のある研究を発表することで解消するしかなかったのではないか、というのだ。

バートの境遇は、確かにそういうものだったろう。しかし、バートの孤独と性格異常に捏造の原因があるとするのは、牽強付会のような気がする。やはり、第一には、自説を補強するという強い意図があったように思われる。

なぜ捏造が見過ごされたか

なぜバートの死後までその捏造をだれも見抜けなかったのだろうか。共著者の正体をだれも詮索しなかったという根本的な問題もあるが、論文そのものにも、不明の箇所が随所に見つかる。たとえば、知能テストをどのように、いつ行なったのかといった肝心のことがほとんど書かれていない。なのに、発表当時は、なぜだれもそのことを変だと思わなかったのか。

ひとつには、サー・シリル・バートがその領域の権威だったということがある。おかしいところを見つけても、言い出すには勇気がいる。それに偉すぎる人は、良くも悪くも光を放っているから、細かなところが見えない（社会心理学で言う「光背《ハロー》」効果だ）。もうひとつは、バートはそれまでたくさんの論文を発表してきているので、読者は、ある箇所が不明でも、それらの論文のどれかに載っていると思ったのだろう。ふつうは、そんなことを思ったとしても、あえて調べることなどしないものだ。なぜ見抜けなかったかに関しては、遺伝‐環境論争そのものの特質も関係していそうだ。バートの双生児研究は、知能がどの程度生まれによっていて、どの程度育ちによっているのかに直接答えるものであった。しかし、遺伝‐環境論争は、一種のイデオロギー論争のようなところがある。遺伝説の陣営も環境説の陣営も、先に結論ありきで、それぞれに自分たちに都合のよいデータをあげて声高に主張する。この論争に多少辟易している読者のほうも、提示されたデータを、またぞろのデータだとみなして、子細にはチェックしないという状況があったのだろう。

イデオロギー論争だと表現したのは、一見科学的な包装紙でくるんではいても、その主張の中身は科学的ではないものが多いからだ。その後も、こうしたイデオロギー論争は続いている。バートのデータ捏造の発覚から20年後の1994年、アメリカの心理学者リチャード・ハーンステインとチャールズ・マレーが『ベル・カーヴ』(釣鐘曲線、つまり正規分布という意味)という本を書いた[17]。この本は、845ページの分厚いものだったが、50万部以上を売上げるベストセラーになった。彼らは、知能は遺伝的な要因が強力だと主張する。これは、アメリカ社会における階級差別や人種差別を正当化する動きにつながる主張だった。この本については——その主張はもとより、データのとり方や処理にはじまって、その論の立て方についても——、何人もの専門家によって誤りの指摘と猛烈な反論がなされている[18]。要するに、ずさん極まりない本が一般読者によく読まれたということになる。

バートとの関係で言うと、ハーンステインらは、その本のコラムのなかで、ジョインソンとフレッチャーの本がバートのデータ捏造が濡れ衣だということを証明してくれたと書いている(だが、ジョインソンとフレッチャーは、ハーンショーの伝記は偏った見方をしていて、解釈にも誤りがあることを指摘しているのであって、捏造がなかったと言っているわけではない)。しかも、別々に育てられた一卵性双生児を対象にしたブシャードらの最近の研究で得られている知能テストの相関係数は0・78で、これはバートの出している0・771にかぎりなく近いという。つまり、数字が合っているから、捏造ではなかったという主張だ。これは無茶苦茶な論理だ。しかし、こういった無茶苦茶さはここばかりでなく、この本のいたるところにある（その意味では一貫している）。

不毛でもあるこうした遺伝 - 環境論争は、一般の見方では、結局どんなところに落ち着いたかというと、（論争の当事者たちはけっして認めないだろうが）個人差はある程度遺伝するし、環境によってもある程度形作られるという、どうでもいいような中途半端な結論である。入門的な教科書だと、遺伝50％、環境50％と書いてあるものさえある。引き分けというより、これではけんか両成敗だ。実際には、環境なくしての遺伝はありえない（遺伝は環境を前提にしている）のだから、問題は、両者がどのように相互作用し合うか、であるはずである。(19) 遺伝と環境という二項対立でものを考えるかぎり、新たな学問的展開など、期待できるわけがない。

数値の魔力

バートの論文は、知能テストのスコアや相関係数、そしてその関係式で埋められている。人は数字に弱い。数値が出てきただけで、それが科学的に保証されたものと思い込んでしまう。専門家もこの例外ではない。２章で紹介したヴィカリーも、科学的な装いを見せるために、この手を使っていた。サブリミナル画面の提示時間が１／３０００秒で、調査期間の入場者が４万５６９９人で、売上げの伸びは、ポップコーンが57・5％、コカコーラが18・1％だといったように、数字を並べ立てた。バートは小数点以下３桁の相関係数を羅列している。ふつうの読者にとって、それらが具体的になにを意味するのかはわからなくても、科学や数学のお墨付きがあるということだけはわかる。

相関係数そのものは、純粋に数学的な概念のように見えるが、もとは（もとからと言うべきか）人間の個人差をあつかう手段として考え出された。考え出したのは、フランシス・ゴールトンである。彼は、人間の身体能力や心的能力の個人差を問題にし、それがどのように遺伝するのかを最初に考えた研究者であった。[20]遺伝を明確にするには、関係のあるなし、あるいは関係の強弱を数値化したほうがよい。そのために考え出されたのが相関係数である。この数はその後、役に立つ数値としていろんな場面で使われるようになる。

関係がひとつの数値におきかえられるというのは、便利なことだ。しかも、この場合は、一方の人間が知能テストで出した数値（成績）と、他方の人間が出した数値との関係を（つまり、数値どうしの関係を）ひとつの数値で表わせる。しかしその反面、実際を見なくても、数値だけでなにかを言ったりすることができるようになる。こうして、数値がひとり歩きするようになる。

数値は一般の人間にとってはそうした魔力をもつが、おそらくバートにとってはそれ以上の魔力をもってしまったのかもしれない。現物がなくとも、数値はいじり、自在に操作することができるからだ。データ捏造発覚後、アイオワ大学のドナルド・ドーフマンは、バートの論文のなかのデータの数値や分布を検討し、それが現実に得られるデータにしてはありえないほど整っていることを報告している(21)。

こうした数値の細かさは、最終的には裏目に出た。捏造を教える手がかりになったからだ。語るに落ちるというのは、このようなことを言うのかもしれない。しかし、発覚はバートの死後のことである。彼はこの騒ぎを見ずに亡くなった。

双生児研究の問題点

実を言えば、バートの研究だけが問題なのではない。双生児研究にはそもそも、データの捏造を許してしまうだけの隙《すき》が潜んでいるのかもしれない。この章の後半では、双生児研究がはらむ本質的な（だが、見過ごされている）問題について考えてみよう。

章のはじめに述べたように、知能における環境と遺伝それぞれの寄与の割合を問題にする場合、双生児研究の論理は単純明快である。だが、少し考えてみればわかるように、現実はそのように単純明快ではない。一卵性双生児が、生後すぐの時期から離れ離れになってまったく異なる環境のなかで育つといったことは、そうあることではないからだ。

そもそも、第一次世界大戦と第二次世界大戦の間の時期に、別々の家庭で育てられている一卵性双生児が（かりにバートがコンウェイ女史など何人かの人々の助けを得てすべてのデータを集めたということが真実だとして）、ロンドンで（あるいはその近郊を含めても）53組もいるものだろうか。1930年当時、ロンドン州議会が管轄していたロンドン郊外も含む大《グレイター》ロンドンの人口は、およそ500万だった。しかし、バートはあるところで、内《インナー》ロンドンで調査したと書いてもいるので、人口はもっとずっと少なくなる（おそらく大ロンドンの3分の1ほどだろう）。しかも、この場合には、そういう境遇の双生児が潜在的にいるというだけではなくて、研究に協力してもらわなければならないのだ。もちろん、ロンドン州議会に関係していたからこそ、それが可能だったとも言えるわけだが、53組という数は、信じがたい数のような気がする。現在も継続中のミネソタ大学のトマス・ブシャードのチームによる離れ離れで成長した一卵性双生児についての研究でさえ、1979年から98年までの20年間に集めることのできたデータは71組ほどだ(22)。マスコミの力を借り、また病院や施設から情報を得たり、テレビや雑誌で研究を知った本人たちからの協力の申し出に頼って、さらに全米や外国に宣伝してさえ、この数なのだ。

さらに言うと、彼らがまったく異なる環境で、互いの存在を知ることなく、育つような状況がありうるのだろうか。たとえば、イギリスのシールズの調査では、別々の家庭で育てられた一卵性双生児について44組のデータが得られたが(被験者はBBCテレビの番組を通じて集められ、8歳から59歳までの年齢にわたっていた)、双生児の一方が血縁関係のない家庭で育てられたのは13組でしかなかった(血縁関係にある家庭の場合には、双生児の一方を実母が育て、他方を母方の祖母かおばが育てるケースが多かった(23))。しかし、血縁関係のない家庭の場合も、親どうしが知り合いであったり、双生児も同じ町に住んだり、極端な場合は同じ学校に通うこともあった。家庭は違っても、環境は類似している場合が多かった。しかも、その13組中、生後1年以内で互いが分離されたのは、わずか4例であった。つまり、純粋に環境が異なるケース、あるいは純粋な分離のケースは、論理的には仮定できても、現実にはほとんど存在しえないのだ(24)。

ふたごの逸話

もうひとつ、別の問題もある。それは、研究者側の問題である。離れ離れになって育った一卵性双生児についての研究の本や論文の冒頭には、必ずと言っていいほど、逸話的な話が登場する。3つほど例をあげてみよう。[25]

2人のジミー、ジム・ルイスとジム・スプリンガーの例。彼らは1939年アメリカのオハイオ州に生まれ、生後数週で、互いに関係のない養家に引きとられる。彼らが再会を果たすのはその39年後のことだ（図4・3）。知能テストや性格検査の結果がよく似ていたほか、学生時代の成績、得手不得手の科目も同じだった。病気（偏頭痛、胸痛と高血圧、肥満開始の時期）や爪を嚙む癖も共通していた。それだけではない。彼らには、さらに、偶然とは言えないような一致があった。養家の親が彼らにつけた名前がジェイムズだった。両方とも、ラリーという義兄弟がいた。飼っていたイヌは、トーイという名だった。どちらも最初はリンダという名の女性と結婚して別れ、その後再婚したが、その相手の名はベティだった。一方は、長男をジェイムズ・アランと名づけ、他方はジェイムズ・アレンと名づけていた。ビールはミラーライト、タバコはセイラムが好みだった。改造カーレースが趣味で、野球が嫌いで、製図と大工仕事

図4・3　ジム・ルイスとジム・スプリンガー
Plomin（1990）より。

が得意であった。休暇はフロリダですごし、乗っている車はシヴォレーだった。

イギリスの主婦、ブリジットとドロシーの例。彼女たちは、第二次世界大戦中に離別して、異なる境遇で育った。38歳で再会を果たした時、2人は、指先にマニキュアをし、合計で7つの指輪をはめ、一方の手首にはブレスレットを2つ、もう一方の手首にはブレスレットをひとつ、それと腕時計をはめていた。そして、子どもたちも同じ名前だった。ブリジットは息子をリチャード・アンドリューと名づけ、ドロシーはアンドリュー・リチャードと名づけていた。ブリジットは、娘をキャサリン・ルイーズと名づけ、ドロシーはカレン・ルイーズと名づけていた。

オスカーとジャックの例。彼らは、中米のトリニダードで、ユダヤ人の父親とドイツ人の母親との間に生まれたが、生後すぐに離れ離れになった。オスカーは、ドイツの祖母に引きとられ、カトリック教徒として、そしてナチスのユーゲントとして育てられた。一方、ジャックは、ユダヤ系カリブ人として父親のもとで育てられ、イスラエルのキブツにも長期間いたことがあった。調査の時点で、オスカーは、既婚で、ドイツで工場の主任をしており、組合活動に熱心で、スキーが好きだった。ジャックは、アメリカのサンディエゴで洋品店を営んでいた。一度結婚したが、妻とは別れていた。これだけ生活環境が（国も、話す言語も、そして習慣や考え方も）違っているのに、再会時に、2人はメタルフレームのメガネをかけ、口ひげを生やし、肩章のついた、胸ポケットの2つあるアーミー風の服を着ていた。ともに、スパイシーな食べ物、甘いリキュールが好みだった。バターを塗ったトーストをコーヒーに浸して食べるのが好きだった。テレビを見ているうちに寝込んでしまう習慣、トイレを使う前に水を流す癖、不用の輪ゴムを手首につける癖、雑誌をうしろから読む癖、そして女性に対しては高圧的な態度をとり、妻をどなること（ジャックも結婚していた時はそうだった）も共通していた。

これらの一致を、どう考えればいいのだろう。ほかの一卵性双生児の例では、極めつきとして（そして確認のしようのない逸話として）、2人がまったく同じ時に死んだとか、同じことを予感したり、同じ夢を見たとかいったものもある。

そんなものまで一致するか――確認できない真偽

一卵性双生児の体つきがよく似たり、同じ病気になるというのは、身体の設計図が2人とも同じなのだから、当然である。不慮の事故などがなければ寿命がそれほど違わないということも、不思議なことではない。脳の作りも、身体能力もほぼ同じだとすれば、性格検査や知能テストの結果が似るのも、当然のことだろう（後述するように、似ないほうがおかしい）。しかし、死期がぴったり一致しただとか、初婚と再婚の相手がそれぞれ同じ名前だったとか、子どもにつけた名前が同じだったとかは、それらと同じ次元で語られるべきことがらではない。これだと、なにやら、2人が一卵性双生児ゆえに心を通じ合えるとか、同じ星のもとに生まれているとか、あるいは名前のつけ方まで遺伝で決まる（！）といったことになるではないか。

そもそも、死期が一致したというのは、どの程度一致したのか。何時何分まで同じなのか、同じ日なのか、同じ月なのか、それとも同じ年のうちなのかによって、話はまるで違ってくる（ちなみに、カナダに1934年に生まれたディオンヌ家の一卵性の五つ子の姉妹は世界的にも有名だ。2人は現在も存命で、あとの3人は、20歳、35歳、67歳の時に別々の病気で亡くなっている)。夢が似ていると言っても、なにがどこまで似ているのか。身体の設計図は同じなので、それをもとにできあがる脳は似る。したがって、睡眠や夢を見ている時の脳活動(脳波や脳機能画像)のパターンも似るだろう。けれど、同じ時に同じ夢を見たというのは、どのようにして証明するのか。これらの類似や一致を不思議がるまえに、これらがほんとうなのかを疑い、ほんとうであるのなら、どこまでどのように類似し一致しているのかを確認する必要がある。さらに言えば、一致や類似することだけでなく、一致しない・類似しないことも明らかにしなければ、ほんとうはなにも言えないはずである。

なぜ息子や娘や飼いイヌにつけた名前が一致したりするのだろうか。もちろん、つけた名前がその時にみながよくつけた名前で、たまたま同じになった可能性もある。しかし、2人が相談しなかったとは(遊び心があれば、それぐらいのことはしそうなものだ)、あるいは口裏を合わせなかったとは、2人以外のだれもわからない。そもそも、2人は本当に40年間近くも互いの存在を知らずにすごしたのだろうか。このように、実は、いまあげてきたものはみな、本人たちの言うことであって、それが真実かどうかを確認してはいないのだ。(27)

双生児を研究する人たちは、立場上、本人たちの言う話を疑ったり、詮索することが許されていない。疑いを表明した場合、本人たちから「私たちの言うことが信用できないのか」と言われ、協力を打ち切られるおそれがあるからだ。鵜呑みにするしか、信じるしかないのだ。

傍《はた》から見ると滑稽な印象をもつのだが、一卵性双生児研究の第一人者たちが、これらの逸話を真に受け、論文や本のなかで紹介している(28)。これは、似るということの不思議さを最初に強調することで、読者の心をつかもうとしているのかもしれないし、そこには研究者としての驚きの表明も入っているかもしれない。しかし、一卵性双生児を科学的に研究しているのならば、添え物のようなこんな逸話など必要ないはずである。真偽の確認ができない話を紹介すること自体が、大きな間違いだ。

ふたごのパラドックスはパラドックスか

ふたご（一卵性双生児）はおもしろい。だって、鏡に映したみたいに、似ているから。一般の人が最初に抱く印象は、おそらくそんなところだろう。しかし、いま見た逸話のとりあげ方からわかるように、研究者の抱く印象も、これと大きく違うわけではない。おそらく、彼らは個人差の研究者として、千差万別な人々を研究対象としてきているので、一卵性双生児を目の当たりにすると「一卵性双生児はこんなにも似ているのか」という驚きに圧倒されてしまうのかもしれない。

だが、問題はその逆なのではないか。一卵性双生児は、まったく同じ遺伝子をもっているのだから、似てあたりまえなのだ。問題は、似ていないところがあるとするなら、なぜ似なくなるのかだろう。似るのが不思議なのではなく、不思議なのは、似なくなることのほうなのである。

「ふたごのパラドックス」と呼ばれるものがある。単純な論理にしたがって考えると、一卵性双生児のそれぞれが別の家庭、別の環境で育てられたとしたら、それぞれはその環境の影響を受けて、同じ家庭や環境で育てられた場合よりも、似なくなるはずである。あるいは、同じ家庭環境で育ったとしても、歳をとるにつれて、互いに違った経験を重ねてゆき、経験の影響力が大きくなるから、より似なくなってゆくはずである。ところが、実際にはそうはならない。性格のある側面については、別々の環境で育てられたほうが、同じ環境で育てられた場合よりも、似ることがあるのだ。そして、同じ環境で育っても、中高年になってゆくにつれて、若い頃よりも似るようになる。(29)これは、環境の影響から予想されることとは逆である。

なぜだろうか。これは、一卵性双生児は似ているのがあたりまえであって、似なくなるとすれば、それはどうしてかを考えてみれば、すぐ明らかになる。彼らが同じ環境で育つ場合には、互いを意識しながら、自分たちの性格や能力や好みの違いを強調するだろう。それに兄と弟、姉と妹という出生順位にもとづく役割も気にするだろう。さらに、彼らの周囲の家族も隣人も友人も、彼らの微妙な差異に注意しながら、接するだろう。となれば、結果的に、2人はより似なくなるはずである。より差異化を強める方向に行くのである。同じ環境だからこそ、似なくなるのだ。では、別々の環境で離れて育てられると、どうなるだろうか。互いを意識せずに、育つだろう。そして、遺伝的にもって生まれたものをより自然な形で伸ばしてゆくことになる。すなわち、似たままで育ってゆくだろう。

では、同じ環境で育っても、おとなになると、異なる環境で異なる経験を積んでゆくはずなのに、逆に似るようになってゆくのは、なぜだろうか。これも、2人がそれぞれ自活して、異なる環境で生活してゆくので、互いの差異化を気にする必要がなくなるからだと説明できる。よりフリーの状態になって、地が出るようになるのだろう。

このように考えてくると、一見単純明快そうに見えた一卵性双生児研究のロジックは崩壊する。別々に育てられた一卵性双生児と一緒に育てられた一卵性双生児を単純に比べるだけでは、遺伝と環境がそれぞれどの程度寄与するのかを明確に示すことはできないのだ。[30]

5章　なぜ母親は赤ちゃんを左胸で抱くか
――ソークの説をめぐる問題

ソークの発見

母親の多くは、赤ちゃんを左胸で抱く。この単純な事実は、1950年代の終わり頃に発見された(1)。最初に気づいたのは、アメリカのコーネル大学の心理学者、リー・ソークだった。小児麻痺のワクチン（ポリオワクチン、別名ソークワクチン）の開発でその名を知られるウイルス学者、ジョナス・ソークの弟である。

発端は動物園だった。ソークの目のまえで、母ザルが赤ちゃんザルを抱いていた。それは左の胸だった。その時彼にはひらめくものがあった。人間の母親もそうなのではないか。そこで、子どもを産んだばかりの母親がどちらの胸に赤ちゃんを抱くか、自分の勤める病院で観察を開始した。その結果、右利きの母親255人のうち83％が、左利きの母親32人のうち78%が左の胸で抱いていた。つまり、利き手に関係なく、ほぼ8割の母親が左の胸に抱いていたことになる。しかし、スーパーの店先で紙袋を抱えて出てくる人々を観察したところ、左右の偏りは見られなかった。左というのは、赤ちゃんを抱く時に特有だった。

西洋の絵画や彫刻には、子を抱く母親という重要なテーマがある。聖母マリア（マドンナ）とその子イエスという宗教的なモチーフである。ソークは、手近にあった画集中の作品466点について、左右どちらの胸で抱いているのかを調べてみた。その結果、左の胸に子どもを抱いていた作品は全体の80%を占めていた(2)。

もしあなたがヨーロッパに行く機会があったら、カトリックの教会をいくつか巡って、聖母子の彫像を見てみるとよい。さまざまな時代のさまざまなスタイルの聖母子像に会えるだろうが、その8割はイエスを左胸に抱いているはずである（図5・1）。

赤ちゃんを左胸に抱く傾向は、西洋文化に限られるわけではない。ソークの発見以降、南アメリカや東南アジアなどほかの地域（もちろん日本でも）の母親の観察研究も行なわれ、それが民族や文化を越えて普遍的な行動傾向であることが明らかになった(3)。

N.D'AOUT

図5・1　イエスを抱く聖母や聖人の彫像のさまざまな例（フランス）
左胸で抱いている彫像が8割強を占める。

心音説とその実験

ソークは、右利きで左胸に赤ちゃんを抱いている母親に「なぜ左側で抱くのか」という質問をしてみた。返ってきたのは「右利きなので、右手を使えるようにするため」という答えが多かった。一方、左利きの母親では、「利き手が左なので、しっかりかかえられるように左側で抱く」という答えが大半を占めた。右利きも左利きも、どちらも左胸で抱くのに、それがそれぞれ異なる理由によっているとは考えにくい。本当の理由は、本人たちの気づかないところにあるのかもしれない。

では、左胸に特有なものはなんだろうか。考えられるのは心臓である。ふつう、心臓は左側にある。心臓が右側にある人もいないことはないが、きわめてまれである（1万人にひとりといった割合のようだ[4]）。そして西洋では（日本語でも）、感情や愛情の座であるこころ《ハート》は心臓である。そこで、ソークは次のように推論した。母親は、この心臓の近くに赤ちゃんを抱き、赤ちゃんのほうもそれを好み、そこにはなんらかの生物学的な理由があるのではないか。しかし、母親自身はそうしながら、それをほとんど自覚していないのではないか。

赤ちゃんは、母親のおなかのなかにいる時からすでにさまざまな感覚が機能している。聴覚の場合、受胎後6カ月頃から機能し始め、まわりでしている音が聞こえている。母親の心音も聞こえ（心臓の拍動が大動脈を通って羊水に伝わる）、胎児にとってはそれが一種のバックグラウンド音になっている。だから、外の世界に生まれ出てきた時に、安心感を得るために、母親の心音が聞こえやすい場所に頭をもっていきたがるのではないか。ソークは、胎児が、胎内にいる時に母親の心音にいわば「刷り込まれ」てしまっているので、生まれてくると、心音のするほうにおのずと頭をもってゆくと推測した。「刷り込み」は本来、一定の時期に特定の刺激によって一定の行動傾向が引き出され、それが以後も持続することを言うので、この場合に「刷り込み」という用語を使うのは、適切ではないようにも思えるが、ここではソークの言うままを紹介しておく。これが「心音説」である。

この仮説を検証するため、ソークは、病院の新生児室にいる赤ちゃんで実験を試みた。ある新生児の群には、おとなの心音を録音したものを聞かせ（実験群）、もう一方の新生児の群にはなにも聞かせないようにし（対照群）、心音がどのような効果をもつかを両群間で比較してみたのだ。実験は、生後2日目から4日目にかけての3日間行なわれ、新生児室内の赤ちゃんの泣き声が断続的に録音された(5)。

その結果、飲んだミルクの量は2群間では差がなかったが、体重の増加量は、心音を聞かせた実験群のほうが多かった。録音の記録から、対照群の赤ちゃんに比べ、実験群の赤ちゃんは泣くことが少なく、泣いてもすぐ泣き止んだ。心音は明らかに効果があった。ソークは、心音が彼らをなだめ、安心させるようにはたらいたのだと、そして飲んだミルクの量が同じなのに心音を聞いたほうが体重増加が多いのは、あまり泣かずにいたからだと結論した。

心音はほんとうに効果があるか

この心音説は、1960年代後半に出版されたデズモンド・モリスのベストセラー『裸のサル』(6)を筆頭に、さまざまな雑誌や本や番組で紹介されたため、広く知られるようになった。もちろん、知られるようになったのは、第一には、この説が多くの人々の直観に合い、なるほどと思わせるものだったからだろう。

日本でも、この話が高校の教科書に載ったり（英語の教科書だが）、初産の妊婦のための教室で、左胸で抱いたほうがよいと教えられることもあったりして（心音を聞かせるためだと説明しているかどうかはわからないが）、よく知られた事実になっている。大学生でも、3分の1ほどはこの話をどこかで聞いたり、読んだりしている。

ところが、である。ソークの研究以降、新生児で心音の効果を調べる実験がいくつか行なわれたが、飲んだミルクの量でも、体重の増加量でも、泣いている時間（回数）でも、心音の効果を見出せなかった。(7) つまり、ソークの結果は確認できなかったのだ。

では、なぜ、ソークはあのような結果を得たのだろうか。考えられる理由は、以下のようなことだ。ひとつに、ソークが実験を行なった病院が飛行場の近くに位置していたということがある。離着陸する飛行機の爆音がたえずしていたため、おそらく赤ちゃんは落ち着かない状態におかれていた。したがって、部屋で流れている心音が爆音を消す（あるいは弱める）効果をもったのかもしれない。もうひとつは、爆音や心音が大きかったために、実際には赤ちゃんの泣き声がしていたのに、聞きとれるほどには録音されていなかった可能性もある。さらにもうひとつ、心音を聞かされる実験群の新生児の数が対照群の新生児の数よりも少しだけ少なかったということがある。人数が多いと、ひとりが泣き出せば、ほかの赤ちゃんもつられて泣くということが起こるので、それが条件群間の結果の違いを生じさせたのかもしれない。おそらく、これらのことが関係し合って、あのような実験結果になったのだろう。

ソークの実験の追試の形をとらないで、心音の効果を調べている研究もある。聖心女子大学の川上清文らの研究である。(8) 新生児では、生後5日目に先天性の代謝異常を調べるために血液検査が行なわれる。血は足の裏から採るが、新生児は痛みのために泣き、顔もゆがむ。痛みがストレスとなって、それに対処するためにストレスホルモンの分泌量も増える。川上らは、この採血の時に、バックグラウンド音として特定の音を流し、その音が泣き声・表情、ストレスホルモンの量にどのような影響をおよぼすのかを調べた。音は、おとなの心音、ホワイトノイズ（白色雑音）、そして無音（音は流さない）であった。その結果、確かに、無音に比べ、音は痛みをやわらげるような効果をもっていたが、心音よりはホワイトノイズのほうが効果が大きかった。彼らは別の実験で、心音やホワイトノイズのほかに、モーツァルトの曲や太鼓の音なども試しているが、それらも効果はあるものの、ホワイトノイズにはおよばなかった。ホワイトノイズは、すべての周波数成分の入ったザーッという雑音で、おとなには耳障りな音だが、赤ちゃんには心地よいものとして聞こえているのかもしれない（川上らは、赤ちゃんにとって珍しい音なので、ほかの音よりは注意を喚起する音なのだろうと推測している）。いずれにしても、効果は心音そのものにあるのではないようなのだ。

心臓が右にある右利きの女性が赤ちゃん（初産）をどう抱くかを観察している研究もある。(9) この母親は赤ちゃんを左胸で抱き、その抱き方は、心臓が左にあって左胸に赤ちゃんを抱く母親の抱き方となんら違いがなかった。心臓が右にある母親を調べた事例はこの1例きりなので、決定的ではないにしても、この事例は、左胸で抱くことが心音とは無関係である可能性を示している。

母親だけが左胸で抱くのか──父親も左胸

出発点に戻って考えてみよう。そもそも、赤ちゃんを左胸で抱くという傾向は、母親だけに特有なものなのだろうか。ソークの研究は、赤ちゃんをもつ母親だけを観察していた。父親とか、子どもをもたない女性では、どうだろう。

私と米本智美は、赤ちゃんをどちらの胸で抱くかについて、1270人を対象に調査を行なった(10)。母親と父親の場合には、いつもはどちらの側で抱いているかを聞き、子どもをもたない男女の場合には、赤ちゃんの人形を体の中央（正中線上）に差し出し、「自分の赤ちゃんだったら」という仮定のもとに抱きやすいように抱いてもらった。ソークの話や母親の多くが左胸で抱くこと、あるいはそれが心音を聞かせるためだということを聞き知っている人もいるため、それが抱き方に影響している可能性もあるので、そうした知識があるかないかも、抱いてもらったあとに尋ねた。知識をもっていたのは、全体の4割弱であった（ただし、知識をもっていたからと言って、かならず左胸で抱くわけでもなかった）。

結果は、図5・2のようになった。母親の場合も父親の場合も、知識があってもな

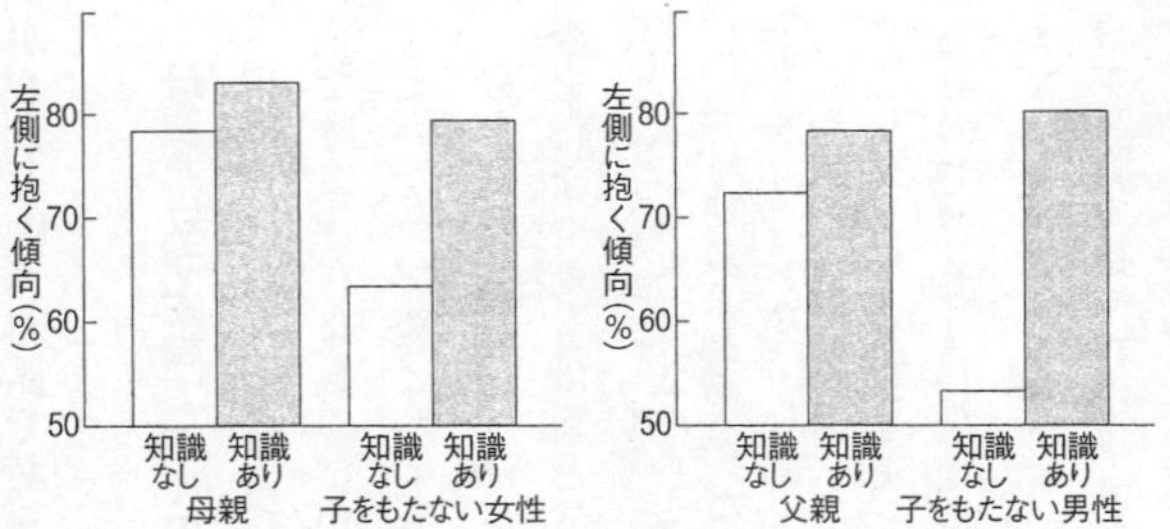

図5・2　赤ちゃんをどちら側で抱くか

母親と父親、子どもをもたない女性と男性の場合。鈴木（1995）より。

くても、赤ちゃんを左胸で抱く傾向があった。(11) 子どもをもたない女性も、左胸で抱くことが多く、知識があれば、その傾向は強まった。一方、子どもをもたない男性の場合は、知識があれば、80％ほどが左胸で抱くが、知識がない場合は、左胸で抱く人と右胸で抱く人の割合は、ほとんど半々になった。

これらの結果から、なにが言えるだろうか。ひとつは、左胸で抱く傾向は、女性の多くが赤ちゃんを産むまえからすでにもっているものであって、母親になるとそれが強まるということだ。もうひとつは、子どもをもたず、知識もない男性では、赤ちゃんを抱く時に左右の好みはほとんどないが、父親になると、(12)左胸で抱く傾向が見られるようになるということである。

このように、左胸で抱く傾向には、男女で違いがある。では、こうした違いの点から、左胸で抱く傾向の出現は、どのように説明できるだろうか。考えられるのは、左胸で抱く傾向が、経験を通して出現し固定するという可能性である。平均的には、女性は男性よりも、幼い時から赤ちゃんへの関心が強く、かつ赤ちゃんと接する機会も多い。さらに、一般に人形を用いた遊びなどを好む。そうした実際の行為や遊びを通して、左胸で抱く傾向が自然に身についてゆくのかもしれない。これに対して、男の子ではそうした機会が少ないため、赤ちゃんを抱かせられた場合には、どちらかの胸を好んで抱くという傾向が見られない。しかし、父親になって赤ちゃんを抱くようになると、何度か抱くうちに左胸で抱く傾向を身につけるのだと説明できるかもしれない(13)。

チンパンジーもゴリラも赤ちゃんを左胸で抱く

では、左胸で抱くというのは人間に特有なのだろうか。ほかの霊長類はどうだろうか。ニホンザルで観察されているところでは、母親が赤ちゃんザルを右と左で抱く割合はほぼ半々である（個体ごとに好む側は異なるが）(14)。ソークの発見はアカゲザルの赤ちゃんの抱き方にひらめきを得たのがきっかけになっているが、その後のアカゲザルを調べた研究では、赤ちゃんを抱く時に左胸を好む傾向はないということがわかっている。彼がそのひらめきをそのままサルで試していたら、あの発見はなかったかもしれない。

ところが、人間に近い霊長類では、左側に抱く傾向がはっきり見られるようになる。マニングらは、動物園などで飼育されている類人猿の個体で、左右の胸で抱いている頻度を調べている。その結果、チンパンジーやゴリラでは、左胸で抱く割合は人間の場合とほぼ同じぐらいになるのだ(15)。

このことはなにを意味するのだろうか。ひとつは、もし心音説が正しいのなら、サルにも赤ちゃんを左胸で抱く傾向が見られると予想されるが、そうではなかったということである。したがって、心音は無関係だということが間接的に示唆される。もうひとつは、左胸で抱くことに脳機能の側性化が関係している可能性が示唆されることである。なにかをもったりつかんだりする場合、利き手（右利き）はサルでは観察されず、ヒトや類人猿でのみ観察されるが、これは、赤ちゃんを左胸で抱く傾向がサルでは見られず、ヒトや類人猿で見られるということと対応している（この問題については後述する）。

母親の側に刷り込みが起こる?――ソークの第二の仮説

ところで、ソークが唱えたのは、心音説だけではない。実は、説はもうひとつあって、彼の説明は、2つの説が二段構えの構造になっているのだ。

心音説は、赤ちゃんは心臓のある左胸を好むというのだから、この説は赤ちゃんの側からの説明である。これに加え、ソークは、母親の側からの説明も行なった(16)。つまり、左側で抱くことには、子の側と母親の側にそれぞれの要因があり、それらの相互作用の結果として、左胸で抱くという行動傾向が出現し、固定するというのだ。

ソークは、退院後に未熟児外来に来院する母親を観察しているうちに、左胸ではなく、右胸に赤ちゃんを抱いている母親が多いことに気づいた。当時は、赤ちゃんが未熟児で生まれてきた場合、すぐに別の部屋に隔離され、母親と離れ離れにさせられていた。ソークは、この母子分離の期間の長さが抱くという行動に影響をおよぼしているのではないかと推測した。そこで、退院後に外来診療に訪れた母親をその分離の期間の長さで分けてみた。すると、はっきりした傾向が見えてきた。赤ちゃんとの最初の接触が出産直後から24時間以内であった場合には、左側で抱いたのは77%だったが、分離が1日を越えていた場合には、その割合は53%まで減った（図5・3上）。分離期間の影響を調べてみたところ、分離が1日を越え1週間以内であった場合には、左胸で抱いたのは40%、分離が1週間を越えていた場合には、なんと28%まで下がった（図5・3下）。つまり、分離が1日を越えると、左側で抱く傾向が見られなくなり、

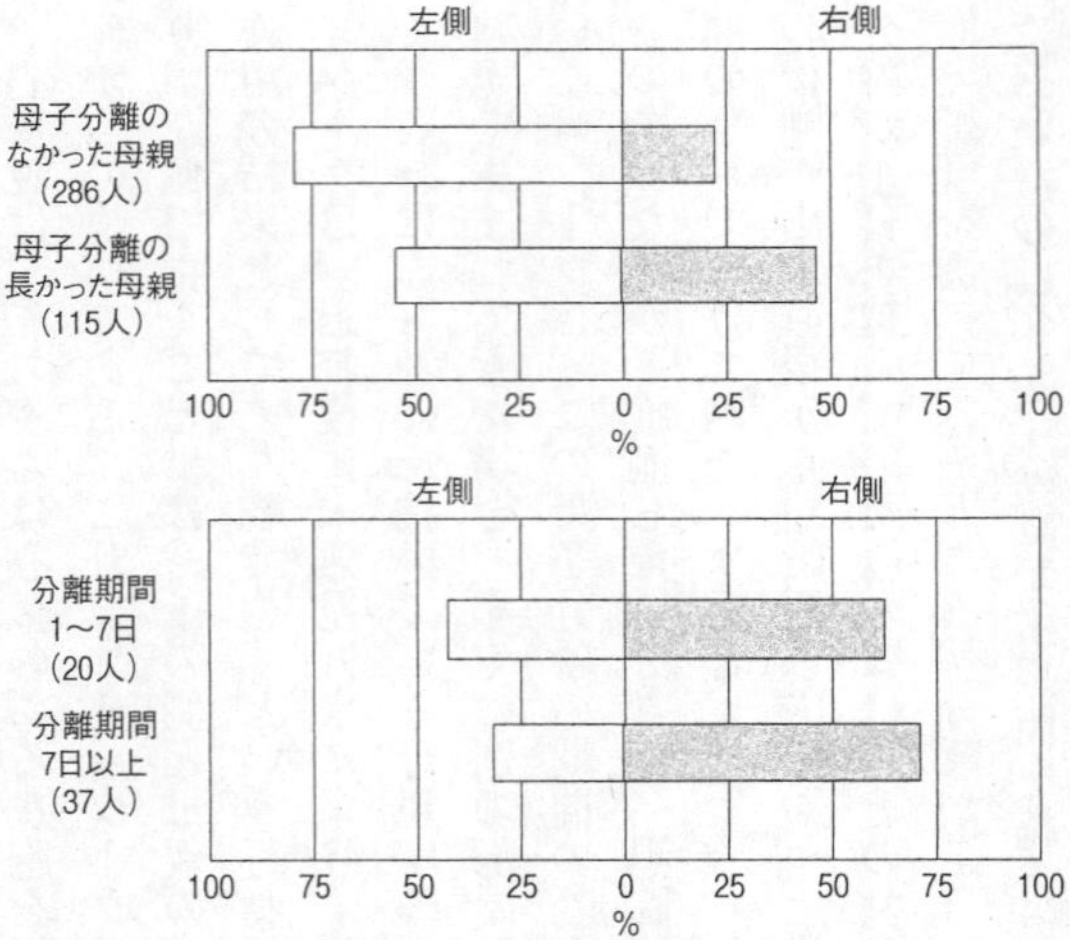

図5・3　母親は赤ちゃんをどちら側で抱くか
出産後の母子分離の影響。Salk（1973）より。

それが長引くと、逆に右側で抱く傾向が見られるようになったのだ⑰。

この結果は、どう解釈すればよいだろうか。ソークは、これが水鳥などに見られる「刷り込み」の現象に似ていることを強調した。彼は、出産後すぐに自分の子と接触するということが、母親に左胸で抱くという行動を生じさせ、その行動が固定されると考えた。そして、この「臨界期」がおよそ1日だと推測した。この仮説を、ここでは「母親の側の刷り込み説」と呼んでおこう。母親と子の愛着関係——一種の「きずな」——はふつうは時間をかけてできあがってゆくと考えられるが、ソークのこの仮説は、そうした愛着関係の一部が出産後すぐに形成される可能性を示唆している(18)。とはいえ、これはにわかには信じがたい。というのは、通常、刷り込みは鳥で、しかもヒナで起こるものだからである。哺乳類で、しかも親でそうしたことが起こるとは考えにくい。

左胸で抱くという傾向が出産後すぐに出現・固定するというソークのこの考えは、母子のきずなが生後すぐに形成されるという、当時一般的になりつつあった考えと密接に結びついている。1950年代から70年代にかけては、母子のきずなをめぐる研究が盛んに行なわれていた。

まず、動物行動学の分野では、いわゆる「刷り込み」について、詳しい研究が行なわれていた。ガンやカモなど早生性の鳥では、孵化直後の一定期間内に声をあげて動くものを追従する行動が出現し、持続する。この時期を逃してしまうと、追従や安心の対象──すなわち愛着の対象──がないままで終わる。つまり、自然界では、親子のきずなの形成に決定的な時期があるのだ。こうした研究と並行して、精神医学では、ボウルビーが、戦争孤児の研究を出発点にマターナル・デプリヴェーション（母親的な刺激の剝奪）の影響の研究を行ない、生後初期の母子関係がきわめて重要で、子どものその後の人格形成に大きな影響を与えると説いた。心理学では、ハーロウが、動物園や研究所など人工飼育されたサルになぜ異常行動が多く見られるのかを明らかにするために、アカゲザルの赤ん坊を用いて、赤ん坊にとって母親がどういう存在なのかをさぐっていた。いわゆる「代理母親」の実験である。彼はその実験結果から、愛着の形成には、肌と肌の接触が重要であり、それが情緒的な安定をもたらし、のちの社会化の基礎になると論じた。

母親が赤ちゃんを左胸で抱くという発見、それには産んですぐに赤ちゃんを抱くということが重要らしいという発見は、この時代のこうした潮流によくマッチしていた。この時代によく読まれた（とりわけ母子のきずなの形成を最重要視する）専門家向けの育児書にも、ソークの発見は常識のように登場する[19]。すなわち、母親が出産直後に赤ちゃんを最初に抱く瞬間こそ、母親と子どものきずなの形成にとって決定的に重要である、というわけだ。

そのほかの説

ソークの心音説は追試で確認できていないし、母親側の刷り込み説も、評価や検証がむずかしい。では、これまで、ほかにどのような説が出されているのだろうか[20]。実は、出されている説はそれほど多くない。しかも、傾聴に値するものは（私の見るかぎりでは）3つしかない。

新生児の多くは、顔を右に向ける傾向がある[21]。したがって、新生児を真ん中で抱けば、新生児の頭は左側にくることになる。この傾向が左胸で抱く傾向を生じさせている可能性がある。心音説を除くと、赤ちゃん側の要因を考えている唯一の説である。

抱く側の要因を考えている説で、考慮に値するのは2つだけである。ひとつは、不安な時には左胸で抱く傾向があるということにもとづく説である。被験者を不安な状態におき、ものを抱かせた時には、右胸に抱くよりも左胸に抱くことが多い[22]。この傾向は、左胸で抱くことが不安を低減するように作用する可能性を示唆している。この説では、左胸で赤ちゃんを抱いたほうが不安は鎮まり、それが左胸で抱くという傾向を生じさせると説明する。

もうひとつの説は、右脳との関係で説明する。人間では、表情の変化や感情をとらえるのは、左脳に比べ右脳のほうが大きな役割をはたしている（感情の表出もそうだ[23]）。左胸に赤ちゃんを抱けば、赤ちゃんの像の情報は右の脳に伝えられることになる（人間の脳では、左右の視野の情報は、反対側の脳に伝達されている。つまり、左視野の情報は右脳に、右視野の情報は左脳に投射されている）。このことは、右側に抱くよりも、左側に抱いたほうが、赤ちゃんの感情の状態をより正確にとらえることができる可能性を示唆する。[24] 次に述べる側性化とも関連するが、この説は、左右の脳の機能差の点から左胸で抱く傾向を説明する。

側性化のひとつとして考えると

能力や機能が左右のどちらかに偏っていることは、「側性化」と呼ばれる。これは、おもに神経系(脳)の機能の偏りの反映である。

利き手もこうした側性化のひとつである。右利きの人は全体の約90から95%ほどを占め、残りの約5から10%が左利きである。[25] これには、ほとんどの人では言語を担当する脳(優位脳と呼ばれることがある)が左脳であることとなんらかの関係があると考えられる(左脳は、反対側の右手・右半身の運動を制御している)。ただ、この右利きというのは、見かけほど単純ではない。その程度が人によって異なるからだ。手についって見ても、動作——エンピツをもつ、歯ブラシをもつ、バイバイをする、ドアのノブをひねる、などなど——によって、その程度が異なる。こうした側性化は、手以外の感覚器官や運動器官においても、その程度に違いがある。心理学者のスタンリー・コレンは、これを簡単に「10人のうち、9人は右手利き、8人は右足利き、7人は右目利き、6人は右耳利き」と要約している。[26] コレンは、こうした側性化全般を言うのに、

5章 なぜ母親は赤ちゃんを左胸で抱くか——ソークの説をめぐる問題

利き手という呼び名は適切でなく、「利き側」という呼び名を用いることを提唱している。

このようなことを見てくると、赤ちゃんを左胸で抱くというのは——ものをもつ時の左利き・右利きとは別に、赤ちゃんを抱く時には10人のうち8人は左側で、2人は右側で抱くといったように——側性化の一種なのだろう。これは、先ほど紹介した説のように、表情や感情をおもに担当するのが右脳だということとも関係する。したがって、「左胸で抱く」という表現は誤解のもとで（「左胸」という表現のなかに「心臓の側」が含意されているので）「左側で抱く」という表現のほうが適切かもしれない。

しかし、これで問題が解けたわけではない。一種の言い換えをして、問題を別の角度から整理してみたにすぎない。しかし、これは解決に向けた出発点として使えるかもしれない。

これを踏まえて、逆の発想をしてみよう。赤ちゃんを右側で抱く人は、なぜ右で抱くのだろうか。そういう人は、母親の場合には2割弱いて、そのように抱いてなにも困らない。これまでは、多くの研究者はなぜ左側なのかを考えてきたが、見方を変えて、なぜ右側で抱く人がいるのか、どのようにして右側で抱くようになるのかを問うほうが、答えへの近道である可能性がある。というのは、利き手に関しては、なぜ右利きになるのかと問うよりも、なぜ左利きになるのかと問うほうが実りが多いからだ。ソークは、まえに述べたように、母子の分離が長くなると右で抱く傾向が強まるということを明らかにしているが、そのあたりにこの問題を解く鍵が潜んでいるかもしれない。

神話のひとつとして

専門家以外のところでは、心音説はいまだに俗説として広まっている。人々の直観にあまりにぴたりとはまってしまったので、それを否定する研究があとから現われても、命脈を保ち続けている。愛情が宿るこころ《ハート》は得体の知れない脳ではなく、ドキドキいう心臓《ハート》にあり、母子がその心音で結びついているという直観は、なにかしら説得力をもっている。しかし、この章で述べてきたように、それは科学的には誤りだ。

とはいえ、ソークの発見は画期的だ。なぜなら、赤ちゃんを左側で抱くということは、有史以前から、多くの人間がしてきたことだし、だれもが目のあたりにしてきたことなのに、それにだれも気づかなかったからである。このように、新発見に値する事実や現象は、身のまわりに転がっていることがある。しかし、なぜ左側かという謎は、簡単に見えながら、いまだ解けていない。

6章　実験者が結果を作り出す?
——クレヴァー・ハンスとニム・チンプスキー

天才ウマ現わる

100年ほどまえのベルリン。ハンスという天才ウマが現われた。人間のように、数やことばを解し、出された質問のほとんどに正しく答えることができた。調教したのはヴィルヘルム・フォン・オステン（図6・1）。現役時代は、中学の数学教師をしていた。彼が強く信じていたのは教育の力だった。その力は偉大であって、子どもたちを適切な方法で教育すれば、それなりのことができるようになるに違いない（教育しだいで人間はどうにでもなるという信念は、後述するワトソンの啖呵《たんか》に一脈通ずるものがある。8章参照）。フォン・オステンは、この可能性を人間の子どもだけでなく、身近な動物にまで広げて考えた。退職後、彼はこの可能性を試してみるこ

図6・1　クレヴァー・ハンスとフォン・オステン

左にアルファベットと数字の対応表や計算問題の黒板が見える。上はフングストの本に掲載されている写真で、ほとんどの教科書がこの写真を載せている。下はそのオリジナル。オリジナルの写真に修正がほどこされ、手綱をもっているアシスタントの若者が消されているのがわかる。写真は加工できるという、１章で論じたことの実例でもある。上の写真は Pfungst（1911）より。下の写真は長谷川（1999）より。

とにした。彼が教え子に選んだのは、ロシア産の競走馬の子ウマだった。彼は、この子ウマにハンスという名前をつけた。

フォン・オステンは、幼稚園や小学校などで人間の子どもたちに教えるのと同じ方法で、ハンスを教育した。黒板、数のおけいこの用具など市販の教材を使って、基本的なところから始めて、段階を踏んで教えていった。ハンスができない時にも、鞭は使わなかった（「教鞭」ということばもあるように、かつては人間の子どもにも鞭を使うことがあった）。できたときには、ほうびにニンジンやパンや角砂糖を与えた。フォン・オステンが文字を教え、単語や文章を教え、数や数え方や計算のしかたを教え、音符の読み方までを教え込んでいくと、4年後には、あろうことか、ハンスはそれらのことができるようになっていた。

このニュースはすぐさま新聞種となり、ベルリンだけでなく、ドイツ全土、やがてはヨーロッパ中の知るところとなった。ハンスは、賢い《クレヴァー》（ドイツ語ではクルークとかクリューガー）という形容詞をつけて呼ばれるようになった。ハンスの公開デモンストレーションはいつも盛況で、たくさんの野次馬たちが押しかけた（図6・2）。ドイツの政治家たちや将軍、文部大臣も見にきたし、物見高い時の皇帝ヴィルヘルム2世も大きな関心を示した。[1]

図6・2　クレヴァー・ハンスを見ようと集まった野次馬たち
1904年、ベルリンにて。Bringmann & Abresch（1997）より。

ハンスはどれほど賢かったか

質問に答える際には、ハンスは、イエスの時には首を縦に、ノーの時には横に振った。数を示す時には、右の前脚で地面を打った。答えを選択肢のカードから選ぶ場合には、カードを鼻先で指し示した。ことばを伝える時には、ハンスの前におかれた、アルファベットと数の対応表（図6・1の写真の左端）にしたがって、そのアルファベットに相当する行と列の数を前脚で打った。これで人間とのコミュニケーションは、少なくとも原理的には（時間がかかることさえ気にしなければ）完璧だった。

ハンスは、人間の言うことや書いたことを理解し、スペルを綴ってことばで答えることができただけでなく、ほかにもいろんなことができた。たとえば、分数の計算ができた。「2／5プラス1／2はいくつ?」と聞けば（正解は9／10）、最初に分子の数を9回打ち、少し間をおいて分母の数を10回打った。約数も答えることができた（「28の約数は?」という質問に、2、4、7、14、28の回数を打った）。ゼロもわかった（この時は首を横に振った）。時計の時間も読めたし、その年のカレンダーも覚えていた（今日が何月何日何曜日かがわかるだけでなく、言われた日が何曜日かもわかった）。それぞれの貨幣がどれぐらいの価値かも知っていた。音楽的能力にもすぐれ、絶対音感も相対音感ももっていた。協和音と不協和音を聞かせ、どちらが好ましいかと聞くと、協和音のほうだと答えた。不協和音を聞かせ、どの音を抜くと快く聞こえるようになるかを聞くと、正解の音を指示できた（音階の音も、脚で叩くべき数に対応させてあった）。記憶力も抜群だった。たとえば、一度だけ会ったことのある人も覚えていた。

ほんとうにそんなことができるのか。なにかからくりがあるのではないか。だれもがそう考えるだろう。そこで、心理学者やウマの専門家、動物園関係者など13名からなる調査委員会が組織され、公式の調査が開始された。調査委員会の中心になったのは、ベルリン大学の心理学の教授、カール・シュトゥンプであった。ハンスは、さまざまな問題を出され、その際の行動の一部始終が観察された。

報告書は1904年9月12日に公表された。それは、少なくとも現時点では、ハンスの能力を疑うだけの理由は見当たらないという内容だった。ハンスは、フォン・オステンを含むまわりの人間の与える手がかりに反応しているわけではなかった。なぜなら、まわりの人間ができるだけ動かないようにしても、正答できたからである。そして、ハンスは、フォン・オステン以外の人間が質問しても、それどころかフォン・オステンがその場にいなくても、質問に正答できた。つまり、ハンスが正答できるのは、ほんとうに賢いからか、あるいは知られざるほかの理由からだと考えざるをえない。

フングストの実験——ハンスの正答のからくり

報告書の末尾には、ハンスについてさらに調査が必要だということが書かれていた。その調査は、シュトゥンプのところの大学院生、オスカー・フングストによってすぐに実行に移された。フングストは、1カ月半におよぶ実験を行なって、ハンスの正答のからくりを突き止める。その報告書は、同じ年の12月9日に公表された(2)。

フングストは、まわりが見えないように、フォン・オステンの家の庭に大きなテントをしつらえて、そこで実験を行なった。実験は、フォン・オステンやシュトゥンプなど数名の立会いのもとに行なわれた。採用した方法はごく単純である。出した問題が、実験者にも実験を見ている者にも、わからないようにしたのだ（これはいまなら「ブラインド法（盲検法）」と呼ばれる実験手続きだ）。

以下は、実験の1例である。1から10までが書かれたカードから無作為に1枚をとり出し、実験者にもまわりの者にもそれがどのカードかわからないようにして、ハンスだけに見せ、その数を答えてもらう。逆に、とり出したのがどのカードかをみなに見せながら、ハンスにも見せて、数を答えてもらう。すると、後者の条件では、ほぼ完璧に正答できたのに、前者の条件では、でたらめに答えた場合に当たる確率でしか正答できなかった。つまり、まったくできなかったのだ。まわりの人間が答えを知っている時にのみハンスが正解できるということは、まわりの人間が答えを教えているということになる。フングストしかいない状況で実験を行なった場合も同じような結果になったから、フングスト本人が知らずに答えかその手がかりをハンスに教えてしまっていたのだろう。

では、なにが正答の手がかりになっているのか。視覚なのか、聴覚なのか、あるいはほかの感覚なのか。そこでフングストは、簡単な課題を行なった。ハンスに目隠しをする条件としない条件を設けて、脚で何回打ってくれと口頭で命令したのだ。すると、目隠しをされていない場合には正しい数を打つことができたが、目隠しをされている場合にはできなかった。これに対して、視覚以外の感覚を遮った場合には（たとえば耳栓をするとか）、ほぼ正答できた。ということは、ハンスはまわりの人間の身体の動きなどの変化を見ることによって正解を得ていたということになる。

ハンスがおかす誤りのパターンも、これらの結果を支持するものだった。たまたま、フングストが数の問題で数字を言い間違えてしまったことがあった。フングストが出題の誤りに気づいたのは、ハンスが答えてしまってからだった。ハンスは正解した。しかし、それは、実際に誤って出題された問題に対してではなく、フングストが意図していた問題に対してだった。ということは、フングストが予期した答えのところでなんらかの手がかりを与えてしまっていたということになる。

まわりの者が答えを知っている時にも、ハンスは時折誤答することがあった。しかし、それには規則性があった。ほとんどは、正解に近い答えだったのだ（正解の数よりも1回余計に打ってしまうとか、まわりに並べられた選択肢のカードのうち正解の隣のカードを選んでしまうといったような間違いだった）。これは、まわりの人間の動きにも多少の曖昧さがあって、それゆえハンスは正解に近いもののほうを誤答してしまうのだと解釈できる。

きみもハンスになれる

このクレヴァー・ハンスの能力は、ふつうは思いもよらないような2つのことに支えられている。それ自体驚くべきことだと考える人もいるかもしれない。

ひとつは、送り手が与えてしまう手がかりの存在である。問題の答えを知っていたり、反応を予期したりした場合には、本人が意識していなくても、なんらかの動きをしてしまうことがあるのだ。しかもまわりの者も、よほど注意して見ないかぎり、そうした動きに気づくことはない。

実は、ハンスは、いつでも質問に答えたわけではない。たとえば、まわりの人（とくに出題者）が直立していなければ、答えようとしなかった。上半身を曲げてもいけなかった。ほぼ不動で身体をまっすぐにしている必要があった。考えてみると、なぜそうだったのかがわかる。この状態であれば、つまり直立姿勢で動きがないほど、ほんの少しの動きが目立つことになるからだ。最初の調査では、観察者たちは、身体の動きが手がかりになるかもしれないと考えて、自分たちの動きを極力抑えていたが、ハンスにとってみれば、微妙な動きをとらえるのにはそのほうが好都合だったろう。

この動きとは、頭の向きであったり、目の動きであったり、顎や肩の上がり方であった。こうした微妙な動きは、本人が自制していても、自然に出てしまう。たとえば、ハンスのまえに選択肢のカードが並べられている場合には、出題者は、正解のカードに思わず顔を向けたり、目をやってしまう。答えを知っていると、ハンスが脚で打つ回数が正解に近づくにつれて緊張が高まり、正解の回数を打ったところで、緊張がほどける。その時には、あごが少し上がるとか、肩の力が抜けるといった動作をしてしまう。先ほど述べたように、実験者のフングストでさえ、知らずに、こうした動きをしてしまっていた。図6・2の写真のように、ギャラリーたちがみな帽子をかぶっている（当時のファッションだ）なら、帽子のつばの傾きから頭の動きがよくわかっただろう。

もうひとつは、手がかりの受け手、つまりハンスの側の感受能力である。ウマはほかの動物に比べて神経質で、とりわけまわりの変化に敏感である（慣れない人間がウマのお尻のほうにまわって蹴飛ばされたりするのも、ウマが、自分の見えないところに人間がいるのを極度に嫌うからだ）。視力はそれほどよくないものの、動きをとらえることに関しては、繊細すぎるほどの能力をもっている。ハンスが質問に正解できたのは、もともとウマに備わったこうした能力が極力引き出された結果である。

とはいえ、こうした能力は、ハンスやウマの占有物ではない。フングストは、人間をハンスに仕立てる実験も試みている。(3) 彼は、被験者には問題を知らせずに、答えを知っている者だけを見ながら、その答えを推測させるという訓練を行なった。すると、被験者は、答えを知っている者の表情や動きから、大体の答えを察知できるようになった。したがって、人間でも、ハンスの能力を身につけることは可能なのだ。実際、巷の一部の占い師もこうした技能によって、相手の変化を見ながら言うことを選んでいるのだろう(これで図星を指すわけだ)。

ハンスのその後

フォン・オステンは、ハンスが天才ウマなどではなく、フォン・オステン自身の動きに反応しているだけだということを、なかなか認めようとはしなかった。それはそうだ。4年間自分が精魂込めてしたことが、ハンスの知的能力を引き出したのではなく、微妙な動きに反応すればほうびがもらえるということを学習させたにすぎなかったとすれば、あまりに間が抜けている。しかも、その微妙な動きは、自分が気づかずにやっていた。原因は自分にあった。

フォン・オステンは、1909年に亡くなる。その頃には、自分に人生最大の汚点を残した(しかし、途中までは彼にとって人生最高の栄誉であった)ハンスを呪うようになっていた。呪われたハンスは、飼い主の豹変ぶりを見て、なにがどうなったのかわからなかっただろう。

　飼い主を失ったハンスは、フォン・オステンの友人でもあった富裕な宝石商カール・クラールに引き取られる。クラールは、ドイツのエルバーフェルトに住んでいて、フォン・オステンと同じく、道楽でウマを教育していた（彼も調教だとは思っていなかった）[4]。ハンスは、読み書き・計算能力に関しては同じく天才的なクラスメート、ツァリフとムスタファに囲まれながら、いわば第二の人生（馬生？）を送ることになった（図6・3）。彼らは、「エルバーフェルトのウマ」として有名になる。したがって、「クレヴァー・ハンス」の事件があって、その後「エルバーフェルトのウマ」が登場するというように、両者は別のこととして語られることがあるが、実は「エルバーフェルトのウマ」にはハンスも加わっていた。

　クラールのエルバーフェルトの「動物学校」には、ウマのほかに、イヌ、ロバ、チンパンジー、ゾウまでもいた。ただ、教育のしかたが厳しい（鞭も使っていた）ので、動物愛護団体からはたえずクレームがついていた（図6・3の右上の婦人を見よ）。「動物学校」には、動物の知的能力をさぐる研究とは別の世界があった。微妙な手がかりに対して的確に反応するという動物の能力をとことん伸ばしてみるという世界である。

図6・3　エルバーフェルトのウマを描いた当時の諷刺画
右端にいるのがクレヴァー・ハンス。クラールは鞭をもって教えている。
Bringmann & Abresch（1997）より。

そこでは、どれぐらい知的かよりも、どれぐらい知的に見えるかのほうが、重要な関心事だった。確かに、見世物としては、このほうがはるかに喜ばれる。

実験者効果

クレヴァー・ハンスの出来事は、さまざまなことを教えてくれる。ひとつは、動物が一見人間のようなことができるからと言って、人間と同じようなやり方でやっているとは限らないということだ。これ以降、心理学では、動物の知的能力については、まず疑ってかかるという態度をとるようになった。

もうひとつ重要なことは、実験する側の人間が知らないうちに被験者に答えや反応の手がかりを与えてしまう場合があるということである。(5) 実験条件による結果の違いが、なんのことはない、実験者の結果の予想が被験者の反応に影響していただけというのでは、冗談にもならない。こうした実験者の影響は「実験者効果」と呼ばれる(動物の心理学実験の場合には、ハンスに因んで「クレヴァー・ハンス効果」と呼ばれることもある)。心理学の実験では、こうした効果が入り込まないようにする方法をとらなければならない。これは鉄則である。

心理学の実験がほかの科学の実験と大きく異なるのは、まさにこの点だ。それは、相手が心をもった生身の人間で、実験するのも心をもった人間だということである。そこには互いに影響し合う関係が必然的に存在している。たとえば、実験者の尋ね方によって——質問の内容が同じでも、どんなことば遣いをするか(専門的には「ワーディング」という)によって——、得られる結果が異なってくることがある。実験の文脈や被験者のもつ先入観、実験者の人柄の印象、尋ねる時の抑揚、強勢のおき方、質問の順序なども、影響を与える(こうした問題については、3章でも触れた)。なぜなら、被験者は、実験で自分にどのようなことが期待されているかを思わず考えてしまう（そもそも考えないことができない）からだ[6]。これらに加えて、実験者の表情の変化、目の動きや向き、姿勢やしぐさといった、実験者自身が意識していないものも、望ましい答えの手がかりを与えてしまう。とりわけ、子どもや動物での実験では、これらの手がかりは、（実験者も知らないうちに）大きく影響してしまうことがある。

したがって、心理学の実験では、こうした影響を極力排除する必要がある。これをするには、「ブラインド法」[7]のような方法を採用するのがベストだ。最終テストでは、この方法が試金石を務める。

チンパンジーに人間のことばを教える

さて、クレヴァー・ハンスから75年後、似たような事件がまた動物を用いた研究でもちあがる。これは、研究を行なった当事者が自分の実験のミスを発見し、しかも大々的に公表したという点で、特異な事件であった。この事件は、さまざまな波紋も呼んだ。以下ではこの事件を紹介するが、まずはその背景となった研究について見ておこう。

ソロモン王やドリトル先生のように、動物と自由に話をするという夢は、動物好きの興味をそそらずにはいない（フォン・オステンの夢もそうだった）。1960年代の半ばから、実際にそうしたことを本格的に試みる研究が現われる。ただし、動物のことばを人間が理解するのではなく、人間のことばを動物に教え込むという試みであり、その相手として系統発生的に人間に近い動物、すなわち類人猿が用いられた。これらの研究では、人間の言語能力の起源を考える上で貴重な示唆を与えてくれることが期待されていた。

それまでも、赤ちゃんチンパンジーを家庭でわが子のように育てる研究はいくつかあったが、ことばについては、人間のような発声ができないこともあって、当然ながら話せるようにはならなかった（たとえば、1940年代後半、心理学者のヘイズ夫妻が養女として育てたチンパンジーのヴィキが言えるようになったのは、なんとかパパやママと聞こえる単語4つだけだった）(8)。この発声という障壁を最初に突破した（というよりも迂回した）のは、ガードナー夫妻だった。1966年、彼らは、手話を用いて、生後10カ月のワショーという名のチンパンジーで訓練を開始した。これはうまくいった。3年の訓練ののち、ワショーは68の単語を習得し、手話で問いに応え、ほしいものを手話で要求するようになった(9)（その後、語彙数は150まで増えた）。

ガードナー夫妻と同じ年に、プレマック夫妻も、単語に相当するプラスチック板

(色と形がさまざまに違う)を用いて、チンパンジーで訓練を開始した。1972年には、パターソンが、ガードナー夫妻と同じく手話を用いて、ゴリラで訓練を開始する。ランボー夫妻も、1974年、単語に相当する記号を用いて、チンパンジーで研究を始めた(10)。いずれの研究においても、チンパンジーやゴリラは、単語を習得し(手話を用いた実験では常用の語彙の数は100を越えた)、それを用いて実験者やトレーナーとの間でコミュニケーションをとることができるようになった。しかし、ヒトの子どもの言語発達と比較してみると、顕著な違いがあった。習得した単語数に限界があるということのほかに、三語文や四語文になることはめったにないこと、叙述ではなく、命令で用いることが多かったことだ。

しかし、重要なのは、ことばを介しての簡単なコミュニケーションが可能になったということである。研究は、当初の問題としてあった人間の言語能力の起源問題を越えて、ことばを手段として使って、チンパンジーやボノボやゴリラの心のなかをさぐるという方向に進んでゆく。たとえば、プレマック夫妻は、チンパンジーが異同の概念や因果の概念をどこまで理解しているか、他者の視点に立ってものを考えることができるかなどについて実験を行なった(11)(「心の理論」という考え方も、こうした研究のなかから生まれた)。日本では、京都大学霊長類研究所の松沢哲郎が中心になって、チンパンジー（有名なのはアイ）に記号による単語を教え、彼らの数の認知や色のカテゴリー認知（3章参照）の研究などを行なってきた（研究プロジェクトは1978年に開始されている）。現在は、アイなどの子どもたちの認知発達のプロセスを調べて、ヒトの子どもとの詳細な比較を行ない、いくつもの新たな発見をしつつある。[12] また、ランボー夫妻の研究は、その後ボノボのカンジでの言語習得の研究に発展し、カンジはいま述べた限界をはるかに超えた能力を示すことになった。[13]

ニムとテラス

さて、当の事件は、これら一連の研究が始まって10年ほどの時点で起こった。当事者はハーバート・テラス。ニューヨークのコロンビア大学の心理学者である。彼の大学時代の指導教員は、行動主義の最右翼、B・F・スキナーだった。20世紀半ば、アメリカの心理学の主流の考え方は行動主義であり、テラスはその考え方をもっともよく吸収したひとりだった。ガードナー夫妻に遅れること7年、テラスも、チンパンジーに手話を教える研究に参入する。しかし、それは、行動主義的な実験手法をもってだった。

1973年の暮、テラスのもとに、生まれて2週を過ぎたばかりの赤ちゃんチンパンジーが到着する。彼は、このチンパンジーをニム・チンプスキーと名づけ、愛称で「ニム」と呼んだ。言語学者、ノーム・チョムスキーの名前をもじったものだ。テラスには、言語の習得能力が人間には生得的に備わっている（しかし、ほかの動物には備わってない）というチョムスキーの主張をチンパンジーを用いて確かめようという意図があった。しかし、この名は、とりようによっては、チョムスキーに対する揶揄《やゆ》が感じられなくもない（チョムスキーとスキナーは、人間の言語習得の考えについて宿敵どうしだった）。ところが、以下で示すように、テラスの出した最終結論は、チンパンジーは人間のような言語習得ができないというものだったから、言語能力は人間だけのものとするチョムスキーの主張を支持することになった（もちろん、単語をある程度学習させることができるという点では、スキナーの主張も支持していた）。

テラスは、4年にわたってニムに手話を教え込んでいった。手話は、当時すでにガードナー夫妻がチンパンジーのワショーに教え込んで成果をあげていた。ガードナー夫妻の研究は、チンパンジーを自分の家族のように育てながら、そのなかで手話を教えるというものだったが、これに対し、テラスの方法は、スキナー流の方法にのっとっていた。

毎日3時間、広くはない実験室のなかで、おかれたものにニムが触ったり注意を向けたりした時に、トレーナーがそれを示す手話をし、ニムもそれと同じように腕や手を動かせば、ほうび（報酬）としてそのものや食べ物が与えられる。この手続きを根気よく続けていった結果（トレーナーはのべ60人にもなった）、ニムは、トレーナーや実験者になにかを要求するときに、手話を使うようになった。習得した単語の数は、3歳8カ月の時点で125にのぼった。これは、それまでの手話を用いたほかの研究（ガードナー夫妻のワショーやパターソンのゴリラのココ）で得られていた結果とよく似ていた。トレーナーとの間には、手話によるコミュニケーションが成立しているように見えた。

どんでん返し

ところが、4年目の終わりで、テラスは、研究費が続かなくなり、また世話係や実験助手など研究を補佐してくれる人材の確保も難しくなり、4歳半になったニムを、貸主（オクラホマ大学のウィリアム・レモン）のもとに返さざるをえなくなった。(14) ニムを返したあと、テラスは、それまでのデータの整理にとりかかった。

トレーニングや実験の様子を映したビデオを見ながら、彼が気づいたのは、あろうことか、ニムは正式な形では手話をしていないということだった。スローで再生したり、画面を停止してみると、ニムは、直前にトレーナーがしている手話を真似していることが多かった（トレーナーや実験者が手話を促そうと無意識的に手話の動作をしていることもあった）。また、ニムがしているのがあいまいな動作なのに、トレーナーの側で文脈に合ったように解釈してしまうことも多かった。単語はある程度理解しているようだったが、ニムの手話の発話には、文法の片鱗をうかがわせるような規則性はまったく見られず、ほとんどは二語文にすらならないこともわかった。

テラスはこれを、1979年に、『サイエンス』誌の論文として[15]、また『ニム』という一般の読者向けの本のなかで発表した（図6・4）。ただし、このことを最初に書くのではなく、4年間の研究成果を詳しく述べたあとで、このことをさらりと書いた。それは、一種の懺悔や告白めいていた。これは、どんでん返しのような書き方で、読む者にインパクトを与えずにはおかなかった。

ガードナー夫妻の研究への言いがかり?

テラスは、自分の研究の致命的な欠陥を述べただけではなかった。論文と本の最後で、チンパンジーに最初に手話を教えて画期的な成功を収めたとされたガードナー夫妻のワショーも、ニムと同じだった、という示唆も行なった。

図6・4　ハーバート・S・テラス『ニム』（1979）の表紙

ガードナー夫妻がワショーでの研究を止めてから、その時すでに9年が経っていた。テラスは、公開されているワショーのフィルム（ビデオ映像）2本を入手し、分析を試みた。会話の場面はそう多く収録されているわけではなかったが、テラスは、それらの場面に、ニムとまったく同じパターンを見出した。皮肉な言い方をすれば、テラスの4年間の研究での大発見は、ガードナー夫妻の研究の重大な欠点の発見だったとも言える。

テラスは、『サイエンス』の論文のなかで、それを示す例として、ガードナー夫妻のフィルムから描いた会話のやりとりを一連の絵として載せた。図6・5は、ベアトリス・ガードナーとワショーの会話の場面である。ここでは、ベアトリスが「食べ物がもっとほしい」と言い、ワショーが食べ物をあげ、そのあとベアトリスが「いまはいつ?」と聞き、ワショーがそれに「食べる時」と答えている。テラスに言わせると、ベアトリスが発しているので、ワショーの発話の「時」と「食べる（食べ物）」は、その直前にベアトリスの発話をさえぎって（すなわち会話の途中で）、4回も発話している。これは、通常の会話に見られる発話役の交替をしていないということだ。つまり、自発的な通常の会話を行なっていないというのだ。（テラスのこうした言いがかりに対して、ロジャー・ファウツは、次のように反論している。そもそも、目や手や身体の「動き」によって表現される手話をコマに分解すること自体がおかしい。テラスは、ワショーが通常の会話に見られる発話役の交替をしていないというが、音声言語と違って、手話では、話者どうしの発話が時間的に部分的に重複する――相手の発話を見ながら、自分の発話を開始する――ことはよくあることだという。(16)）

百聞は一見に如かずで、テラスが証拠として示した図や表は、読者を納得させるだけの力があった。テラスは、自分の失敗ついでに、ガードナー夫妻も引きずりおろし

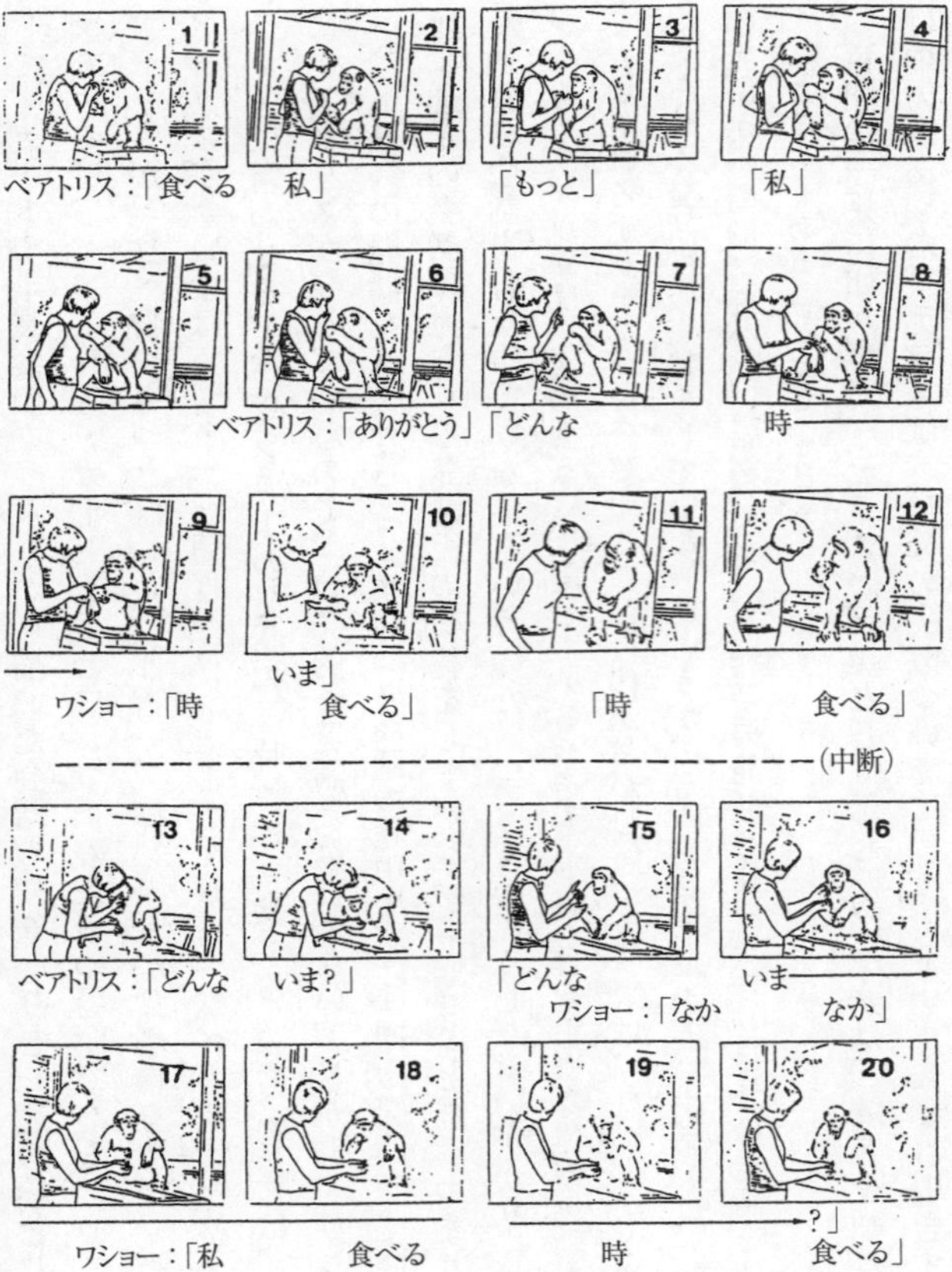

図6・5　ワショーとベアトリス・ガードナーの会話の一例

各場面下の上段がベアトリスの発話で、下段がワショーの発話。場面12と13の間に中断がある。Terrace et al.（1979）を一部改変。

てしまった。ガードナー夫妻にとってみれば、それは言いがかり以外のなにものでもなかった。しかし、研究者のなかには、テラスが自分の非を認めてそれを公開したのだから、科学者として誠実で良心的であって、その行為は勇気あるものだと評価する人も多い。

テラスのこうした言動は、さまざまな影響を与えた。ひとつは、動物に人間の言語を訓練する実験で得られた結果の再検討である。テラスの論文と本の出版の翌年、ニューヨーク科学アカデミーの主催で、これら一連の研究にネガティヴな評価をしていた研究者が一堂に会して、学術会議が開催された。その名も「クレヴァー・ハンス現象」というテーマだった[17]。そこでは、チンパンジーでの手話研究が、ハンスと同じ現象であるとして（すなわち既成事実として）あつかわれていた。当然ながら、人々が、そしてメディアがこれらの研究に対してもつ印象は、一挙に悪くなった。このように評価の下がった怪しい研究に、国や財団がお金を出すわけがない。研究費や補助金は途絶えてしまい、頓挫を余儀なくされた研究もあった。もちろん、手話でなく、プラスチック板や記号（いわゆる人工言語）を用いた研究は、こうした疑いを免れているはずだったが、少なからぬ余波（風評被害というやつだ）は、それらの研究にもおよんだ。

しかし、信じがたいのは、行動主義者として、実験方法や実験手続きについては人一倍厳しいはずのテラスが、テストではブラインド法を用いることさえしていなかったことだ。クレヴァー・ハンスの教訓が示す動物の心理学実験で心得ておくべきもっとも肝心な点が抜けていたのだ。これは、驚きを通り越して、唖然とするばかりである。テラスが難癖をつけたガードナー夫妻は、ワショーの単語の理解テストでは、きちんとブラインド法を用いていた。

なぜテラスは失敗したのか

なぜテラスはうまくいかなかったのだろうか。ヘイズにしろ、ガードナーにしろ、プレマックにしろ、ランボーにしろ、これらの研究の多くが夫妻によって行なわれたというのは、偶然ではないかもしれない。テラスは独身だった。

これらの夫妻たちは、人間の子どもが育つのと同じように、できるだけ通常の家庭環境のなかで（場合によってはわが子のように）、チンパンジーを育てた（そうでないと、人間の子どもの言語習得のプロセスと比較できなくなってしまう）。それは、言語習得がまずは家庭のなかでのコミュニケーションから始まるからである。そしてこれらの研究では、環境をより家庭的なものにするために、研究の補助役やトレーナーは少数いるだけだった。

これに対して、ニムの場合は、のべ60人の関係者が入れ替わり立ち替わり訓練とテストを行なった。コミュニケーションにおいては、親代わりになる人たちとの信頼関係・愛情関係が重要になるはずだが、ニムには家庭がなく、一定の反応をすると報酬がもらえるという厳格な実験手続きのなかで育てられた。要は、テラスが失敗したのは、自然に手話を習得する環境にニムをおかなかったからなのだろう。

これに関連して、私の個人的な感想も述べておこう。テラスの書いたものを読んでゆくと、なにか落ち着かない気分（アンビヴァレントな感じ）になる。人間の言語習得をどう考えるかでスキナーとチョムスキーは対立していたが、テラスは、スキナーの弟子でありながら、チョムスキーの考えにも入れ込んでいた。ニムを溺愛していると書いているが、突き放した書き方に読めるところも多い。ニムを家族のようにあつかったと書いているが、定刻に出勤し、定刻に帰宅していたので、家族のように一緒にいたわけではなかった。自分の実験の欠点を吐露したという点で率直に見える一方、ガードナー夫妻の研究も自分の実験と同じ欠陥をもっていると連座を主張した。実験手続きが厳密なように見えて、基本的なブラインド法を用いていなかった。

本や論文のなかでも、読んでゆくと、それまでとはまったく別の面が現われ、どん

でん返しがある。そうした二面性がこの研究のあちこちにある。(18)

ニムのその後

ニムは、人間たちをだまそうとしたわけではない。クレヴァー・ハンスも、飼い主のフォン・オステンをだましていたわけではない。しかし、フォン・オステンは、自分がだまされたとハンスを呪った。テラスも、「ニムにいっぱい食わされた」と言った。だが、そういう状況を作ったのはテラス自身であって、ニムに非はない。お役御免になったニムは、その後どうなったのだろうか。それについても触れておこう。

ニムはオクラホマ大学の霊長類研究所のウィリアム・レモンのもとに戻され、そこで医学実験用のチンパンジーとして5年を過した。テラスは、ニムを返した1年後にニムに会いに行った（再会をテレビ放映するために、撮影班も従えていた）。

その後ニムは、その研究所のチンパンジーたちとともに、ほかの医学実験施設に売却された。しかし、ニムがそのような実験に供されていることを知った動物愛護団体は激しい抗議活動を行ない、救援の基金を募ってニムを引きとり、ニムはテキサスのブラック・ビューティ牧場に移された（ほかのチンパンジーたちはそのまま肝炎やエイズなどの医学実験に使われた(19)。

ニムは、この牧場でウマたちに囲まれた生活を送っていたが、やがてサリーというメスのチンパンジーが連れてこられ、2頭で仲よく暮らした。サリーは1997年に亡くなり、ニムはひどく落胆した。その3年後の2000年3月10日に、ニムは心臓発作で亡くなった。26歳だった。

最後に、類人猿の言語習得の研究全般の評価について触れて、この章を終えることにしよう。

これら一連の研究についての評価は、研究者によって、そしてもちろん専門外の人でも、はっきり分かれる。100を越える程度の単語しか習得せず、一語か二語文程度でしか人間とコミュニケーションできないということを見て、なんだ、その程度かと思う人がいる一方で(20)、子どもの頃にドリトル先生風の夢をもっていたことのある人なら、動物と少しでも話ができるということを知って画期的な成果だと思うに違いない。

半世紀と少しまえのことを考えてみよう。当時は、チンパンジーを養女にして育てたヘイズ夫妻の研究が話題になっていた。その成果は、ことばの面では、発話のレパートリーが4語でしかなかった。いま、ことばを介して人間とコミュニケーションをすることのできるチンパンジーやボノボは、世界中に何頭かいる。こちらの言うことをある程度理解してもらえて、それにことばで答えてもらえる(彼らは、あれがほしいこれがほしいと、ことばで要求ばかりするにしても)。彼らがなにを考え、なにをどう見ているかを、ことばを介して知ることができる。ことばが、彼らの心のなかを覗き見る窓になるのだ。それは、半世紀まえではできなかったことだ。革命的とは言えないまでも、それはとても大きな進展ではないだろうか。

7章　プラナリアの学習実験
——記憶物質とマコーネルをめぐる事件

記憶はどこにどのようにある？

記憶は頭のなかのどこにどのように存在するのだろうか。どのあたりかは、大体はわかっている。脳の特定の部位が壊れてしまうと、特定の種類の記憶がなくなるからだ。思い出や知識やことばの意味、顔の記憶などは、側頭葉あたりにあるようだ。場所の記憶は海馬に、運動の記憶は小脳にある。一時的な記憶、ワーキングメモリは、前頭葉がその役割をはたす。そして記憶の固定には、海馬や扁桃体が関係している。おおまかには、そういうことがわかっている。

だが、その形式は、となると、よくわかっていない。ある研究者は、神経細胞（ニューロン）のネットワークこそが記憶の正体で、神経細胞がシナプスを介してどのように連絡しあっているかだと言っている。別の研究者は、記憶はなんらかの物質の形でコードされていて、ニューロンに（あるいはニューロン間かもしれないが）しまい込まれていると考えている。あるいは、記憶とはそういうものなのではなく、脳全体が関わる全体的な活動パターンなのだと主張する人もいる。

80年ほどまえ、ハーヴァード大学の生理心理学者、カール・ラシュリーは、脳のなかに記憶の痕跡（「エングラム」と呼ばれる）を探し求めた。[1] 彼は、ネズミに迷路を学習させておいて、（感覚や運動を妨げない範囲内で）大脳皮質のどの部分をとり去ると、学習したことができなくなってしまうか（つまり記憶がなくなってしまうか）を調べた。記憶の損失の程度は、切りとる部分ではなく、その量が関係していた。このことから、ラシュリーは、記憶には皮質の特定部分が関わっているのではなく、全体が関わっている（あるいは運動野と感覚野以外の皮質が等しく関わっている）と考えた。記憶の機能は、特定の皮質に偏在するのではなく、皮質全体に遍在するというのだ。しかし、その後、ラシュリーの脳の切除のしかたに問題があったのではないかという疑いがもたれ（これもはっきりしないのだが）、彼の結論はどうやら正しくないようだということになった。現在は、おおまかに見れば、皮質の各部分がそれぞれ異なる機能を担当している（記憶の場合もそうだ）という機能局在の考え方が一般的だ。

1950年代に入ると、記憶の研究には、新たな展開があった。プラナリアという下等とされる生き物を用いて、条件づけの実験が行なわれたのである。そこで発見されたのは、学習されたことが物質（記憶物質と呼ぼう）の形式で記憶されているということであった。そしてこの物質をほかの個体に入れてやると、なんと、学習していないのに、学習したかのような効果があった。さらに、学習した個体を学習しない個体が食べても、同様の効果があった。記憶は食べることができるのだ。

このプラナリア実験の話は、一世を風靡した。私の学生時代、心理学の教科書にも図入りで紹介されていた。しかし、ある時気がつくと、この話は、教科書から消えていた。その間になにがあったかは、だれに聞いてもわからなかったし、それを知る手がかりもなかった。そういうわけで、プラナリアの実験は結局はほかの研究者がことごとく追試に失敗したのだろう、と思って納得することにした。(2) ところが、どうもそうではないようなのだ。この章では、この問題をとりあげてみよう。

プラナリアの条件づけ

プラナリアは、学術的に貴重な生き物だ。自然界では、山のふもとの池とか清流とかの淡水に生息する。体長が数センチの扁形動物であり、渦虫（ウズムシ）とも呼ば

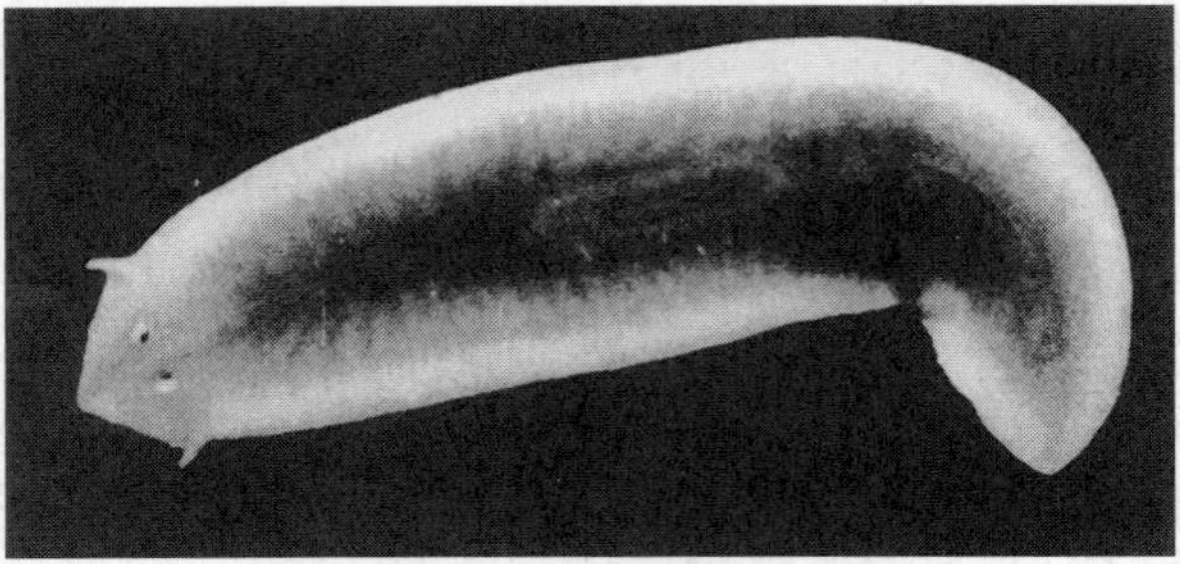

図7・1　プラナリア
左側が頭部。McConnell（1974）より。

れる。実験で使われるのはナミウズムシで（図7・1）、目が2つあって、愛嬌がある（なぜかしら、私たちは目が2つあると親近感を覚えるようだ）。神経も、神経索をなして体中に分布するが、中枢神経（脳）もある。しかし、なんと言っても、プラナリアのおもしろさは、その再生能力だ。身体の一部を切ると、切った端から残りの部分が再生される。トカゲをシッポのところで切っても、シッポのほうはウンともスンとも言わないが、プラナリアでは、シッポからも頭を含む体全体が再生されるのだ。とはいえ、再生は生物全般に見られる修復メカニズムである（人間にも多少はある）。プラナリアは、そうした再生のメカニズムを解くカギを提供してくれる価値ある実験生物である(3)。

このプラナリアを使った学習（条件づけ）実験が1953年から始まる(4)。実験をしたのは、ロバー

図7・2　マコーネルのプラナリアの条件づけの装置
プラナリアは手前の透明なプラスチック・チューブのなかに入れられる。McConnell（1974）より。

ト・トンプソンとジェイムズ・マコーネル。テキサス大学の大学院生だった。

図7・2に示したのが、その実験装置だ。大発見をもたらすもとになった装置としては、驚くほど簡単だ。淡水の入った長さ30センチほどの透明なプラスチックのチューブがあって、このなかに被験体のプラナリアを1匹入れる。実験者は、なかを動き回るプラナリアを見ていて、プラナリアの体がまっすぐになったら、電気スタンド（2つある）のライトをつける。ライトは3秒間ついている。この3秒のうち最後の1秒間、チューブの両端の間に電気が通される。つまり、明かりがつくと、その2秒後には電気ショックが来る。実験者は、明かりがついてから電気ショックが来るまでの間に、

プラナリアがどのような行動を示すかを観察する。この手続きが何度も繰り返される。実験のロジックはこうだ。もし明かりがついた直後に電気ショックがくることをプラナリアが学習したなら、プラナリアは、いつもとは違う行動を示すようになるはずである。たとえば、逃げるとか体を縮ませたり曲げたりする行動（嫌悪刺激を避ける時によく見られる反応だ）が頻発するはずだ。もしそのようになれば、プラナリアが明かりと電気ショックの結びつきを学習した、すなわち条件づけが成立したということになるだろう。

マコーネルらは、実験群のプラナリアに、1匹あたり150回の試行を行なって、最初（前半）の50回と最後（後半）の50回で変化が見られるかどうかを調べた。その結果、前半では逃避・屈曲の反応が平均で14試行で見られたが、後半では8試行ほど増加して、22試行で見られた。一方、明かりがつくが、電気ショックは来ない対照群や、明かりがつくことはなくて、電気ショックが来るだけの別の対照群では、こうした反応が増えることはなかった。このように、照明が電気ショックの予告刺激となったプラナリアでだけ、行動の変化が見られた。これは、条件づけが成立したことを示している。

条件づけの研究は、20世紀の初頭にパヴロフによって始められた。彼が実験に用いたのはイヌだったが、その後はさまざまの動物で条件づけの実験が行なわれるようになった。1950年代当時、主流の実験動物は、ネズミやハトだった。それゆえ、プラナリアのような無脊椎の、しかもかなり下等な生き物で条件づけが成立するという発見は、驚きをもって迎えられ、一部には疑いの目で見られた。(5) しかし、考えてみれば、プラナリアは立派な神経系を備えているのだから、学習（条件づけ）ができてなんの不思議もない。

ある現象のメカニズムをあつかうには、複雑なものより、より単純なものを相手にするのがよい。学習や記憶のメカニズムの基本をさぐるなら、プラナリアは、もっともふさわしい実験動物かもしれない。しかもプラナリアは、体の再生という、とびっきりおもしろい性質を備えている。マコーネルの着眼点は、そこにあった。

再生した体に記憶は受け継がれるか

この数年後、マコーネルは、次の段階に進んだ(6)（彼はミシガン大学に移り、学生を教える立場になっていた）。さきほど述べたように、プラナリアの体は再生する。では、一度あることを学習した（つまりその記憶ができた）プラナリアを2つに切って、その断片から体全体が再生して、2つの個体が生じたとすると、記憶ははたして受け継がれるのだろうか。受け継がれるとすると、どちらにどのように受け継がれるのだろうか。

実験の方法はまえと同様である。ただし、今回は、確実に条件づけられたプラナリアを使った。連続する試行において25回中23回で回避や屈曲が見られたら、その個体を学習した個体とみなす。この個体をお腹のところで、2つに切る。一方から頭部が、もう一方から尾部が再生して、完全な2つの個体になったところで（4週間ほどかかる）、同じ実験を行なって、最初の学習と同じ基準をクリアするのにどれだけの試行数を要するかを見る。この実験のロジックはこうだ。再学習に同じだけの試行数がかかったとすれば、はじめから学習しているのと同じということだから、学習したことはまったく覚えていなかったということになる。最初の学習に要した試行数よりも再学習に要した試行数が大幅に減っていれば、それは、学習した内容（記憶）がある程度残っていて、そのため再度の学習が少なくて済んだということになる。

結果は、以下のようになった。プラナリアは、最初の学習で基準をクリアするのに、平均で134試行かかった。これらのプラナリアを2つに切ったもののうち、頭部から尾部が再生した個体では、再学習に平均40試行かかり、尾部から頭部が再生した個体では、43試行かかった。ところが、切断をせずに、いったん学習した（この群では最初の学習に平均185試行を要した）のち、4週間ほど時間をおいて再学習させた個体の場合には（対照群）、再学習に40試行を要した。つまり、切断されて再生した頭部の個体も、尾部の個体も、切断しない場合と同様に、再学習は少ない試行数で済んだのである。もしかすると切断・再生が学習を促進する効果をもっているかもしれないので、念のため、プラナリアを学習させずに2つに切り、再生した2つの個体に学習を行なわせたが、両者とも学習に平均で200試行以上を要した。つまり、実験群で再学習の試行数が短縮されたのは、切断・再生が原因ではなかった。したがって、記憶は確かに、再生された体に受け継がれるのだ。しかも、頭部から再生した個体にも、尾部から再生した個体にも、記憶は受け継がれていた（図7・3）。マコーネルは、この後、プラナリアを3つや4つに切断して再生させる実験を行なって、その場合にも同様の結果を得た。

記憶は食べることができる？——プラナリアのカニバリズム

こうした実験結果から言えるのは、記憶の内容がプラナリアの脳だけでなく、体中に貯蔵されているということだ（なにやらラシュリーの脳のなかの記憶の遍在説を連想させる）。この記憶は、体が再生した個体にも受け継がれるということから考えると、

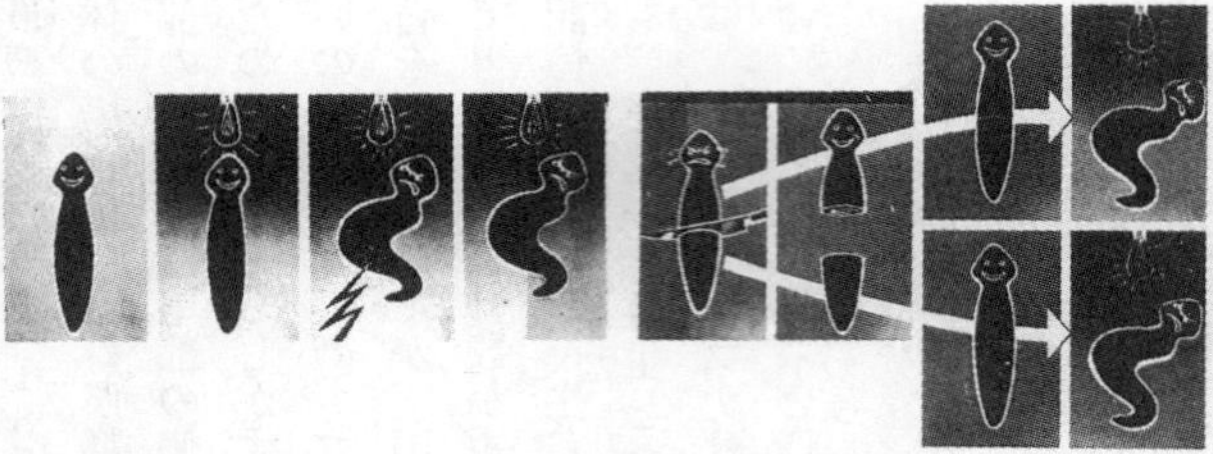

図7・3　プラナリアの再生と記憶の実験の模式図
Trotter & McConnell（1978）より。

化学物質の形で貯蔵されている可能性が高い。であれば、2匹のプラナリアのうち一方を学習させ、次にその体のなかにできた物質をとり出し、学習していないプラナリアの体に入れてやったら、どうなるか。マコーネルは、次にこの可能性を追った。

最初、マコーネルは、学習した個体の体のなかにある物質をとり出して、学習していない個体の体のなかに入れてやることを考えたが、これは方法論的にうまくいかなかった。次に彼が目をつけたのは、プラナリアがもっている共食い（カニバリズム）という性質だった（いつも起こるわけではなく、生育環境が悪いと、起こることがある）。学習した個体を切って断片にしたものを、学習していない個体に食べさせることを思いついたのだ。食べて2日後に、条件づけを始めてみると、少ない試行数で条件づけが成立した。一方、学習していない個体の断片を食べた個体（対照群）では、学習の成立に通常と同程

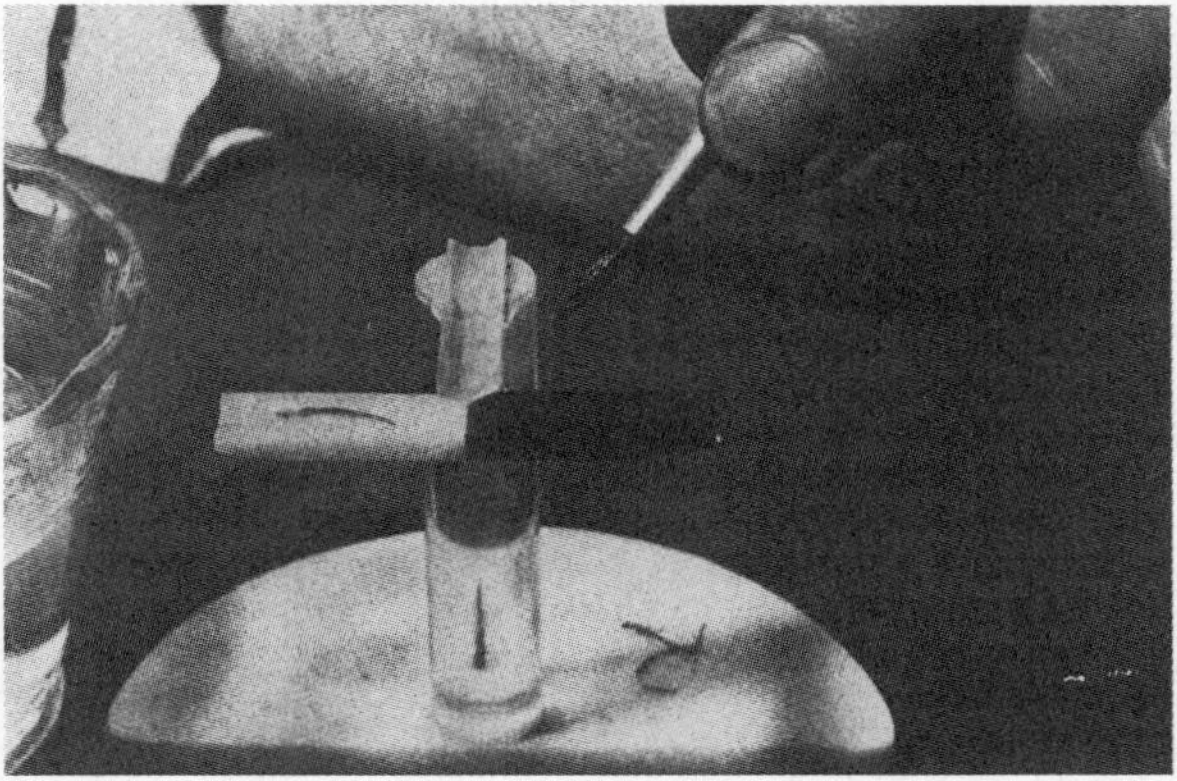

図7・4　プラナリアのT字型迷路の学習実験
McConnell & Shelby（1970）より。

度の試行数を要した。ということは、学習した個体の体内にできた記憶物質は、学習していない個体のなかでも機能するのだ。これは、記憶の移植が可能だということだ。

光の条件づけだけでは芸がない。マコーネルは、おそらくそう考えたのだろう。次に試みたのは、T字型迷路と呼ばれる、もう少し難しい学習課題だった（図7・4）。

マコーネルは、Tの字型をしたコースの左右の腕にあたる部分を、一方は明るい色で、もう一方を暗い色で塗った。このコースに水を張り、中央の腕の端にプラナリアをおき、半数のプラナリアを明るい腕のほうに行くように訓練した（残り半数は暗い腕を正解として訓練された）。明るい腕が右にくるか左にくるかは試行ごとにランダムに変

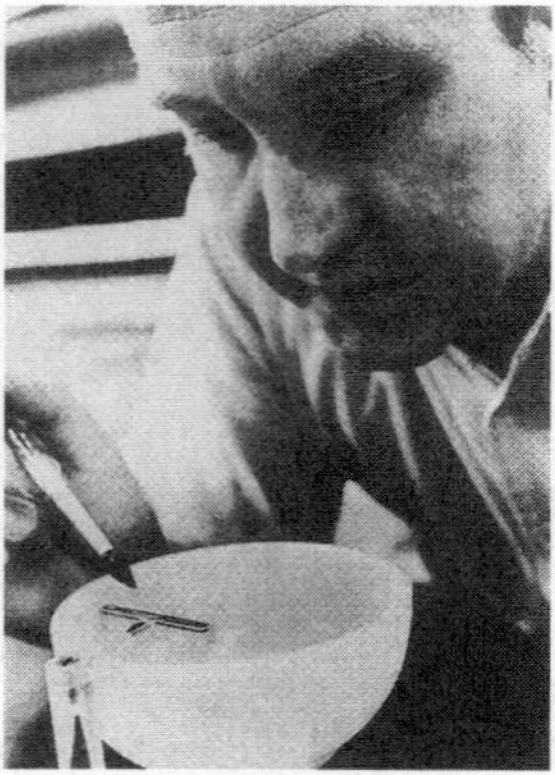

図7・5　プラナリアで実験中のマコーネル
T字型迷路にプラナリアを置いているところ。McConnell（1974）より。

えられた。

マコーネルは、10回の試行中9回明るいほうに行ったら、その個体で学習が成立したとみなした（図7・5）[7]。そしてこの個体を切って、まだ学習していない別の個体にその断片を食べさせたのだ。この食べた個体を、明るい腕のほうに行くように訓練すると、学習していない個体の断片を食べた個体よりも、はるかに少ない試行数で学習が成立した。また、同様の断片を食べさせた別の個体を、暗い腕のほうに行くように訓練した（つまり、正反対の学習をしたわけだ）場合でも、学習が比較的少ない試行数で成立した（つまり、逆転学習にも効果をおよぼした）。一方、明るいほうに行く学習をした個体と、暗いほうに行く学習をした個体の両方の断片を食べさせた場合（すなわち、記憶が矛盾すると考えられる場合）には、学習の成立にはもっとも多くの試行を要した。

記憶物質の研究へ

学習したプラナリアに記憶物質ができているとするなら、それはどんな物質だろうか。次にマコーネルは、この問題にとりかかった。

当時、すでにDNAが遺伝情報を担っていることが明らかにされていた（マコーネルがプラナリアで最初の実験を始めたのは、ワトソンとクリックがDNAの二重らせん構造を発見した1953年だ）。その情報を写しとって運ぶ役割をはたすのがDNAに似たRNAだということもわかっていた。マコーネルは、記憶物質の正体がこのRNAなのではないかと推測した。というのは、学習したプラナリアに、RNAの合成を阻害する酵素を入れてやると、学習したことを忘れてしまったからである。

マコーネルは、プラナリアを学習させたあと、その個体からRNAを抽出し、そのRNAをまだ学習していない個体の体のなかに入れてみた。すると、この個体は、学習していない個体のRNAを入れられた個体よりも、同じ学習課題を速やかに学習できた。ということは、学習の結果、なんらかの情報がRNAの形式で物質として残り、その物質はほかの個体のなかに入れてやっても効果があるということになる。もしそうなら、これは大発見だ。記憶をほかの個体に移植することが可能ということだからだ。人間で記憶力を高めたり、記憶を移植することができるとしたら、それは役に立つどころか、世のなかをひっくり返してしまいかねないことである。好奇心だけでなく、投機心旺盛な研究者は、そう予感した。マコーネルの研究結果の確認という目的もあったが、それ以上の成果を期待して、いくつもの研究者グループがこのテーマに参入していった。

発見を人間に応用するためには、プラナリアといった生き物で実験するよりも、脊椎動物で、なかでも哺乳動物で実験したほうが、より明確なことが言える。それなら、最適の実験動物がいる。ネズミである。ネズミ（ラットやマウス）は、それまでも学習実験で多用されてきた動物である。こうして、記憶物質の実験には、ネズミが用いられるようになる。

学習や記憶だけならまだ心理学の領分だったが、記憶物質の抽出や同定となると、生化学の領分である。それに、被験動物も、プラナリアのように小さな生き物ではなく、ラットやマウスで、しかも膨大な数を用いないと、はっきりした結果を出せないような状況になっていた。マコーネルは、ラットやマウスを使った実験も始めてはいたが、記憶物質の発見・同定レースは、彼の手のおよぶ範囲を越え始めていた。

アンガーの実験とスコトフォビン

ラットやマウス（キンギョを用いた研究者もあった）をある課題で訓練し、学習が成立したら、その脳から記憶物質と推定される物質を抽出し、それをほかの個体の脳のなかに入れてやって、同じ課題を訓練してみる。すぐ課題ができるようになれば、それは記憶が転移したことになる。記憶の転移が確認されたら、次の段階では、その物質の同定に進めばよい。それは、マコーネルの言うようにRNAかもしれないし、それとは別種の物質かもしれない。そして次のステップでは、その物質を合成して、その効果を調べてみる。このアプローチをとって、ほかの研究者の追従を許さず先頭を切って走り続けたのは、アメリカのベイラー医科大学の薬理学の教授であったジョージ・アンガーだった。

アンガーは、ラットを用いて、彼らに暗所をこわがることを学習させた[8]。ラットは通常は暗がりを好むので、それとは逆のことを学習させたのだ。その時に脳内に生じたと考えられる記憶物質を、彼は「スコトフォビン」と名づけた（スコトとは暗所、フォビアは恐怖症という意味）。この物質は微量ゆえ、たくさんのラットを用いないと、一定量を得ることができなかった。彼は、4000匹のラットを用いてスコトフォビンを抽出し、その化学構造を同定し（ペプチドの一種だった）、合成にも成功した、と発表した。こうした研究は、とにかく早い者勝ちだ。レースの先頭に立ったアンガーも、自分があわよくば、記憶物質の発見・同定者としてノーベル賞を手にすることができるのではないかと思っていた(9)。

アンガーの一連の研究のなかで決定的とも言える論文は、1972年に『ネイチャー』誌に掲載された。しかし、5ページの本文のあとに、この論文について懐疑を示す審査者のコメントが8ページにわたって続いていた(10)。これは、異例中の異例である。このことは、この研究がきわめて重要であるのは間違いないが、疑うに足るだけの問題点も多くあるということを示していた。その後、アンガーの実験の追試がいくつもの研究グループによってさまざまに行なわれたが、その結果を確認するにはいたらなかった。しかも、アンガーは、1978年に亡くなってしまった。（アンガーの研究については、コリンズとピンチの『七つの科学事件ファイル』に詳しい(11)。）

しかし、これだけ騒がれた研究テーマなのに、そのあとを継ぐ研究者は現われなかった。いや、おそらくは、騒がれたテーマであるがゆえに、まわりの研究者は、君子危うきに近寄らずという判断を下したのかもしれない。多くの研究が結果を出せないまま消え、テーマそのものも鬼門になってしまった。だが、この問題については、はっきり否定されているというわけではなく、決着がつかないまま終わっているというのが真相だ。

記憶とカニバリズム

心理学者マコーネルに話を戻そう。最初のプラナリアの学習だけだったら、これはかなり専門的な問題である。別の言い方をすると、プラナリアの学習など、一般の人々にとってはどうでもいいような問題だ。しかし、記憶が移植できるということであれば、話は違ってくる。一般の人々も関心を示すし、マスメディアのアンテナにも引っかかることになった。

マスメディアは、動物で行なわれた研究の成果を、すぐ人間にあてはめて考えたがる。それは、そうしたほうが一般の人々にとってもわかりやすいからだが、半面、大きな誤解を生むもとにもなる。プラナリアの研究の場合もそうだった。プラナリアで記憶の移植が可能だということは、人間でもそうしたことができるかもしれないという話に発展した。そして、プラナリアが、ほかの個体を食べてしまうと、教わっていないことまでできるようになった。このことは、知識のある人を食べたら、その知識を習得するという経験がなくても、その知識を保有できるという、ブラックユーモア風の話に転がった。共食いや人食い《カニバリズム》という表現は、マコーネル自身が論文のタイトルとして使っているのだが、これはセンセーショナルで目を引かずにおかなかった[12]。当然ながら、マスメディアもこのインパクトのあるキャッチコピーをそのまま用いた。

プラナリアでは、栄養の摂取は貪食《どんしょく》作用によっていて、物質はほぼそのまま体のなかにとり込まれる[13]。しかし、人間の場合（ネズミでも同様だが）、かりに記憶物質ができたとしても、それを食べることによって脳内にとり込むことは、不可能でないにしても、きわめて難しい。というのは、その物質が、分解吸収のプロセスを経るなかでもとの状態を保ち続け、うまく血液脳関門を通り抜けて脳内に入り込み、適切な部位にたどり着かなければならないからである（もちろん、アンガーのネズミでの実験のように、その物質を直接脳に入れてやることはできるだろうが）。

カニバリズムということばにその一端がうかがえるように、マコーネルは、学問的な厳格さよりも、学問的なおもしろさを追う人間だった。彼は、啓蒙的な目的と遊び心から、１９５９年に『ワーム・ランナーズ・ダイジェスト』と称する雑誌を主宰し始めた。ワーム（worm）は、プラナリアのことである。ダイジェストには、ここでは研究の要約・速報集の意味だけでなく、プラナリアが共食いをして相手を消化するという意味も込められていた。この雑誌には、高校生でもプラナリアの学習実験ができるように解説を載せたり、漫画やジョークも掲載されていた。こうした遊びは、当然、まじめな研究者の多くにはウサン臭いものに映った(14)。

プラナリア実験はどこまで正しいか

章のはじめにも書いたように、1970年代の終わり頃から、マコーネルのプラナリア実験については、だれもなにも言わなくなった。となると、彼の実験はまったくの誤りだったのだろうか。実はそうではない。以下では、プラナリア実験はどこまでが再現可能か——どこまで正しいと言えるか——を考えてみよう。

15年におよぶマコーネルの研究は、発見が次の発見を呼ぶような形で続いている。だから、発見はひとつではない。重要な発見は次の3点だ。まず、①プラナリアは条件づけることが可能である。②プラナリアの記憶はほかの個体に物質の形で転移しうる。そして、③その記憶物質はRNAらしい。

①から見てゆこう。大発見にいたる研究はどれも、最初は荒削りだ。研究は、ほかの研究者の親切な忠告や助言、あるいは批判にさらされたり、自分で欠点に気がついたりして、少しずつ磨かれてゆく（もちろん、磨かれずにゴミ箱行きになるほうが多い

が)。マコーネルの場合にも、それが言える。たとえば、マコーネルの実験の追試をする際に、結果の予想を教えた学生と教えない学生に観察させてみたところ、結果が違ってきたという批判があった[15]。6章で述べた実験者バイアスである。マコーネルは、その後ブラインド法を用いることで、こうした批判をクリアしてゆく。実験手続きも洗練され、条件づけの成立の基準を試行中の95％まで上げることに成功する。そして、ほかの研究者のなかにも、プラナリアでの条件づけに成功する者も現われた。

1955年のトンプソンとマコーネルの論文は、最初、疑いの目で見られた。これはしかたない。当時は多くの研究者が、無脊椎動物のような下等な生き物は、学習などせず、反射だけで生きていると考えていたからだ。しかし、さきほども述べたように、プラナリアは学習できる[16]。現在、プラナリアの学習実験は、専門家にとっても標準的な実験になっているし、大学の心理学の学生実験実習であつかわれることもある[17]。つまり、①は正しかったことになる。現在、学習や記憶のメカニズムを生化学的に探るためによく用いられる動物は、アメフラシや線虫やショウジョウバエといった生き物だ。つまり、いまの学習や記憶の研究は、無脊椎動物のほうが一般的である。時代も変われば変わるものだ。(2000年、エリック・カンデルは、記憶における神経細胞のシナプスの長期増強のメカニズムの研究でノーベル生理学・医学賞を授与されたが、彼が実験に用いた動物はアメフラシやナマコだった。）

では、②はどうか。可能性としては、次のようなことも考えられる。光への条件づけの実験の場合、条件づけが成立した個体を食べた個体が条件づけが速やかにできるようになったということは、最初の条件づけの個体が光に過敏になっただけであって、その過敏さに関係する物質が受け継がれただけなのかもしれない。つまり、記憶物質ではない可能性があるという批判である。マコーネルがT字型迷路を用いて明るさの弁別学習を試みることにしたのは、こうした批判に応える目的もあった。弁別学習ができるのであれば、それは確かに記憶と言えるからだ。マコーネルのあと、ほかの研究者の多くも、個体間での記憶の転移を確認した。だから、記憶に関係したなにかが受け継がれているとは言える。しかし、それが記憶物質なのか、あるいは記憶になんらかの形で関係する物質なのかはわからない。したがって、②について白か黒かは、なんとも言えない。

では、③はどうか。RNAについてもアンガーのスコトフォビンについても、それが記憶物質かどうか、決着はついていない(18)。だが、おそらくは記憶物質ではない(19)。

そもそも、記憶物質とは、なにを指すのだろうか。マコーネルやアンガーの時代には、単純に、学習によって脳（あるいは神経系）のなかに生じた物質と考えられていた。しかし、その後（すなわち1970年代以降）、脳のなかで起こっていることが、生化学・分子生物学的に詳しく解明されてくるにおよんで、考え方は一変する。[20] 脳のニューロン間のシナプスの信号の伝達には、特定の化学物質が役目を担い、その信号の伝達の抑制には、別の物質が役目を果たしていることがわかってきた。これら、いわゆる神経伝達物質は、現在わかっているおもなものだけでも50種類を越え、そのそれぞれの物質を受容するレセプター（これも物質だ）にもさまざまな種類がある。しかも、これらの神経伝達物質の種類は、脳の部位によって作用のしかたが異なる。それだけではない。化学物質について言えば、これらの神経伝達物質の合成や分解に関係する物質（酵素としてはたらく物質）があったり、シナプス間隙に放出されたが使われなかった神経伝達物質を回収するリサイクル専門の物質やレセプターもある。

このように、記憶というものが神経細胞（ニューロン）同士の連絡の状態だと考えるなら、おびただしい種類の化学物質が関係している可能性がある。つまり、「記憶物質」ということばが記憶に関する物質のことを指すのなら、数え切れないほどの物質があることになる。とはいえ、そのなかには、記憶の形成や保持に必要不可欠な物質もあるはずである。実際、最先端の研究の現場では、ある遺伝子を欠失させたマウス（ノックアウト・マウス）に場所の学習をさせると、それが記憶として残らないということを示す研究が行なわれている。つまり、この場合には、その遺伝子が合成を指示している特定のタンパク質が、記憶の形成に中心的な役割を果たしていることになる。この物質を記憶物質と呼ぶなら、そう呼んでもおかしくはない。

１９６０年代当時、マコーネルらのイメージしていた記憶物質とは、おそらく、生命の情報が４種類の塩基の配列で書かれているＤＮＡやＲＮＡのように、記憶の内容もそうした形式で書かれているというものであった。しかし、記憶の情報は瞬時に使える（あるいは呼び出せる）ものでなければならないので、ＤＮＡと似た形式でそれが可能かと言えば、可能性はきわめて低いだろう。一方、記憶が神経細胞（ニューロン）の状態や細胞同士のシナプスの連結状態だとすると、それは可能かもしれない。このように考えるなら、マコーネルが実験で得た、個体間で記憶を転移できるという結果は、学習によって一方のプラナリアのなかに多量に生産された神経伝達に関わる物質が、他個体のなかでも機能したことによるのかもしれない。いずれにしても、記憶物質を探しにかかったマコーネルと同じようなアプローチは、姿形を変えながら、正統的なアプローチとして、現在も続いている。

連続爆弾魔とマコーネル

最後に、その後マコーネルの身に起こったことを紹介して、この章を終えることにしよう。

マコーネルは、記憶物質の追究が自分の力のおよぶ範囲を越えてしまったということに加えて、研究費が続かなくなり、1971年にプラナリア実験を含む記憶物質の研究を断念した。それに、彼の関心はすでにほかの問題に移りつつあった。(21)

これ以降、彼は、心理学の知識を学生や一般の人々にどう伝えたらよいかを考え、心理学の啓蒙に力を注ぐようになる。1974年には、『人間の行動を理解する』というポップな心理学の教科書を執筆した。(22) この教科書は、各章の冒頭にその章のテーマに関連したSF風の短い物語（マコーネル自身が書いている）を配し、若い読者の好奇心をそそるように構成されていた。これは、多くの大学の授業で採用されてよく読まれ、版も重ねた。その功績を認められ、マコーネルは、1976年にアメリカ心理学財団から教育賞の金賞を受賞している。(23) その一方、テレビなどのメディアにも積極的かつ頻繁に顔を出した。その発言はかなり過激で、視聴者の反感を買うこともあった。

1985年11月15日、マコーネルの自宅に小包が届く。差出人はユタ大学の教授で、新刊の本を送ったので、読んでほしいというハガキが添えられていた。その小包を開けたのは彼のアシスタントだったが、開けた瞬間、轟音とともにまわりのものがすべて吹き飛んだ。爆弾の破壊力からすれば命はなかったかもしれないが、不幸中の幸いで、アシスタントは、片方の腕と腹部を怪我しただけで済んだ。一方、近くにいたマコーネルは失聴した。その聴力は、亡くなるまで回復することがなかった。犯人はその時はわからず、その頃有名人をターゲットにしていた連続爆弾魔なのではないかと推測された(24)。その5年後の1990年、マコーネルは心臓麻痺で亡くなった。64歳だった。

事件から11年後の1996年に、この小包爆弾を送った(25)容疑者が逮捕される。テッド・カジンスキー、モンタナ州に住む54歳の男だった。カジンスキーは、16歳でハーヴァード大学に入学し、25歳で博士号を取得した秀才で、2年ほどカリフォルニア大学のバークレー校で数学の講師をつとめたこともあった。しかし、その後職を転々とするようになり、逮捕の時は、ソロー風の森の生活をモンタナの田舎で送っていた。カジンスキーは、1978年頃から、大学の構内に爆発物をおいたり、研究室あてに小包爆弾を送りつけるということをしていた。3人が死亡し、21人の負傷者が出た。細工をほどこした爆弾を用い（小包の送り方も巧妙だった）、そのターゲットは、彼なりの理由で言動が気に入らない知識人であった。マコーネルは、一般向けの月刊誌の『サイコロジー・トゥデイ』に、犯罪者は行動療法の手法を用いて洗脳して治すべきだ、という記事を書いたことがあった。(26) カジンスキーがマコーネルをターゲットにしたのは、どうやら、この記事を覚えていたからのようだ。癇にさわる記事だったのに違いない。

カジンスキーの裁判は、1998年に結審した。裁判のなかで、彼は、自分が精神異常などではなく、正気で一連の小包爆弾の事件を計画し遂行したと、つまり確信犯だと主張した。ほんとうなら死刑になるべきところを、彼は、犯行の動機と手口をすべて明かすことを条件に(司法取引だ)、4回分の終身刑になった。彼は、アメリカのどこかの刑務所で現在も服役中である。

8章　ワトソンとアルバート坊や
――恐怖条件づけとワトソンの育児書

ワトソンと行動主義

心理学は、心や意識といった得体の知れないものをあつかっていてはだめだ。行動や反応という客観的で観察可能なものをあつかうべきだ。それが、心理学が科学たりうる唯一の道だ。こう提唱したのはジョン・ブローダス・ワトソンである。1913年のことである。その後、この行動主義の考え方は、主導原理として科学的心理学の世界に君臨することになる。しかし、ワトソン自身はそのレールを敷いただけで、自らがその上を走ることはなかった。

シカゴ大学の大学院時代に頭角を現わしたワトソンは、1908年に30歳の若さでジョンズ・ホプキンス大学の教授に、その2年後には心理学科の主任になる。191

5年の末からはアメリカ心理学会の会長も務めた。その5年後、順風満帆に見えた彼の人生に暗雲が訪れる。その事件を機に、彼はアカデミックな世界を去る。42歳だった。

ワトソンがアカデミックな心理学の世界に身をおいていたのは実質20年ほどの期間でしかない。しかし、彼が心理学に与えたその影響たるや、計り知れないものがある。この章では、彼が行なった研究のひとつであるアルバート坊やの実験と、行動主義の考えに則って書かれたワトソンの育児書をとりあげる。

アルバート坊やの実験は、心理学史上あまりに有名である。人間での恐怖条件づけの例として、いまも心理学の入門書に写真やイラスト入りで掲載されている(図8・1)。しかし、有名なだけに、かなりの装飾や修飾が加えられ、誤解されているところがある。それらの点をこの章では明確にしてみよう。

一方、ワトソンの育児書は、現在は読まれることも、顧みられることもほとんどない。しかし、この本は、当時のアメリカの子育ての考え方に大きな影響を与えた本であった。その後スポック博士の育児書が現われて、ワトソンの本にとって代わるまで(スポックの育児書もやがてはまた別の育児書にとって代わられる運命にあるのだが)、たくさんのお母さんたちやお父さんたちの子育ての指南役を務めた。この育児書は、あ

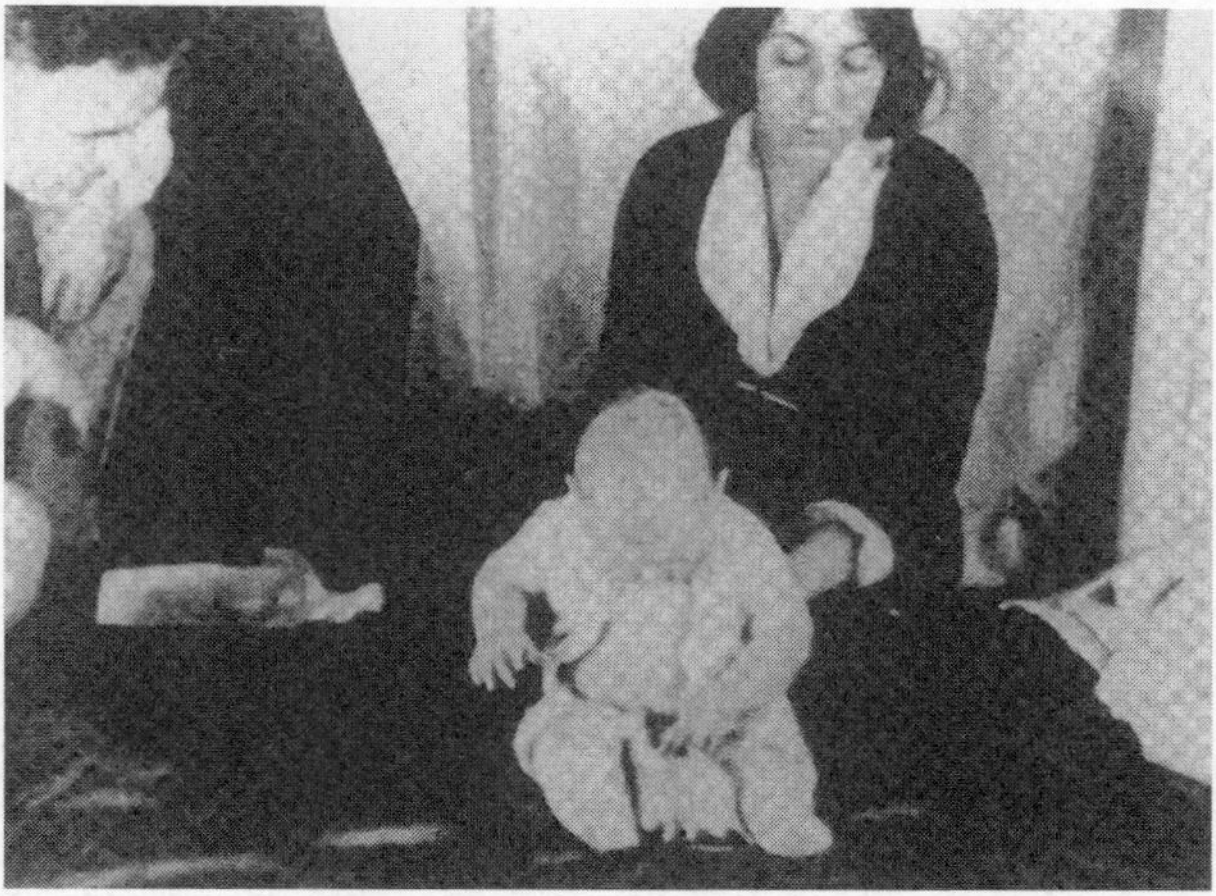

図8・1　アルバート坊や、そしてワトソンとロザリー
ワトソンのフィルムからの1カット。シロネズミがアルバート坊やの足もとにいる。この写真は左右が入れ替わって掲載されていることが多いが、この写真の向きが正しい。Popplestone & McPherson（1994）より。

る意味では、アルバート坊やの実験の思弁的発展であった。そして、ワトソン自身の主義主張が具体的な形をとったものでもあった。この章では、この本を通して見えるワトソンについても述べてみよう。

アルバート坊やの実験

１９１９年の12月から20年の3月にかけて（日付の記録が残っているわけではないが、資料から推定するとおそらくこの時期だ）、ワトソンは、彼の学生のロザリー・レイナーとともに、ひとりの幼児を被験者にして条件づけの実験を行なった。(1) この被験者がリトル・アルバート、すなわちアルバート坊やである。アルバートは、小児病院の乳母（ウエット・ナース）をしていた女性の子どもだった。ウエット・ナースとは、その当時アメリカの病院で、自分の子を出産したあと、1年程度その子だけではなく、ほかの子にも授乳する役目をはたしていた女性のことである。ワトソンによると、アルバートを被験者に選んだのは、健康で、物怖じせず、情緒的に安定していたからだった。

実験の内容を多少詳しく述べておこう。まず、生後9カ月齢になる数日前に、アルバートが大きな音を怖がることが確認された。次に、アルバートがまえを向いている時、なんの前触れもなしに、うしろでワトソンが、吊るした鉄の丸棒（長さが1・2メートルもある）を金槌で叩いた。突然の大きな音に、アルバートはびっくりし、怖がって泣き出した。大きな音が恐怖を引き起こすことが確認された。

次に、9カ月齢になったちょうどその日に、アルバートのまえに、シロネズミやウサギ、イヌ、小型のサル、お面（ひげつき、ひげなし）、綿《わた》、火（トレーに入った紙屑に火をつけたもの）をひとつずつおき、その時の反応を見た。彼は、それらに関心を示し、手をやって触ったりもした（図8・2）。つまり、アルバートがそれらに恐怖反応を示さないということが確認された。

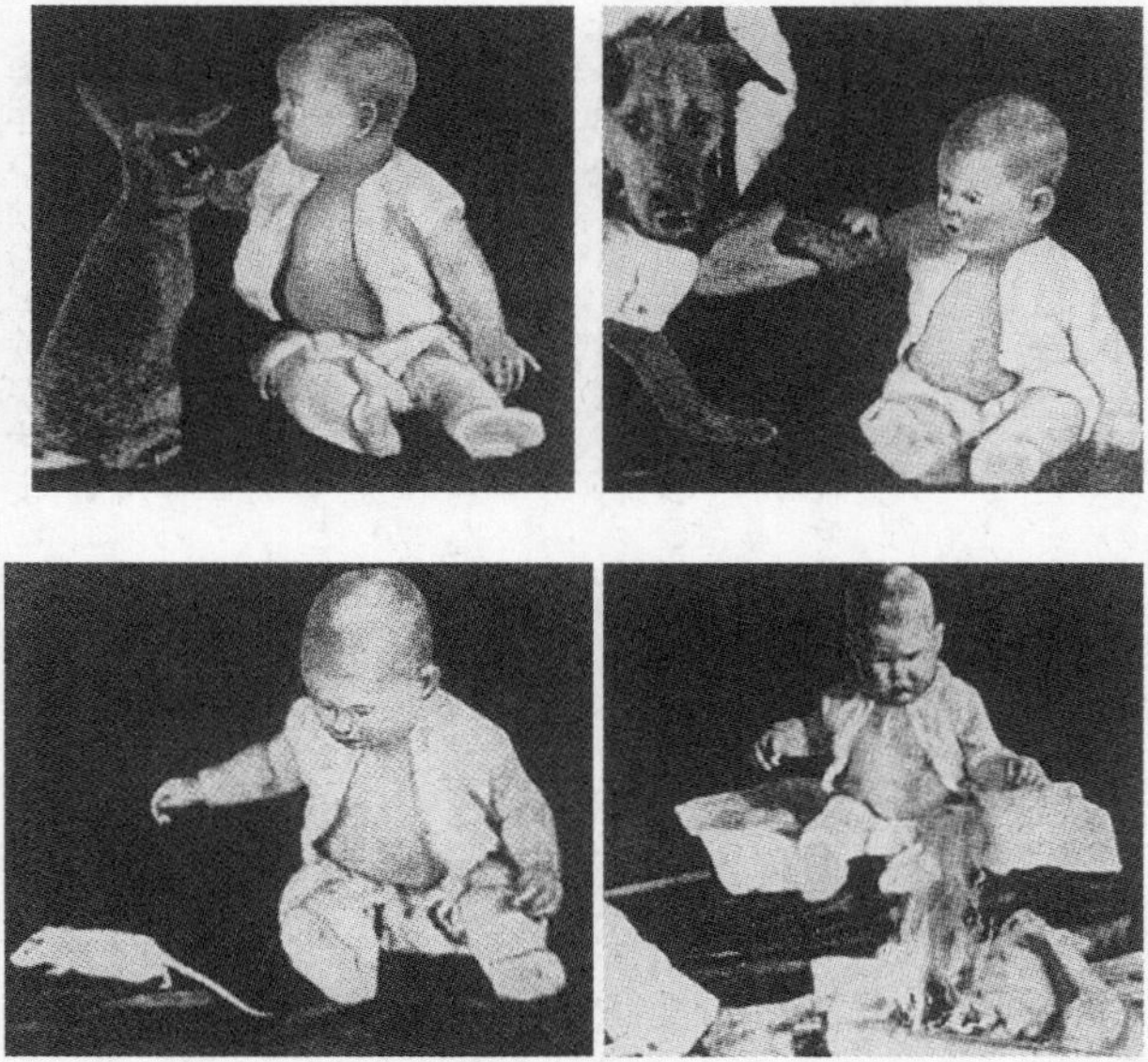

図8・2　ワトソン夫妻の育児書の挿絵

9カ月齢の幼児は、ウサギもシロネズミもイヌも怖がらないし（左上、左下、右上）、火も怖がらない（右下）。Watson & Watson（1928）より。

条件づけの実験が始まるのは、この2カ月後、アルバートが11カ月齢の時である。恐怖の条件づけの対象には、シロネズミが用いられた。シロネズミが選ばれたのは、ワトソンが学習実験で使っていた十八番《おはこ》の実験動物だったからだろう（シロネズミは手なずけると信じられないぐらいによく馴れる）。アルバートのまえにシロネズミをおき、彼が興味を示して触ろうとした時に、鉄の丸棒をガーンと叩いたのだ。最初は、彼はびっくりしただけだったが、もう一度シロネズミに触れようとした時にまた鉄棒を叩くと、怖がって泣き出した。さらにその1週間後にこれを5回繰り返した（つまり、シロネズミと大きな音とを合計で7回対提示したことになる）。このあと、シロネズミだけをおいても、彼は、怖がって泣いて、そこから這って逃げようとした。明らかに、恐怖の条件づけが成立していた。

　条件づけの効果を調べるテストは、この5日後に行なわれた。アルバートのまえに積木をおくと、彼はそれで遊んだが、シロネズミをおいた場合には、泣いて逃げようとした。ウサギや、毛皮のコートや毛糸に対しても、シロネズミの時と同じような反応を示した（イヌの場合はそれほどでもなかった）（図8・3）。ワトソンが自分の頭を近づけた時には嫌がった。ただし、ほかの2人（レイナーと母親だろうか）が同じことをした時には、すぐに髪の毛を手でいじり始めた（ワトソンを嫌がったのは、大きな音

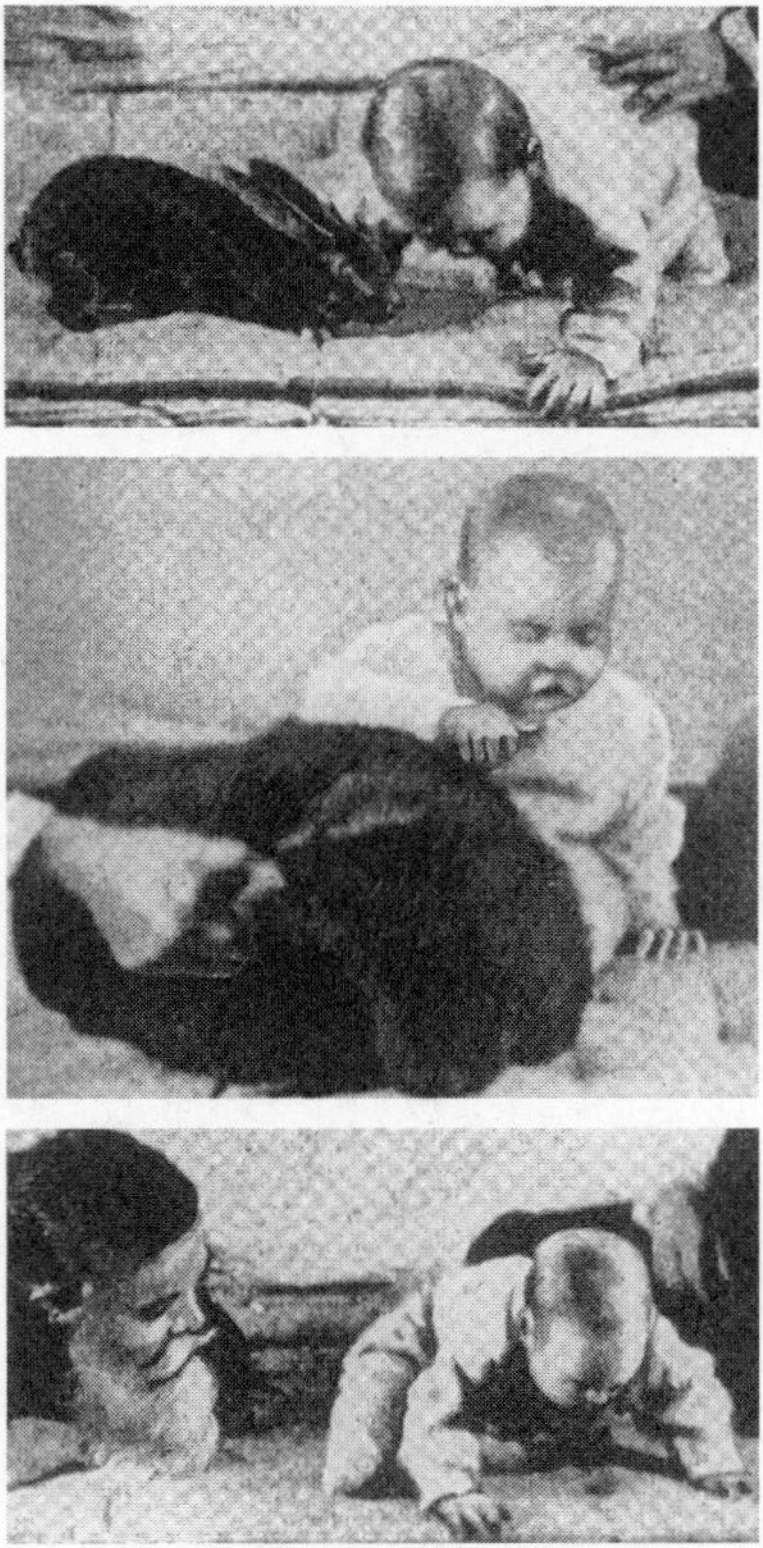

図8・3　ワトソン夫妻の育児書の挿絵

育児書では、条件づけの対象の例がシロネズミからウサギに変えられている。ウサギと大きな音とを対提示されて恐怖を条件づけられた幼児は、ウサギにも（上）、毛皮のコートにも（中央）、サンタクロースのマスクにも（下）恐怖を示す。Watson & Watson（1928）より。

を出す人だったからかもしれない)。サンタクロースのお面でも、嫌がる反応が顕著に現われた。これらの結果は、シロネズミに対する恐怖の条件づけが、毛のある動物やふさふさしたものに般化(あるいは転移)したことを示している。

2回目のテストがこの5日後に行なわれる。アルバートは、ネズミやウサギには恐怖反応を示しはしたものの、その反応は5日前に比べると弱まっていた。ワトソンは、この反応を強めるため、もう一度ネズミと大きな音を対提示した。

次に、実験はこれまで小さな暗い実験室で行なわれていたので、周囲の状況が変化した時にも同じような反応が見られるのかが調べられた。これに先立って、ウサギとイヌがそれぞれ1回だけ大きな音と対提示され、ウサギとイヌへの恐怖の条件づけも行なわれた(したがって、これ以後のウサギとイヌに対する反応は、ネズミへの恐怖反応の般化とは言えないことになる)。このあとアルバートは広い講義室に連れて行かれ、大きなテーブルの上でテストが行なわれた。提示されたのは、ネズミ、ウサギ、イヌ、積木である。積木以外では、嫌悪や恐怖の反応が見られたが、それほど強い反応ではなかった。

最後のテストは、ちょうどこの1カ月後に行なわれた。提示されたのは、サンタクロースのお面、毛皮のコート、ネズミ、ウサギ、イヌ、そして積木である。積木ではいつものように遊んだが、ほかの刺激では、ある程度の恐怖反応が見られた。しかし、その具体的な観察の記述を読むかぎりでは、アルバート坊やは、どの刺激の提示でも最初は緊張はしているものの、怖がるふうではなかった。ワトソンがその刺激をアルバートに近づけてはじめて、恐怖の反応が見られた。ワトソンがネズミをアルバートの腕や胸に載せた時には怖がったが、泣くことはなかった。

アルバート坊やの実験は、ここで終わっている。というのも、この日を境に、アルバートがワトソンのもとに連れてこられることはなかった。ボルティモアから遠いところに養子に行くことになったと説明している本もあるが、ワトソンの論文にはこうした記述はない。ワトソンたちは、どのようにすればこうして学習された恐怖を取り除くことができるかも検討してみる予定でいたが、それはできずに終わった。

アルバート坊やはだれだったのか

アルバート坊やはその後どうなったのだろうか。そもそも彼はだれなのだろうか。だれしもが気になるところである。この問題は90年にわたって宙に浮いたままだったが、最近それに関する研究が相次いで発表された。この「アルバート坊や探し」の結果は二転三転したが、どうやらある男性で決着しそうである。

2009年、口火を切ったのは、アメリカのアパラチアン州立大学のホール・ベックらである。(2)彼らは、ジョンズ・ホプキンスの小児病院で当時ウエット・ナース(乳母)として働いていた女性の人事記録を手がかりに、アルバート坊やの母親の可能性のある女性をピックアップし、彼女たちの産んだ子どもの記録を調べていった。その結果、もっとも可能性があったのがアルヴィラ・メリットという女性の子、ダグラスだった。彼は1919年3月9日に生まれていた。ワトソンが実験を開始する12月の時点でちょうど9カ月齢であり、ワトソンの論文中の記述とも合致する。ベックらは、その子の名がアルバートでないのはワトソンが論文中では仮名を用いたからだと推測した。彼らは、ダグラス・メリットの墓も探しあてた。彼は25年の3月10日に6歳で亡くなっていた。

その後2012年に、ベックらは、ダグラスを看取った医師の診断記録から、ダグラスが水頭症を患っていたことを知り、ワトソンが実験を行なった時もそうだった可能性を指摘した。ワトソンは論文のなかでアルバート坊やが「健康だった」と書いているので、もしベックの推測の通りなら、ワトソンは、病気のある子に恐怖の条件づけを行ない、しかもその子を健康な子と偽っていたことになる。これは、研究の倫理の点で二重に忌々しき問題である。

ところが、2014年になって、別の研究が発表された。カナダのマキュワン大学のラス・パウエルらの研究である。(3) 彼らは、ベックらがピックアップした女性のなかにパール・バージャーという女性がおり、その女性にはアルバートという名の子がいることを発見する（ベックらの調査ではこの点が不明だった）。すなわち、アルバート・Bである。しかも、この子はダグラスより1日遅れの3月10日に生まれていた。病院に残っていた記録から、すこぶる健康な子だったということもわかった。

母親とアルバートは、20年の3月31日にこの病院を去っていた。これは最後のテストの時期とも符合する。パウエルらは、おとなになったアルバート・バージャーの写真も示している（図8・4）。彼は2007年に亡くなった。アルバート坊やは88歳まで生きたのだ。

パウエルらは、アルバート・バージャーの姪とも会っている。姪の話では、アルバートは動物嫌いで、とくにイヌが嫌いだったという（これがシロネズミへの恐怖条件づけの後遺症なのかどうかについてはなんとも言えないように思うが、パウエルらはその可能性が高いとしている）。姪は、あのアルバート坊やが自分の伯父であることを知って驚き、伯父もそれを聞いたらさぞ喜んだだろうと言っている。アルバートの両親は、母親がウエット・ナースとして病院で働いていたことをアルバートには内緒にしていた

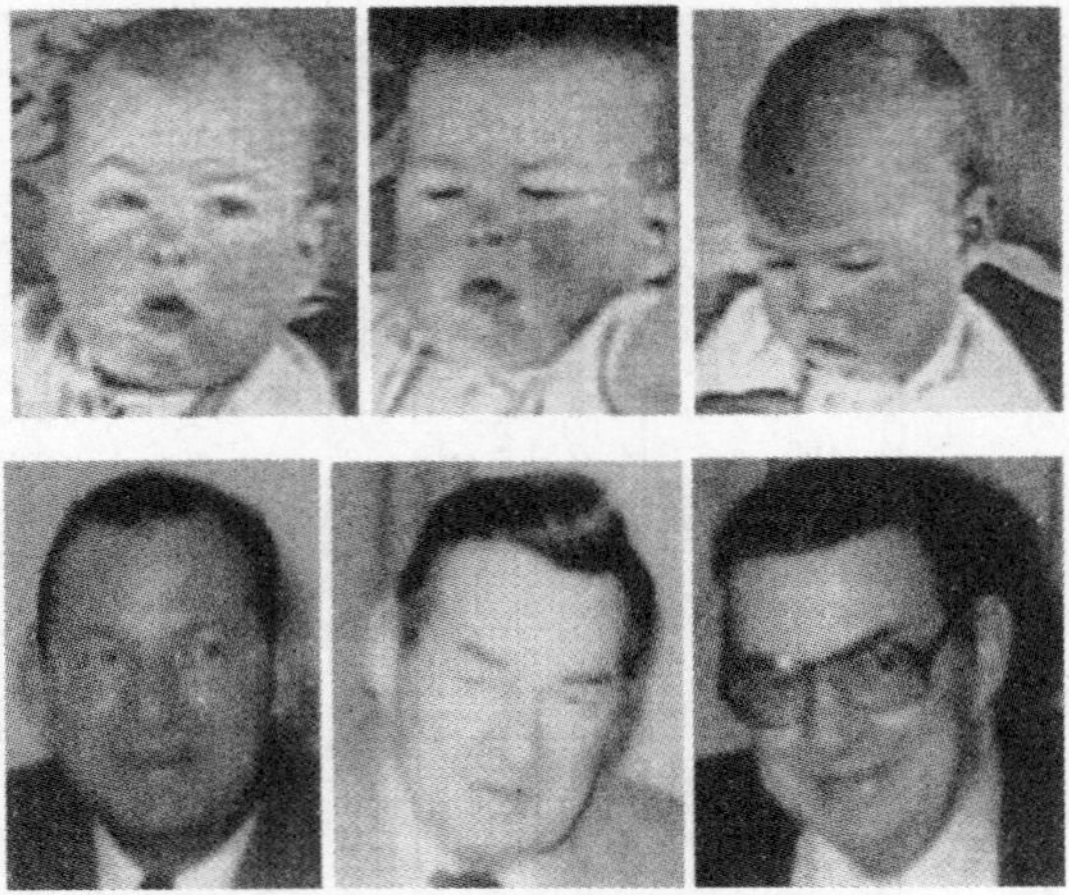

図8・4　アルバート坊やとおとなのアルバート
上が映画に写ったアルバート坊や。下は同じ角度で写っているアルバート・バージャー。画像が不鮮明なのは、上は古い映画からのスチール写真で、下はスナップ写真の部分の拡大のため。Powell et al. (2014) より。

ようだ。どうやら、アルバート自身は自分があのアルバート坊やであることを生涯知らなかったらしい。

ワトソンのスキャンダルとアルバート坊や

アルバート坊やの実験に戻ろう。

実は、この実験は、ワトソンの離婚問題とも密接に関係している。この2つは、一方が公けにされているアカデミックな研究であり、もう一方はプライヴェートな問題なので、関係づけて紹介されることはないが、相即不離の関係にある。

事情はこうだ。1919年の秋、ワトソンのもとにヴァッサー女子大を卒業したばかりの才媛ロザリー・レイナーが大学院生として入ってくる。彼女はこの時19歳だった。この2人のコンビで、アルバート坊やの実験が始められる。ところが、すぐにロザリーはワトソンに恋してしまう。ワトソンには、妻のメアリーと2人の子どもがいたが、メアリーとの仲は冷えつつあった。ワトソンもロザリーに引かれてゆく。ラヴレターめいたものを取り交わすうちに、メアリーがそれを見つけ、不倫が発覚する。これが離婚問題に発展してゆくのだが、その過程で、この話が大学当局の耳に入る。なにしろ、相手のロザリーは、ワトソンのところの学生である。不倫も問題だが、その相手が教え子というのはさらに問題である。出された決定は、辞職勧告であった。実は、ワトソンの前任者であったマーク・ボールドウィンも、似たようなスキャンダルで辞職していた。ワトソンは前任者と同じ轍《てつ》を踏んでしまったことになる。ワトソンは、勧告を受け入れ、1920年夏にジョンズ・ホプキンスを去っただけでなく、アカデミックな世界からも去ってしまう（ほとぼりが冷めてから、ほかの大学に勤めるという選択肢もあったのかもしれないが、彼はそうしなかった）。ワトソンは、21年1月にロザリーと正式に結婚する。彼は、この時には広告業者として再出発していた。

20年の11月、この話を嗅ぎつけたボルティモアの地方新聞が、これをスキャンダルとして第一面で報じる（この時点では、離婚問題は解決し、ワトソンは、すでに大学を退いていたのだが）。この記事では、相手の女性がだれなのかはわからなかったが、その数日後に、その地方（ボルティモア）の名家の令嬢、ロザリーであることが判明する。その新聞社も、ただのうだつのあがらない教授の色恋沙汰なら歯牙にもかけなかったろうが、ワトソンが才能豊かな、いまをときめくハンサムな元大学教授であった（ジョンズ・ホプキンス大学の学生投票でもっともハンサムな教授に選ばれたこともある）ため、この話に飛びついた。かくして、このスキャンダルは、マスコミの騒ぐところとなり、巷に知れ渡ることになる。

この一連の出来事の開始時期は、アルバート坊やの実験の時期とぴったり重なっている。この実験がなければ、2人は恋に落ちなかったかもしれない。アルバート坊やの役回りは、さしずめキューピッドというところか。

恐怖条件づけの実験は1919年の12月頃から始まり、最終テストが行なわれるのは、おそらく20年の3月である。ところが、この研究の論文は『実験心理学ジャーナル』の20年の最初の号に掲載されている。この雑誌の編集責任者はワトソンだったが、4カ月で行なった実験がその終了からほとんど間をおかずに活字になっているのだ

（もちろん、数カ月程度なら雑誌の発行が遅れることはあるが、それを考慮しても早過ぎる）。これについては、ワトソンはロザリーといつも一緒にいることが多く、それだけに論文も早く仕上がったと解釈している本もある。(4) しかし、それにしても、急ぎすぎの感がある。ワトソン自身、離婚問題とこの恋愛のゆえに、これが学問の世界での自分の最後の実験になるかもしれないと覚悟を決めていて、それで先を急いで実験をし、論文をまとめたようにも思える。もしそうなら、恐怖の条件づけの実験がアルバートの1事例だけで終わるのは、ワトソン自身の離婚問題が直接関係していることになる。

ワトソンは、1936年に簡単な自伝を書いている（彼はこれ以外の自伝は書いていない）。(5) 英文で11ページの短いものだが、この時期にあたる記述としては、第一次世界大戦で軍役を解かれて大学に帰って、ほんの短い期間赤ん坊での研究に手を染めたことがあったという一文があるだけだ。それは、彼のプライヴェートな出来事が密接に絡んでいるからなのだろう。

倫理的問題

このアルバート坊やの実験については、問題がいくつかある。教科書での紹介のされ方の問題についてはあとで触れることにするが、ここでは、それ以外の問題のうち、重要なもの3について見ておこう。

第一の問題は、倫理的問題である。当然、相手が赤ちゃんだから、実験の許可はその母親から得ていたはずである。しかし、現在の用語で言う「インフォームド・コンセント」がとられていたかどうかはわからない。つまり、実験の内容についてどの程度母親に話して、実験への協力の承諾を得ていたのかは不明である。この実験そのものが予測不能な側面を含んでいるから、おそらく十分な説明はしなかっただろう。もちろん、インフォームド・コンセント以前に、そもそも、幼児に恐怖の条件づけをすることが許されるのかという根本的な問題もある。

幼児で通常行なわれている実験から推測すると、アルバート坊やの母親は、彼を連れてきて、実験中はそばにずっとつき添っていたはずである。つまり、母親は実験の一部始終を見ていたはずである。アルバートの実験が途中で打ち切りになったというのは、実験に立ち会っていた母親が、怖がり嫌がるアルバートを見て、もうこれ以上実験の被験者にさせたくないと判断したからなのかもしれない（ふつうの親なら、わが子がおびえ怖がるのを見れば、きっと以後の実験への協力を拒否するはずだ）。論文中に実験打ち切りの理由が明確に示されていないのは、そういう事情があるからなのかもしれない。

もうひとつ、倫理的に許されないのは、アルバートを条件づけたままにしてしまったことである。シロネズミに対する恐怖どころか、ほかのものに般化までしている恐怖が、あとあとまで残ったのでは困る。確かに現在なら、これは大きな問題になるけれど、人間での条件づけを試し始める最初の時期にあっては、そうした現在の倫理を求めるのは無理というものだろう。もちろん、ワトソンは論文のなかで、恐怖を条件づけることには「躊躇」があったと書いているし、論文の最後では、アルバートで試そうとした恐怖の取り去り方の候補をあげている。

この恐怖の取り去り方については、その後、メアリー・カヴァー・ジョーンズという大学院生が研究を行なった(6)。メアリーはロザリーの大学時代からの親友で、研究は、ワトソン(すでに大学を退いていたが)の指導と助言のもとに行なわれた。被験者は、2歳10カ月のピーターという名の幼児で、シロネズミやウサギに極度の恐怖をもっていた。ジョーンズは、この恐怖を取り除くのに、ウサギを用いた。ピーター坊やを自然な状況でリラックスさせて、カゴのなかのウサギを少しずつ彼に近づけていって、最終的に(途中休みも入るが、トータルで3カ月をかけている)恐怖を弱めることができた(いまなら「系統的脱感作法《だつかんさほう》」と呼べる方法だ)。このように、ワトソンは、恐怖の解消という目的をもっていたのだが、アルバートの場合にはできずに終わったのである。

ただ、アルバート坊やの最終テストの記述を読むかぎりでは、シロネズミを多少嫌がりはしているが、恐怖と呼べるほどの反応は示していない。このことは、時間が経つにつれて（自然に生活してゆくうちに）、その反応もしだいに弱まっていったということを示している。おそらく、さらに時間が経てば、そうした反応も消え去ってしまうはずだ。だから、後遺症は、あったとしても心配するほどのものではなかっただろう（前述のように、おとなのアルバートはイヌ嫌いだったようではあるが）。

ほんとうに条件づけされたのか

第二の問題は、条件づけの効果に関わるものである。いま述べたように、効果はそれほど強くなかった可能性がある。ワトソンは、論文のなかで、この条件づけの効果が1週間や1カ月をおいても持続しているほど強いと述べながら、観察の具体的な記述では、効果は（持続するにしても）時間とともにかなり弱まったようにしか書いていない。これは、条件づけされたということを強調すると、後遺症の可能性が出てくるし、後遺症がないとすると、条件づけされていなかった可能性が高くなる。ワトソンの矛盾した記述は、そうした状況を反映している。

したがって、このアルバート坊やの実験を恐怖を超えて恐怖症《フォビア》の条件づけの例として紹介している本があるが、それは明らかに誤りである。なぜなら、恐怖症とは、日常場面での行動に支障をきたすほどに病的なものを言うからである。最終テストでは、アルバート坊やは、シロネズミが近づいてきても怖がらなかった。ネズミが彼の手に触れてはじめて怖がるふうを見せ、実験者がネズミをアルバートの腕や胸に載せた時に恐怖の反応を示したが、泣くことはなかった。研究者のなかには、こうした反応からすると、アルバートは条件づけられていなかったのではないかと考える者もいる。(7)

ワトソンは、理論的には、すべての行動を形作る上で条件づけが万能であると考えていたし、ワトソン以降の行動主義者の多くも、そう考えた。しかし、1960年代以降の一連の動物実験から、刺激対象によっては条件づけが、きわめて容易だったり、逆に難しかったりするということが、そして場合によっては条件づけが不可能なものさえあることもわかってきた。さらに、恐怖症や恐怖には、生得的・遺伝的な要素もあることがわかっている。クモ恐怖やヘビ恐怖などがそうである。したがって、恐怖の条件づけ全般について言えば、ワトソンが考えていたほどには単純なものではないようなのだ。

1事例実験と神話

第三の問題は、このよく引用される研究が、ひとりの幼児で行なわれたものだという点である。実験ではあるが、事例研究であり、しかも1事例《シングルケース》なのだ。なのに、これを、こうすれば人間全般の恐怖あるいは感情は条件づけられるというところまで一般化してよいものか。しかし、教科書の多くは一般化した書き方をしている。

もちろん、幼児でこうした実験をすることは現在なら倫理的に許されることではないから、1事例の実験でもう十分だという見方もできるだろう。この倫理的制約から、この実験そのものを追試・確認できないという別の問題（ある種のジレンマ）も生じる。これは、追試が倫理的に不可能という点で、ヴィカリーのサブリミナル広告の実験とも共通している。再現や追試が禁じられているがゆえに、それは神話的な性質をもつようになるのだ。

引用の誤り

このように、アルバート坊やの実験には、その内容自体にも、それをとりまく個人的状況にも、多少錯綜した問題がある。ところが、この古典的研究が正確に紹介されているかというと、実はここにも問題がいくつも見つかる。

心理学の入門レベルの教科書でも、たくさんの誤りが見つかる。(8) 小さなものでは、アルバートの名前や年齢、ロザリーの名前を誤っている本がある。アルバートを孤児として記しているものもある。中程度の誤りでは、条件づけの刺激がウサギや、カゴに入ったネズミ、オモチャのネズミになっているものがある。ワトソンが叩くのが、フライパンや金だらいやシンバルというのもある。絵にしてあるものでは、大きな音を出すスピーカーといった例もある。般化（転移）が見られたものとして、実際の論文の記述には影も形もなかったものもいくつか登場する。あごひげ、ネコ、子イヌ、タオル、白色の毛の手袋、毛皮を着たアルバートのおばさん（アルバートにはおばさんがいたのか?）、「アルバートの母親の」毛皮のコートや毛皮の襟巻き、クマのヌイグルミなどなど。

図8・5は、コーンウェルとホッブズがあげている誤解や歪曲を含んでいる挿絵の例である。(9) これらに類したイラストを載せた教科書がいまも流通している。右下の絵の載った教科書で学んだ学生は、ワトソンが禿げたおじさんで、パンパンの背広を着ていると永遠に思い続けることだろう（実害はないかもしれないが）。もちろん、これらの誤りは、ことの本質には関わらないので、笑って済ませられるものかもしれない。

図8・5　アルバート坊やの実験の誤った紹介（挿絵）の例

上はトンプソン（1952）の心理学の教科書の挿絵。日本の教科書にもこれをもとにしているものがいくつかある。左下はビーチ（1969）の教科書の挿絵。条件刺激がカゴのなかのネズミに、無条件刺激がシンバルの音に変わっている。右下はスプリントールら（1974）の教科書の挿絵。ネズミが目を閉じ耳をふさぐほど、苛酷で非情な実験だったということか（なお、本物のワトソンは禿げてはいない）。Cornwell & Hobbs（1976）より。

問題なのは、ワトソンがアルバートの恐怖を取り除くように再条件づけを行なったとか、消去の手続きをとってシロネズミに対する恐怖反応をなくしたと明記している教科書があることだろう。これは、話しやすいことに話を作り変えてしまう例のひとつと言える。つまり、ワトソンの実験がいまなら倫理的に許されるものではないので、差し障りのないように話を加えてしまっているわけだ。これは、グリム童話の残酷なオリジナルを、子ども向けのハッピーエンドで終わる話にして、毒抜きをするのと似たところがある。なかには、その再条件づけの手続きがこと細かに書いてある教科書もある。これらは、英語圏での例だが、日本でも事情は同じである。日本の教科書の多くも、欧米の教科書の誤った記述や挿絵をそのまま受け売りしていたり、さらに別の脚色を加えているからだ。これは、笑って済ますわけにはいかない。

アルバート坊やの実験は、論文として残っており、読もうと思えばいつでも読める。誤ったことを書いている教科書の著者たちは、原典にあたらずに、記憶や思い込みや噂を頼りに、あるいはほかから孫引きしながら、話を都合のよいように作り変えてしまっているのだ。

ただ、条件づけの刺激をシロネズミではなくウサギにしている誤りは、そう誤るだけの原因がいくつかある。ひとつは、ワトソンのもともとの実験では、ウサギへの般化を見たあとに、その恐怖反応を強めるために、ウサギと鉄棒の音とを対提示しているからだ（これは新たな条件づけだから、ほんとうは、これ以降のウサギへの反応は般化とは呼べないことになる）。論文のこのページだけを読んだのであれば、条件づけの刺激をウサギだと勘違いしてしまうかもしれない。もうひとつは、前述のように、メアリー・ジョーンズがネズミやウサギ嫌いのピーター坊やの恐怖を取り除くために、刺激としてウサギを用いていた。書き手は、ワトソンの実験とこの研究とを混同している可能性がある。3つめは、ワトソン夫妻の育児書のなかでは「もしウサギを刺激に用いて恐怖の条件づけをしたなら」という仮定の話をしている（図8・2、8・3）。このように、ワトソン自身も、多少の誤解の種を播いてしまっている。とはいえ、誤るほうは、原典の論文にあたっていないわけだから、弁解の余地はない。

ワトソンのパフォーマンス

アルバート坊やの実験がこれだけ有名になったのは、それが学問的に重要な価値をもっていたからである。そして、当時からすれば、それがワトソン自身の最後の実験だったからだ。加えて、ワトソンとロザリーのスキャンダルも手伝っている。つまり、あの2人の実験だったからだ。

これらに加え、インパクトのある研究だったのは、ワトソンのプレゼンテーションのうまさがある。ワトソンは、アルバート坊やの実験を映画に撮り、この記録映画からスチール写真を作成した（図8・1）[10]。さらに彼らの育児書の挿絵も、この映画のなかのシーンをもとに描かれている（図8・2と8・3）[11]。この映画は、彼の講演のなかで用いられた。研究をほかの人々に紹介するには、なんと言っても、写真や絵や図が理解の大きな助けになる。具体的なイメージを思い浮かべることができなければ、インパクトは弱い。図8・1をもう一度見ていただこう。ひとつの写真のなかに、アルバート坊やも、シロネズミも、ロザリーも、ワトソンも写っている。この1枚で、実験状況がよくわかる。これは偶然にできるものではない。おそらく、ワトソンは（もしくはワトソンの指示で動いていたカメラマンは）そこまで計算に入れていた。「百聞は一見に如かず」の通り、ワトソンは、人々を説得する上で写真や映画がもっとも効果的だということをよく知っていた。なんと言っても、彼は、広告業者として成功し、アメリカ有数の広告代理店の副社長にまでなったのだ（本人の望むところではなかったのかもしれないが）。プレゼンテーションの才能は、彼が心理学者だった時にも、行動主義「宣言《マニフェスト》」や一般向けの講演などに遺憾なく発揮されていた。

この記録映画の制作費は、大学から出ていた。現在とは違い、撮影自体が大掛かりで、かなりの費用が要った時代である。この予算は、ワトソンが授業や講演の公開デモンストレーション用に是非必要だ（ネズミなどの学習行動や人間の乳児の反射を見せる）という理由で、大学に予算を申請し、特別に得た資金であった。大学側がワトソンを相当に優遇していたことがわかる。ワトソンは、当初の目的を越えて、アルバートの実験も撮影して記録として残し（おそらく心理学の実験を撮影した最初の映画かもしれない）、それをもとにスチール写真も作った。

この映画は、その後行方知れずになっていたが、1970年代後半に発見された。映画には、アルバート坊やが5分30秒ほど登場するが、条件づけをしている場面そのものはない。[12]写っているのは、条件づけ以前には、シロネズミ、ウサギ、イヌ、サルや火を怖がらないという場面と、条件づけ以降では、シロネズミ以外にも恐怖反応が転移するという場面である（2回目のテストか最終テストだろうが、どちらかは不明）。

私がこの映画を見たかぎりでは、条件づけ後にネズミやウサギ（図8・2や8・3にあるように、かなり大きなウサギだった）や白いヒゲの生えたお面をつけたワトソンが登場する場面では、アルバート坊やは、嫌がってはいる（あるいは無視したがっている）ものの、恐怖と言えるだけの反応は示していないように見える。ワトソンがそれらの刺激を近づけてはじめて、避けたり、逃げたりした。これは、まえに述べた、恐怖の条件づけがほんとうになされたのかという疑念を裏づける。

ワトソン夫妻の育児書

心理学界を去って8年後、ロザリーとの共著の形で、育児書『心理学的子育て法』が出版される。(13) この本は、ベストセラーになり、出版後数カ月で10万部を売上げ、その後もコンスタントに売れ続けた。1940年代半ばに、フロイトの影響を受けたスポック博士の育児書が現われるまでの20年弱の間、アメリカの育児法に影響をおよぼし続けた。

行動主義のオプティミズムを象徴する、ワトソンの次の有名なことばは、この本の宣伝文句としても使えただろう。(14)「私に健康でよく習慣づけられた子どもたち1ダースと、私の望む育児環境を与えてほしい。どの子どもであろうが、その子の才能、好み、傾向、能力、適性、親の人種に関係なく、なんにでも、医者、弁護士、芸術家、大商人、そしてそう、乞食や泥棒にさえもしてみせよう」。

この自信はどこから来るのか。考えてみると、彼が人間の赤ちゃんで行なった研究は、反射などの行動観察を除けば、アルバート坊やの恐怖条件づけだけである。それだけを足がかりに(あるいは自信にして)、これだけの啖呵《たんか》を切り、育児書を書いているのだ。彼には、前妻のメアリーとの間に2人の子どもが、ロザリーとの間にも2人の子ども、ビリー（21年生まれ）とジミー（24年生まれ）がいた。ビリーとジミーについては、ワトソンは観察記録をつけていたようだし、簡単な実験も試みていたようだが、この育児書にはその内容が反映されているわけではない。

この育児書は、第一には、ワトソン自身の人間観と行動主義的な考え方の反映であった。そしてそれには、イギリス経験論の考え方が色濃く出ていた。この経験論の考え方は、ある意味では、一般の人々の直観にも合っている。生まれたばかりの赤ちゃんは、自動的な反射だけをもつ、なにもできない、なにもわからない存在だ（現在の乳幼児心理学では、さまざまの点でそうではないことがわかっているが）。その赤ちゃんがどう育つかは、経験や環境、教育やしつけに大きく左右される。経験論を主張する哲学者たちは、赤ちゃんが白紙状態《タブラ・ラサ》で生まれてきて、経験したことをその白紙に書き込んでいくのだと考えた。だから、赤ちゃんを最初にどう育てるか、精神的にどう形作るかが問題となる。さらに言うと、やり方しだいでは、こちらの望むような子どもを育てることができるということになる。

このやり方とは、ワトソンにとっては、条件づけであった。アルバート坊やを例にとろう。アルバートは、最初のテストでは、目の前におかれたものをなにも怖がらなかった。ところが、そのなかのシロネズミと大きな音とを対にして提示すると、シロネズミをこわがるようになった（恐怖の条件づけが成立した）。その反応は、シロネズミに似たほかのものにも般化（あるいは転移）した。

ワトソンは、白紙の状態の赤ん坊に、恐怖と同様、怒りや愛情も条件づけることができると考えていた。しかし、条件づけの可能性（無条件刺激）はいたるところに転がっている。赤ん坊がなにかに触ろうとした瞬間に、たまたま大きな音をたててドアを閉めてしまったら、それに対する恐怖が条件づけられるかもしれない。ワトソンに言わせれば、だから両親は赤ん坊をとりまく環境に神経質なまでに気を配る必要があるのだという。彼は、適切な条件づけがなされるよう、育児に厳格さや冷静さを要求した。これは、ある意味では、厳しさを重んじる、アメリカのピューリタン的な伝統に適《かな》った育児法かもしれなかった。

時代とともに180度変わる育児書

育児書、あるいは子育てマニュアルそのものは、もちろん書き手の主義主張も反映されている可能性があるが、大きくはその時代の子ども観に影響されるし、さらにそれを増幅もする。(15) おそらく、こうした育児書が必要になったのは、この100年で工業化や都市化にともなって核家族化が進み、世代から世代への子育て法の伝授が少なくなって、権威ある助言に頼らざるをえなくなったことが関係している。子育ての不安を解消してくれて、こうやったらよいとか、そうやったら悪いとかいった、自分がすることへの御墨つきや太鼓判が必要になっているのだ。

だが、そうした絶対的に正しい育児法があるのかと言えば、おそらくはないのかもしれない。赤ちゃんを寝かせるのにうつ伏せがよいのか仰向けがよいのか、背負ったほうがよいのかお腹の側に抱くのがよいのか、しつけは厳しいのがよいのか自由にさせたほうがよいのか。それぞれにはそれなりの理由があるのだが、どちらがよりよいのかは、はっきり言えないようなところがある。育児書も、小児科医や心理学者が経験・理論・実験・観察を踏まえて書いてはいるのだが、時代時代によって、振り子のごとく、両極の間を揺れ動く。アメリカの場合は、とりわけそうであった。[16] ワトソンの育児書は、その振り子を右端まで大きく揺らした。厳格なしつけ（経験がものを言うというジョン・ロック風のイギリス経験論の考え方が中心にある）という意味では、子どもの側でなく、親の側にさまざまな配慮や注意を要求した。この育児法は、親の側の論理や価値に絶対的な重きをおく「親本位」の子育て法と言えるだろう。

ワトソンの育児法への反動として、その後、振り子は一気に左端まで振れる。スポック博士の登場である。この小児科医は、フロイト風の快楽原理を採用して、子どもを自由に放任して育てる方法を推奨した（いわばルソー風の「自然に帰れ」式の育児法だ）。これは、第二次世界大戦後のアメリカ社会に爆発的に広まり、日本でも、この育児書は飛ぶように売れた(17)。こちらは「子ども本位」の育児法と言えるだろう。

その後、スポック博士のあとに来るのは、ボウルビーやブラゼルトンなどの母親と子どものきずなを重視する立場である。「愛情」や「愛着」がキータームとして多用される。なお、スポックとボウルビーらの間には、流行りはしなかったが、オペラント条件づけにもとづく心理学者のスキナーのユニークな育児法もあった(18)。これなどは、ワトソンの行動主義的育児法の流れを汲むものだ。図8・6は、オペラント条件づけの装置、赤ちゃん用のスキナー箱だ。ただし、スキナーはこの箱で自分の娘を育てたというわけではなかった。この箱は実用化されて市販され、1000台ほどが売れたという（おそらくそのほとんどはベビーベッドを入れる小さな個室として使われたのだろう）。そして現在は、脳科学で得られた知見にもとづいている（とされる）育児書が、数多く出回っている。

こうした流れを見てくると、どのような育て方をすればよいかは、科学の問題ではなく、その時代や文化の価値観（そして提唱者の生育環境）の問題のような気がしてく

図8・6　赤ちゃん用のスキナー箱
なかにいるのはスキナーの娘デボラ。Bjork（1997）より。

る。科学は、それに都合のよいデータを提供するにすぎない。現在巷に出回っている、脳を育てる子育て法にしても、神経シナプスや特定の脳部位をよりはたらかせるようにせよとは言ってはいるものの、では具体的にどうすればよいかと言う時には、その提唱者の価値観や生活観が前面に出てくることが多い。

ワトソン夫妻について言うと、彼らが自分の主張する育児法で子どもを育てることができたかというと、そうでもなかった。ロザリーは、「行動主義者を父にもつ子どもの母として」というインタヴュー記事のなかで、率直に、なかなかその通りにはできないと告白している。(19)

ハクスリーの『すばらしい新世界』

行動主義やその育児法の影響を危惧して、1932年、オルダス・ハクスリーは『すばらしい新世界』という未来小説を書いた。[20] そこには、国家がすべての人間を管理する社会が描かれ、子どもたちが社会階層ごとにさまざまに条件づけされて育てられる世界が描かれている。

たとえばこうだ。条件反射教育室での光景。8カ月ほどの赤ちゃんたち（下層の労働者階級の子どもたちだ）が部屋に連れて来られる。担当者が、彼らのまえにバラの花や絵本をおく。すると、赤ちゃんたちは興味を示して、近寄って触り、それらで遊ぼうとする。その時に、耳を聾するばかりの音が突然轟き、彼らを驚愕に陥れ、さらに軽い電気ショックもかけられる。これを200回繰り返したあとでは、子どもたちにとって、花や絵本は恐怖の対象になる。[21] この反応は般化するから、自然全般や本に対しても恐怖を感じて、近づこうとはしなくなる。これらの恐怖反応は、おとなになっても持続する。これは好都合だ。なぜなら、国家にしてみれば、本を読むのは時間の無駄以外のなにものでもない（それに現体制に対する不満や疑念をもつ契機にもなってしまう）し、花や美や自然を愛でても、国家にはなんの経済効果ももたらさないからだ。

為政者や権力者が、あるいは国家が、条件づけによって人間をコントロールしようと考えたなら、どういうことになってしまうか。ハクスリーが描いているのは、そうした恐るべき社会である。小説のなかでは、受精段階での国家のコントロールの場面も登場する(これはまさに、ポストゲノムの時代にいる私たちが直面する問題でもある)。国家によるコントロールというハクスリーの危惧の一部は、時を経ずに、急速に現実のものとなった。ナチスドイツの台頭である。科学の名を借りた人種政策や優生主義的政策が行なわれ、数知れぬ人々がその犠牲となった。ハクスリーのこの『すばらしい新世界』には、国民をコントロール下におく、ヒットラーまがいの総統も登場する。

この小説には、脇役として、その名もヘルムホルツ・ワトソンという人物が登場する。感情工科大学の若き講師である。つまり、ハクスリーは、条件づけの悪用を問題にしているだけでなく、ワトソンその人も念頭においていたことがわかる。小説中のワトソンは、スポーツマンで、才能にあふれ、ハンサムで、女性にもて、如才ない社交家として描かれている。完璧で、エネルギッシュな、好感度抜群の男性である。おそらく一般にもたれているジョン・ワトソンのイメージは、この通りかもしれない。

神話的人物としてのワトソン

アルバート坊やもさることながら、ワトソンその人が神話的人物であった。ワトソンは、1920年に心理学の世界を去り、1958年に80歳で亡くなる。40歳代には、すでに心理学の歴史上の人物として語られる存在になり、本人は心理学の世界の外にいて、別の仕事にたずさわっていた。私自身の実感もそうだ。学生の頃に、1910年代のワトソンの活躍を知り、その後しばらくして、この神話的人物が私の生まれた頃にもまだ生きていたということを発見して驚いたことがある。これと似たような話で、広告業界に身をおく人が書いているエッセイのなかに、その業界でよく名の知れたワトソンが心理学のあのワトソンと同一人物と知って驚いたというエピソードがある。

他方で、ワトソン神話には、その生き方の側面もある。恵まれない家庭に育ち、少年時代の学業成績も不振で、素行もよくなかったが（2度ほど警察の厄介になったことがある）、大学に入ってからめきめき頭角を現わし、30歳で大学教授、37歳でアメリカ心理学会の会長にまでなるのだ（環境や教育しだいで人間はどうにでも変わりうるという彼の主張は、こうした彼の人生観がバックボーンにある）。途中までは、このようにサクセス・ストーリーだ。しかし、そこで彼を待ち受けていたのは、不倫問題に端を発した挫折である。しかも、この時彼は、地位や学問をとらずに、愛する女性のほうをとった。そしてそれまでとはまったく別の道を歩んだ。しかし、その愛するロザリーも1935年に赤痢にかかり、それがもとで36歳の若さで亡くなってしまう。これ以降のワトソンは、悲しみと寂しさのなかで仕事を続けたが、1945年に広告業界を退く。

一般に知られている二枚目のスタンドプレイヤーとしてのワトソンのイメージ（ハクスリーの小説のなかのワトソンはそうだ）と、実際のワトソンとの間には、実は多少のギャップがある。あまり知られていない面を、2つほどあげてみよう。

ワトソンは、動物の感覚や学習の実験を実験室だけで行なっていたという印象がある（私がワトソンを最初に詳しく知った時の印象はそうだった）。だが、そうではない。1907年から10年にかけて、フロリダのトーツガス島でアジサシの観察と実験を詳細に行なっているのだ。(22) この観察には、彼の後輩のラシュリー（その後ハーヴァード大学の教授になる――7章の冒頭にも登場）も同行した。彼が調べたのは、そこにコロニーを作っている近縁種のクロアジサシとセグロアジサシの交尾、営巣、抱卵、給餌行動のパターンの違いである。さらにアジサシの感覚能力や帰巣能力を調べる実験も行なっている（100マイルと850マイル離れた場所まで運んで放して、どれぐらいの個体が、どの程度の時間をかけて巣まで戻れるのかを調べている）。フィールドに出て近縁種の動物の行動を観察して比較するというのは、それから数十年してエソロジー（動物行動学）で体系化されるアプローチである。このアプローチは、ワトソンの創始した行動主義とは対極に位置づけられている。しかし、ある意味で、ワトソンはそのやり方も先取りしていた。

もうひとつは、家庭を大事にし、静かな生活を好んだことだ。収入が安定した1930年、ワトソンは、コネティカットのウエストポートに邸宅つきの広大な農場（なんと5万坪！）を買って、そこで生活し、会社のあるニューヨークに90分かけて列車通勤した。休日には、農作業にいそしみ、日曜大工もした。大工仕事は子どもの頃から得意であったが、納屋や車庫や家までも建てた。アカデミックな世界で行動主義の創始者としてワトソンのことが神話のように話されていた時、本人は、コネティカットの農場で大工仕事や農作業をしたりしていたのだ（図8・7）。

仮定の話でしかないが、彼がアカデミズムの世界に身をおき続けていたら、現在の心理学もかなり違ったものになっていたはずだ。次々と新たな領域を開拓していったに違いないからだ。ワトソンは危ない橋を渡るのが大好きだった。たとえば、アルバート坊やの実験に並行して研究を進めていたのが、飲酒の効果の実験である（ロザリーはこの研究も手伝っていた）。アメリカで禁酒法が施行されるのがまさにこの時（1

図８・７　広告業界引退後のワトソン
自分の農場にて、愛馬シャドーとともに。Buckley（1989）より。

920年）だから、彼はこうした社会的趨勢に意図的に抗って、研究をしようとしていたことになる[23]。またこの頃、人間の性行動の実験的研究も計画途上であった[24]。学問的なタブーは、彼にとってはタブーではなかった。

9章　心理学の歴史は短いか
――心理学のウサン臭さを消すために

最後のこの9章では、心理学そのものの神話のひとつを紹介し、その上で、心理学のなかで神話めいたものがいまも蔓延《はびこ》るのはなぜなのかも考えてみよう。

心理学の歴史が短いなんてだれが言った⁉

「心理学の過去は長いが、歴史は短い」。こう書いたのは、ドイツの心理学者、ヘルマン・エビングハウスだ。1908年のことである。このことばは、彼の『心理学概説』という教科書の冒頭に登場する(1)（この本はよく読まれ、影響力も大きかった。2年後の1910年には英語訳が、12年には日本語訳も出されている）。これは、心理学のトピックスは古くからたくさんの人々（たとえば、西洋で言えば古代ギリシアのアリストテレスとか）によって論じられてきたが、心理学が個別の学問分野として独立し、科学のひとつとして認められるようになったのはごく最近のことだ、という意味だ。このことばは、名言として、いまも心理学の教科書に載っている。

しかし、心理学の歴史は、短いだろうか。公式には、科学的心理学は、1879年に誕生したとされている。それまでも心理学は研究されていたし、大学でも教えられていたが、この年に、ヴィルヘルム・ヴントという心理学者がドイツのライプツィヒ大学に最初の心理学研究室を設立するのである。アメリカでは、1875年にウィリアム・ジェイムズがハーヴァード大学に心理学研究室を設けているが（ドイツより4年古い）、小規模だったし、いったん途切れるので、科学的心理学誕生の年としては1879年のほうが採用されている。だから、エビングハウスが歴史の短さを強調した時には、心理学はスタートしてからまだ29年しか経っていなかったことになる。ただ、エビングハウスの『心理学概説』を読んでみると、彼自身は、19世紀半ばに活躍したフェヒナーやヘルムホルツあたりの感覚研究を科学的心理学の開始時期と見ていたようだから、心理学の歴史を50年ちょっとと考えていたのだろう。確かに、それだけの年月なら、心理学の歴史は短いというのが実感かもしれない。

エビングハウスから1世紀以上が経って、科学的心理学はいまや、135年から1

65年の歴史をもつ。ワン・ジェネレーションを25年とすると、すでに5ないし6世代が経過したことになる。もう心理学の歴史が短いなどとは言えない。おそらくは、このことばがいまだに教科書に登場するのは、教科書の執筆者がなにも考えずにこのことばを（100年以上も！）受け売りしてきたからだろう。最初は、心理学が新しい学問だぞと宣言する目的もあったのかもしれない。しかしこのことは、さまざまな誤解を生むもとになっている。

心理学はほんとうに新しい学問か

19世紀の半ばまでの知の世界は、興味のおもむくままどんな領域や分野でもこなす才能豊かな人々からなっていた。たとえば、ヘルムホルツは、熱力学や電磁気について数々の発見や発明をした物理学者だが、本職は生理学者だったし、視覚や聴覚でも数々の発見をし、感覚・知覚心理学の基礎も築いた（先ほどのヴントは、心理学を専門にするまえはヘルムホルツの生理学の助手だった）。進化論を展開したダーウィンも、生物学者のなかに入れられているが、地質学や古生物学もこなした博物学者であり、動物心理学や発達心理学の問題をあつかい、表情と感情の研究、性差の研究なども行なった。研究の内容を考えれば、ヘルムホルツもダーウィンも、ゴールドメダル数個分に相当する心理学者である。しかし、彼らを心理学者とは呼ばない。それは、物理学や生物学への気がねもあるが、第一には、公式に心理学者と呼べるのが、心理学が誕生して以降——つまりはヴントやジェイムズ以降——の人に限られるからである。

個々の学問がひとり立ちし始めるのが、ほぼこの頃——産業革命以降の19世紀の前半から中頃にかけて——である。いわゆる個別の学問（サイエンス）の誕生である。サイエンスで生計を立てるサイエンティストという職業も、これとほぼ同時期に誕生する（サイエンティストという語が最初に使われるのは1840年だ）[2]。そして現代風の大学——教えるべきこと（カリキュラム）が科学ごとに決まったシステム——もこの頃に誕生する。

もちろん、古くから体系をなしていた哲学や数学や医学のような学問もあった。しかし、それ以外は、19世紀に科学として確立されたものが多い。たとえば、化学においては、1824年にリービッヒがドイツのギーセン大学に実験室を作り、学生の指導を始める時をもって、最初の化学者の誕生とみなす（もちろん、それ以前にも化学の研究をしていた人々はたくさんいた。錬金術師しかり、ボイル、ラヴォアジェ、ドルトンしかり）。哲学から別れた、心理学の兄弟分の社会学にしても、19世紀半ば頃に学問として体系化され始める（オーギュスト・コントが「社会学」という名称をはじめて使ったのは1839年だ)。

心理学が父なる哲学と母なる生理学から生まれるのが1850年頃か、あるいはジェイムズの1875年やヴントの1879年なのだから、心理学はほかの科学に比べ、ワン・ジェネレーションほど遅れて出帆したにすぎない。心理学が新しい学問だというのは、ほかの学問の成立の状況を知らないことから起こる、単なる思い込みにすぎない。その歴史は短くなどない。

心理学の特質とウサン臭さ

心理学が新しい学問だということを強調する裏には、実は別の意図も読みとれる。「歴史が浅いので、まだ十分なことをしていません」というエクスキューズだ。しかしこれは、謙遜のようにも聞こえるが、実際には学問としての自信のなさや言い訳でしかない。

心理学の歴史が浅いと本気で信じている人は、アメリカやイギリスの大学の入門レベルの教科書を手にとってみるとよい。A4版で1000ページ近くある。しかもずしりと重い(ちなみに、私が今年のゼミで使っているヘンリー・グライトマンらの入門の教科書は1050グラムもある)(3)。このなかに、19世紀後半以降の科学的心理学の研究成果が詰まっている。最初から最後まで目を通せば（途中で悲鳴をあげる人もいるかもしれない）、心理学が新参の学問だなどとはとても言えないはずだ。

心理学の学問内容が不十分で不確実に見えるのは、歴史が浅いからではない（いま述べたように浅くなどない）。それは、だれもがもつ、けれどほかの人間は直接見ることのできない「心」というものをあつかうからだ。物質のようなハードなものをあつかうのではないからなのだ。これは、心理学の本質であり、宿命である。心理学がこれから途方もない年月研究を積み重ねて行っても、この点は変わりようがない。

では、そうした「心」を心理学ではどのようにあつかうのか。オーソドックスには、言語的反応や行動や生理的な反応を通してである。行動や反応のデータから、心のなかで、脳のなかで、体のなかでどんなことが起こっているかを推測する。つまり、心理学とは間接科学である。このことを言うのに、かつては、心や脳や体を、ものが出入りするが、なかを覗くことはできない「ブラックボックス」にたとえていたことがある。つまり、入っていったものと出てきたものとの関係（入出力関係）から「ブラックボックス」のなかでなにが行なわれているかを推測するわけだ。いまなら脳のなかで起こっているプロセスを探るということになる。(4)

ここで問題なのは、この推測が十分な正確さをもって行なうこともできるし（当然そうせねばならない)、いい加減に行なうこともできるということだ(心理学者を自称するとんでもない連中の心理ゲームがこれにあたる)。心理学が客観性を備えた自然科学のようにも見え、どこかしらウサン臭さも残しているのは、間接科学のもつ宿命にほかならない。

さらにウサン臭さの一因は、心理学という名称にもある。(5) 心理学でいう心とは、知覚・思考・記憶・感情・意志・意識など、脳のなかで起こっているプロセスや結果を指す。しかし、一般には「心」(もとは心臓を指していたわけだが)ということばは、まごころや人情や良心や思いやりといった意味にも用いられる。愛国心や道徳心といった表現もある。「心」霊現象といったように、実体のないものを指すこともある。こうした「心」のもつ意味の多様さが、「心理学」に対する誤解(あるいは先入観)を生むもとにもなっている。

なぜ神話が生まれ、生き続けるか

心理学には、この本で紹介した以外にも神話がいくつもある。たとえば、モーツァルトを聞くと頭の回転がよくなる、ロールシャッハテストでその人の性格が診断できる、男らしさ・女らしさは生まれついてのものではなく、文化によって決まる、などなど。(6) もとはいい加減な（場合によっては誤った）話がどのように生じ、どのように神話の位置を占めるようになり、どのように受け継がれてゆくのか。これを説明する役目を担っているのも、これまた心理学である。

本書に登場した神話については、どのように生じ受け継がれてきたかを考えてみたが、ほかの神話それぞれについても、心理学的にさまざまな角度から分析ができるだろう。根本的なところでは、人間が新しいもの・珍しいもの好きで、神秘的なもの・不思議なものを好み、なんにでも原因（因果関係）を見たがり、説明をほしがるということがある。また、これまで社会心理学の分野で明らかにされてきた、確証バイアス、同調、光背効果、権威への服従、認知的不協和の解消、被暗示性、先入観、流言の広まり方なども、説明の重要な要素として使えるだろう。記憶や思考の分野で研究されてきた、記憶の変容のメカニズム、情報源の取り違え、確率の判断の誤りなども、大きく関わっているだろう。これらについての詳しい説明は、巻末の注(7)にあげた本に譲ることにしよう。医者の不養生のようなもので、迷信や誤信についてもっともよくわかっているはずの心理学者が、どうやら迷信や誤信にもっとも弱いようだ。

以下では、なぜ心理学では神話が蔓延《はびこ》るかについて、いまあげた心理学的要因以外の2つの大きな要因について触れて、この本を終えることにしよう。

教科書と教師の問題

ひとつは、教科書や教師の問題である。一部の教科書には、心理学のウサン臭さを減らすどころか、それを増幅しているものがある。私自身は、教科書には正しいことだけが書かれていなければならないとは思っていない。むしろ、誤った記述があっても許されると思う（誤りは直せばよい）。科学は誤ることがあたりまえであって、そもそも科学とは、そうした誤りをたえず書き改めてゆく営みだからだ。私が許されないと思うのは、だれかが誤って書いたものをなにも考えずに受け売りしたり、それを孫引きやひ孫引きしたり、果ては先祖がたどれない引き方をしている場合である。あるいは、誤りであることが判明しても、直しもしない場合である。

これは、ただの不勉強で済ませられる問題ではない（しかし、そもそも、不勉強な者が教科書を書いてよいものか）。原典にあたらずに、みなが孫引きを重ねてゆくと、「伝言ゲーム」のように、最後はオリジナルとは似ても似つかないものになってしまうことがある。心理学にはこうしたある意味での悪しき伝統や雰囲気が、どこかしらにある。この章の冒頭で述べたエビングハウスのことばを100年の長きにわたって使っていたりするのは、その典型である。

しかし、残念なのは、心理学者のなかには、授業も教科書も、不確かな逸話でいいと思っている人がいることだ。人を引きつけること、おもしろそうなこと（この2つは確かに重要だ）、話しやすいこと、都合がよいことでいいと思っている人がいる。もとの話にかなりの脚色を加えても、場合によっては嘘でもよいと思っている人がいる（「嘘も方便って言うじゃないですか」）（巻末の1章の注27も参照）。こうした人々にとっては、アマラとカマラも、映画館でのサブリミナル広告の話も、イヌイットが100種類もの雪を区別しているということも、「実話」として欠かせない。これらがなぜたちが悪いかと言えば、ほかのまともな研究を見えなくしてしまうからである。

マスメディアの問題

これに輪をかけるのが、マスメディアである。2章で述べたように、サブリミナル効果がきわめて危険なものだと喧伝したのは、科学者ではなく、政治家やマスメディアに関わる人間たちであった。その神話を既成事実として広め、その危険性を煽ったのも、マスメディアである。しかし、いったん伝えたことが誤っていたとしても、メディアは訂正することはまずない（新聞や雑誌を見るとこれがよくわかる。訂正したとしても、訂正記事のなんと小さなことか！）。

これは、情報を流す側の匿名性の問題も関係している。通常は個人として名前を出して記事を書いたり情報を流したりするわけではないので、だれがそれを言ったり書いたりしたかがわからないようなしくみになっている。場合によってはおおもとのソースがわからないこともある（あるテレビの報道番組がほかの番組の内容を引き、それはさらにほかの番組をもとにしているといったように。これは教科書の孫引きのようなものだ）。もちろん、責任は編集部や放送局にあると言うだろうが、集団になれば、当然責任の分散が起こる。つまり、責任はみなにあるが、その責任（あるいは後ろめたさ）は極端に薄められているのだ。

商業的なメディアに携わる人たちの多くにとって、最優先事項は、どれだけの人に視聴してもらえるかである。テレビなら高い視聴率をとることが、新聞や雑誌ならたくさんの部数が捌けることが、インターネットなら閲覧数やダウンロード数が多いことが重要になる。それには、人目を引くことが優先される。(8)人の喜びそうなこと、奇妙なこと、おもしろいこと、センセーショナルなことが一番だ。伝えられることが真実なら、それは問題ない。しかし、それが嘘やデタラメ、作り話なら、話はまったく別だ。番組のなかで実験や調査を捏造し、科学者のコメントも作り変えて放映するに至っては、言語道断の行為である。(9)

そうしたなかで、とりわけ心理学はおもしろおかしく、いいように使われているところがある。心理学のウサン臭さもそこで強調される。確かに、心理学のさまざまな知見を伝え広めるためにマスメディアを使うことは重要だし（良心的な報道や番組作りをしている個人やチームもいないわけではない）、有意義には違いない。しかし、伝えたいことを正確に伝えてもらえるか、こちらの意図とは異なって換骨奪胎して伝えられるかは、保証のかぎりではない。マスメディアとつき合うにはつねに警戒が必要だ。

最後に――神話の呪縛から逃れるために

心理学は、もちろん一直線に進んできたわけではない。時代や社会の要請によって、研究テーマも流行り廃りがあり、袋小路に入ることや、紆余曲折もあった。しかし、1世紀半におよぶ試行錯誤の結果、いまや基本的な方法論もしっかり確立され、研究されているテーマは百花繚乱の様を呈する。積み重ねられてきた知見も多岐にわたる。

しかし一方で、本書で述べてきたように、過去の遺物として、いくつもの「神話」や、ウサン臭い部分も抱えている。外から見ると、真実の部分と嘘の部分は渾然一体となって、心理学というものを形作っている。それが、一般の人が心理学に対して抱くイメージだ。

どうすれば、こうした神話の呪縛から逃れ、ウサン臭さを払拭できるだろうか。答えはひとつ。論理的にものを考える以外にない。心理学が科学として認めてもらうには、とるべき道はそれしかない。そして原典にあたること。噂に頼らぬこと。疑うこと。そうすれば、心理学のなかの似非《えせ》科学の部分ははるかに少なくできるに違いない。

あとがき

半年で書き終えるつもりが、読みが甘く、8年がかりになってしまった。日数にすると2900日あまり。オオカミ少女の章の最初の原稿を読んで「おもしろい！」と言ってくれた中学1年生だった娘がいまは大学2年生になってしまった。

本書を書こうと思い立ったのは、ドナルド・ブラウンの『ヒューマン・ユニヴァーサルズ』（中村潔氏との共訳、新曜社、2002）を翻訳していた時である。彼は、否定的な証拠があるにもかかわらず、何度もよみがえる文化人類学の特定の考え方を紹介しながら、これらを悪しき「神話」と呼んだ。それが刺激となって、心理学の世界の「神話」について考えるようになった。本書は、いわば、ブラウンから与えられた課題に対する私なりの答案である。

8年の長丁場のせいで、内容は、当初考えていたよりも充実したものになったが、本書の一部は途中で切り売りせざるをえなかった。1章と4章がそうである。それぞれ、「狼少女の虚と実」（研究プロジェクト報告書『変動する社会における社会病理現象に関する総合的研究』新潟大学大学院現代社会文化研究科、2002）と「シリル・バートはデータを捏造したのか」（仁平義明編『嘘の臨床・嘘の現場（現代のエスプリ481）』至文堂、2007）と題して発表している。ただし、本書ではそれらに大幅に加筆してある。

新曜社の塩浦暲氏には、8年お待ちいただいた。原稿を送った翌々日にOKが出たので、ご期待に添えたものと思っている。編集の実務は、高橋直樹氏に担当していただいた。もとは尖っていた表現が丸くなり、読みやすくなったのは、氏のおかげである。お2人に感謝申し上げる。

本書をサンタバーバラにいる（残念ながら日本語の読めない）ドナルド・ブラウン先生と、オオカミ少女についての私の話を最初に聞いて適切な助言をくださった（いまは天国にいる）本田仁視先生に捧げたい。

2008年7月

鈴木光太郎

文庫版あとがき

「10万部以上は売れたよね」と複数の友人から言われた。そんなには売れていない。その数字の10分の1もいかない。ちょっと乱暴な書きぶりの学術書であったのと、値段が2600円したので、多くのかたはリスクを考えて購入を控え、図書館から借りるなどしてお読みいただいたのだと思う。今回、副題を「スキャンダラスな心理学」と改め、廉価な文庫版としてお届けできることになった。

文庫化にあたっては、エヴェレットのピダハンの話題とレヴィンソンの位置表現の研究（3章）、ニムのスキャンダルのドキュメンタリー映画（6章）、アルバート坊やがアルバート・バージャーらしいという話題（8章）などを追加し、全面的に加除訂正を行なった。

追加分について情報提供や示唆をいただいた仁平義明先生（白鷗大学）、イーエン・メギール先生（新潟青陵大学）、ジャック・ヴォークレール先生（エクス‐マルセイユ大学）、また文庫化を許諾いただいた本書の生みの親の新曜社と、文庫版の編集を担当していただいた筑摩書房の羽田雅美さんに感謝申し上げる。

なお、本書は、『おそろしい心理学』というタイトルで韓国語版が出ており（『무서운심리학』뜨인돌、２０１０）、フランス語版の刊行も予定されている（*Enfants-loups, Singes Parlants et Jumeaux Fantômes: Trucages et Mystifications en Psychologie*, Editions du Seuil)。

２０１５年３月

鈴木光太郎

注（邦訳については、原著や原論文の出版年ではなく、邦訳の出版年で示してある）

1章

（1）小原秀雄（1987）『動物たちの社会を読む』講談社、西田利貞（1999）『人間性はどこから来たか』京都大学学術出版会。

（2）藤永保（1990）『幼児教育を考える』岩波書店、小原秀雄（1987）前掲書、オグバーン・W・F&ボーズ・N・K（1978）「『カマラとアマラの話』の真実性——現地調査報告」（中川伸子訳、中野善達編『野生児と自閉症児』福村出版、107-244）。

（3）Singh, J. A. L. & Zingg, R. M. (1942) *Wolf-children and Feral Man*. New York: Harper. 邦訳は2冊に分かれている。シング・J・A・L（1977）『狼に育てられた子——カマラとアマラの養育日記』（中野善達・清水知子訳）福村出版、ジング・R・M（1978）『野生児の世界——35例の検討』（中野善達・福田廣訳）福村出版。

（4）ゲゼル・A（1967）『狼にそだてられた子』（生月雅子訳）家政教育社。

（5）Gesell, A. & Thompson, H. (1929) Learning and growth in identical infant twins: An experimental study by the method of co-twin control. *Genetic Psychology Monographs*, 6, 1-124.

（6）この指摘は小原秀雄（1987）前掲書による。

（7）ハインズ・T（1995）『ハインズ博士「超科学」をきる（Part I/Part II）』（井山弘幸訳）化学同人。

（8）東京医科歯科大学の寄生虫学者、藤田紘一郎によれば、極端なケースとして91匹の回虫で腸閉塞になった患者の例があり、自身の診た例でも82匹の回虫がいたことがあるという。カマラは体が小さいのに、116匹で、ほとんどギネスブック級である。藤田紘一郎（2001）『〃きれい社会〃の落とし穴——人と寄生虫の共生』日本放送出版協会。

（9）マクリーン・C（1984）『ウルフ・チャイルド——カマラとアマラの物語』（中野善達訳編）福村出

版。

(10) ウィリアム・フィールディング・オグバーンは、社会変動論などで知られたシカゴ大学の社会学者である。1920年代にはコロンビア大学で教鞭をとり、この時の教え子にはマーガレット・ミードもいた。ミードの自伝によると、彼女の就職の世話をしたのはこのオグバーンである(『女として人類学者として――マーガレット・ミード自伝』和智綏子訳、平凡社、1975参照)。ミドナプールでの調査は、ちょうどシカゴ大学を退職した時に行なわれた。彼が65歳の時である。この調査の直後、カルカッタ大学で講義も行なっている。彼は、遺伝と環境(文化)の関係についても考察をめぐらしていたから、当然オオカミ少女にも大きな関心を寄せていた。アマラとカマラの調査報告は1959年に公刊されたが、オグバーンは同年に亡くなった。

(11) オグバーン&ボーズ(1978)前掲論文。

(12) マクリーン(1984)前掲書。

(13) ラガッシュ・G(1992)『オオカミと神話・伝承』(高橋正男訳)大修館書店。

(14) 藤永保(1990)前掲書。

(15) 松田治(1992)『ローマ神話の発生――ロムルスとレムスの物語』社会思想社。

(16) キプリング・R(1996)『ジャングル・ブック』(西村孝次訳)角川書店。

(17) 映画のターザンとは異なり、原作のターザンは、動物に育てられても、天才的な能力があり、なんと英・独・仏語、そしてアラビア語も短時間でマスターしてしまう。森優「史上最大最高の冒険ヒーロー」(E・R・バロウズ『類猿人ターザン』早川書房、381-389、1971)を参照。

(18) ゲゼル(1967)前掲書。

(19) 藤永保(1990)前掲書。

(20) イタール・J・M・G(1978)『新訳アヴェロンの野生児――ヴィクトールの発達と教育』(中野善達・松田清訳)福村出版。アヴェロンの野生児の保護直後の半年間の記録については、次の論文を参照。鈴木光太郎(2014)「ボナテールのアヴェロンの野生児」人文科学研究(新潟大学人文学部)、第135輯、1

-30（http://dspace.lib.niigata-u.ac.jp/dspace/ からダウンロード可能）。

(21) フォイエルバッハ・A（1991）『カスパー・ハウザー』（西村克彦訳）福武書店、カーチス・S（1992）『ことばを知らなかった少女ジーニー』（久保田競・藤永安生訳）築地書館。

(22) 種村季弘（1983）『謎のカスパール・ハウザー』河出書房新社。

(23) ライマー・R（1995）『隔絶された少女の記録』（片山陽子訳）晶文社。

(24) アヴェロンの野生児については、フランスのフランソワ・トリュフォーが映画として、イタールの記録を忠実に再現している（『野性の少年』1969）。イタールの役はトリュフォー自身が演じた。カスパー・ハウザーの事件も、フォイエルバッハの記録をもとに、ドイツのヴェルナー・ヘルツォークによって再現されている（『カスパー・ハウザーの謎』1974）。こちらは、当然ながらセンセーショナルな作りになっている。ジニーの事例も、アメリカのハリー・ブロムリー・ダヴェンポートによって映画化されている（『マネシッグミは歌わない』2001）。ジニーのようにことばを習得できなかった事例を撮った最近の映画として、イランのテヘランの2人の双生児姉妹を主人公にした映画もある。サミラ・マフマルバフ（この時18歳だった）が撮ったもので、映画のなかに本人たちが登場する（『りんご』1998）。アマラとカマラの話も映画化されていてもよさそうなものだが、されていない。映画化したとすると、おそらくは感動を呼ぶよりも、荒唐無稽な映画に仕上がるかもしれない。なお、テレビの番組としては、2000年6月6日にテレビ朝日系列で放映された『たけしの万物創世記』で、アマラとカマラの話が映像で再現されたことがある（多少バカ話風にアレンジされていた）。

(25) ブラウン・D・E（2002）『ヒューマン・ユニヴァーサルズ――文化相対主義から普遍性の認識へ』（鈴木光太郎・中村潔訳）新曜社。

(26) Yolen, J., Roth, R., & Stemple, H.E.Y. (2001) *The Wolf Girls: An Unsolved Mystery from History.* New York: Simon & Schuster.

(27) ありえるかもしれないこととあったこととの区別について、例をひとつあげよう。この例は、心理学の例ではない（近接領域ではある）が、その根は同じところにあるように思う。1960年代、カルロス・カスタネダという、文化人類学を専攻する青年（UCLAの大学院生）がメキシコにフィールドワークに赴いた。現地の呪術を研究するためである。その過程で、彼はドン・ファンという呪術師と出会う。そしてドン・ファンの伝授する内容や自身の修行体験や幻覚体験をもとに、1冊の記録を著す。『呪術師と私——ドン・ファンの教え』（真崎義博訳、二見書房、1974）がそれである。この本は、当時流行っていたヒッピー文化とも共鳴するところがあって、一般の人々によく読まれ、ベストセラーになった。その後、その続編も出され、「呪術師ドン・ファン・シリーズ」となった。この本が出版された時、アカデミズムの世界では無視を決め込んだ人が多かったようだが、一方では、熱狂的にカスタネダを支持する文化人類学者や宗教学者もいた（その影響で、私もこれらの著作を読んだ）。しかしその後、当然ながら、カスタネダとはどういう人物なのか、ドン・ファンはほんとうに実在するのかが問題になった。カスタネダは正体不明のまま姿を現わさなかったし、ドン・ファンもどこにいるのかがわからなかったからだ。とくに問題なのは、これがフィクションでなく、文化人類学者によるフィールドワークの体裁をとっていたことである。フィールドワークだというなら、それは実際にあったことのはずである。しかし、状況証拠を総合すると、すべては捏造であった可能性が高い。つまり、作り話である。これがカスタネダ事件である。日本のある宗教学者は、この事件を振り返った本を書いた（島田裕巳『カルロス・カスタネダ』筑摩書房、2002）。その出版時のインタヴューに、彼は次のように答えている。「ドン・ファンが実在したかどうかは問題じゃない。ドン・ファンとは、世界中から消え去りつつある伝統文化の象徴。カスタネダは『指輪物語』と同じように神話的なファンタジーのスタイルで、伝統ある哲学的なメッセージを伝えようとしたのではないか」（『新潟日報』2002年4月7日朝刊。傍点筆者）。本気で言っているのだろうか。ニセモノをホンモノと偽っても、一世を風靡してしまえば、あるいはそれが本質をとらえていれば、問題はないというのだ（いわゆる「嘘も方便」）。学問の世界に身をおきながら、この論理は一体どこから出てくるのか。あたりまえだが、『指輪物語』（よくできたファンタジーだとは思うが）は、アカデミックなフィールドワークではない。現実と空想をごっちゃにしてはいけない。ところが、この例のように、このあたりまえのことが通じない人がいる。オオカミ少女の例で言えば、その記録が捏造だということを証拠をあげて説明すると、「そうは言うけれど、でもどこかほかにオオカミ少女がいる（いた）かもしれないではないか」という反論がかならずある（どこかにいるというのなら、連れてきてほしい）。現にあること、これまであったことについて議論をしているのに、ありえること、あるかもしれないことに話をすり替えるのだ。しかも、本人はそのすり替えに気づいていない。だが、ありえるかもしれないこととあったこととは、まったく別の話だ。

(28) ベッテルハイム・Ｂ（１９７８）「野生児と自閉症児」（石橋由美訳『野生児と自閉症児』中野善達編訳、福村出版、27－62）。

(29) 藤永保（１９９０）前掲書。

(30)『朝日新聞』（２００１）6月20日夕刊。掲載されている写真を見るかぎり、前歯2本はないものの、聡明そうな顔をしている少年である。

2章

(1) Danzig, F. (1962) Subliminal advertising: Today it's just historic flashback for researcher Vicary. *Advertising Age*, September 17, 72–73.

(2) Dixon, N.F. (1971) *Subliminal Perception: The Nature of a Controversy.* London: McGraw-Hill.

(3) キイ・Ｗ・Ｂ（１９８９）『メディア・セックス』（植島啓司訳）リブロポート、キイ・Ｗ・Ｂ（１９９１）『メディア・レイプ』（鈴木晶・入江良平訳）リブロポート。

(4) 本田仁視（２０００）『意識／無意識のサイエンス』福村出版、下條信輔（１９９６）『サブリミナル・マインド』中央公論社。

(5) 坂元章・森津太子・坂元桂・高比良美詠子（１９９９）『サブリミナル効果の科学――無意識の世界では何が起こっているか』学文社。

(6)「隠蔽記憶について」(『フロイト著作集 第6巻』小此木啓吾訳、人文書院、1970)、「幼児の記憶と隠蔽記憶」(『フロイト著作集 第4巻』池見酉次郎・高橋義孝訳、人文書院、1970)。幼児期の体験と抑圧された記憶をめぐる最近の研究は、フロイトの考えを支持していない。たとえば、ロフタス・E&ケッチャム・K『抑圧された記憶の神話——偽りの性的虐待の記憶をめぐって』(仲真紀子訳、誠信書房、2000)、サパー・K『子どもの頃の思い出は本物か——記憶に裏切られるとき』(越智啓太・雨宮有里・丹藤克也訳、化学同人、2011)などを参照。

(7)意識のさまざまな定義については、苧阪直行『意識とは何か——科学の新たな挑戦』(岩波書店、1996)を参照のこと。

(8)プラトカニス・A&アロンソン・E(1998)『プロパガンダ——広告・政治宣伝のからくりを見抜く』(社会行動研究会訳)誠信書房。

(9)Brooks, J. (1958) The little ad that isn't there: A look at subliminal advertising. *Consumer Reports*, January 8, 7–10.

(10)パッカード・V(1958)『かくれた説得者』(林周二訳)ダイヤモンド社。実は、この本を読むと、奇妙な矛盾が見つかる。パッカードは、1956年半ば、『サンデー・タイムズ』の第一面に載ったサブリミナル広告に関する記事を紹介している。その記事には、ある広告業者がニュージャージー州のある映画館で映画の上映中にアイスクリーム(!?)の広告をサブリミナル画面で提示したところ、アイスクリームの売上げがぐんと増した、とあったのだ。パッカードが、当の新聞社にこの記事の出所を問い合わせたところ、ニュース提供者は自分の名を明かしたくないと言っているので教えることはできない、という返答を得る。実験場所がニュージャージーの映画館だから、これはどう考えても、ヴィカリーの実験だ。ニュース提供者もおそらくヴィカリーだろう。ところが、挿入画面は、ポップコーンやコカコーラではなくて、アイスクリームだったのだ。この食い違いはなにを意味するのか。

(11)McGinnies, E. (1949) Emotionality and perceptual defense. *Psychological Review*, 56, 244–251.

(12)Moore, T.E. (1988) The case against subliminal manipulation. *Psychology and Marketing*, 5, 297–316.

3章

（1）鈴木孝夫（1990）『日本語と外国語』岩波書店。

（2）Berlin, B. & Kay, P.（1969）*Basic Color Terms: Their Universality and Evolution.* Berkeley: University of California Press. これを紹介したものとして、ブラウン（2002）前掲書がある。

（3）基本色彩語は、色を示す単一の語彙素からなる語で、ほかの基本色彩語とは示す色が重ならず、一般的で、かつ多用される語と定義される。たとえば、日本語で言えば、「青緑」や「群青」は基本色彩語ではない。「梨色」や「水色」も、ものを指す単語に「色」がついているので、基本色彩語ではない。ただし、日本語で基本色彩語とされる灰色や茶色や桃色などはもともとはものを指す語であり、厳密には定義からはずれることになるが、色への転用が一般化したと考えて、基本色彩語のなかに含める。

（4）誤解のないように言い添えると、表ではわかりやすいように日本語の色彩語で示してあるが、本来は英語である。各言語の色彩語も、一応英語のある色彩語に対応すると考えられる語である（これがほんとうに対応するのかどうかについては、本文参照）。

（5）国旗を3つの色で塗り分ける三色旗は、そのよい例かもしれない。青が海、赤が血、緑が森を意味するというぐらいならまだわかるが、たとえばフランスの国旗のように、青が自由で、白が平等で、赤は博愛だとなると、きわめて恣意的である（文化的な必然性はあるとしても）。しかし、同じものを表現する色のほうはひとつかというとこれも、そうではない。たとえば、太陽は、国旗によって赤であったり、黄であったり、白であったりする。21世紀研究会編（2003）『色彩の世界地図』（文藝春秋）を参照。

（6）Miller, G. A.（1956）The magical number seven, plus or minus two: Some limits on our capacity for processing information. *Psychological Review*, 63, 81–97.

（7）七色の虹という表現を最初に用いたのは、太陽光の分解と合成をやってのけたニュートンである。彼は、太陽光を分解してできる虹のようなスペクトルの各部分を、7つの色の配列とみなした。彼の頭のなかには、音階の7つの音とのアナロジーがあった。ニュートン・I『光学』（島尾永康訳、岩波書店、1983）を参照。これについては、鈴木光太郎「知覚のロジック――知覚はめぐる」（栗原隆編『知の地平』東北大学出版会、253-266、2003）も参照のこと。

（8）ハーヴィッチ・L・M（2002）『カラー・ヴィジョン――色の知覚と反対色説』（鳥居修晃・和氣典二監訳）誠信書房。

（9）文化人類学者の福井勝義は、東アフリカの牧畜民、ボディ族のフィールド調査を行ない、彼らがさまざまな色や模様のウシを識別する必要性から、色彩についてきわめて豊かな言語表現をもち、それがウシ以外のものにも広く適用されることを示している。福井勝義（1991）『認識と文化――色と模様の民族誌』東京大学出版会。

（10）松沢哲郎（1991）『チンパンジーから見た世界』東京大学出版会、松沢哲郎（1991）『チンパンジー・マインド――心と認識の世界』岩波書店。

（11）ウォーフ・B・L（1993）『言語・思考・現実』（池上嘉彦訳）講談社。言語相対性の詳解は、ドイッチャー・G『言語が違えば、世界も違って見えるわけ』（椋田直子訳、インターシフト、2012）を参照。

（12）この話は、イヌイット（エスキモー）が数百もの雪を区別して認識するというふうに膨張し、神話に近いものになっていった。もとは、1911年に人類学者のフランツ・ボアズがイヌイットは雪を表わすのに4種類の単語を用いると述べ（ボアズはイヌイットが雪について精密な表現をもっているということを言いたかったのだが）、ウォーフはそれをそのまま借用して、言語相対仮説の論拠にした。さらに1984年に『ニューヨーク・タイムズ』の社説が、これをもとに、イヌイットは100もの雪を区別していると書いた。話がこのように大げさになっていった経緯とイヌイットの雪を表わす基本語がほんとうはひとつかもしれないということについては、以下の論文を参照。Martin, L.（1986）Eskimo words for snow: A case study in the genesis and decay of an anthropological example. *American Anthropologist*, 88, 418-422. この話は、ピンカーのベストセラー（『言語を生みだす本能』椋田直子訳、日本放送出版協会、1995）にもとりあげられている。ついでに、ある人の言ったジョーク。アメリカでは「ペニス」を指すスラングが50以上も話されているのだから、アメリカ人は50ものペニスを区別して認識しているに違いない。

（13）ホピ語の場合には、「動いている（流れている）水」と「静止している水」だという。英語の water に相当する語は、日本語でも「水」と「湯」の2つがあるが、私たちと英語の話者とで、水の知覚が異なったりするだろうか。異なるわけがない。

（14）Malotki, E.（1983）*Hopi Time: A Linguistic Analysis of the Temporal Concepts in the Hopi Language.* Berlin: Mouton; ブラウン（２００２）前掲書。

（15）Haugen, E.（1977）Linguistic relativity: Myths and methods. In McCormack, W.C. & Wurm, S.A.（eds.）*Language and Th-ought: Anthropological Issues.* The Hague: Mouton, pp. 11–28.

（16）Levinson, S. C. (2003) *Space in Language and Cognition: Explorations in Cognitive Diversity.* Cambridge: Cambridge University Press. ドイッチャー（２０１２）前掲書と井上京子『もし「右」や「左」がなかったら——言語人類学への招待』（大修館書店、１９９８）も参照のこと。

（17）エヴェレット・D・L（２０１２）『ピダハン——「言語本能」を超える文化と世界観』（屋代通子訳）みすず書房。

（18）今井むつみ（２０１３）『ことばの発達の謎を解く』筑摩書房。

（19）２０１４年８月16日、ＮＨＫのＥテレの番組「地球ドラマチック」で、ピダハンのドキュメンタリーが「ピダハン 謎の言語を操るアマゾンの民」と題して放映された（もとはスミソニアン・チャンネルが２０１２年に制作）。このドキュメンタリーの制作過程で、エヴェレットらは、ピダハンを再訪する計画でいたが、それはかなわなかった。ピダハンの居住する地域に入る許可がＦＵＮＡＩ（ブラジル先住民の文化や利益を保護するための政府機関）からおりなかったためである。

（20）Segall, M.H., Campbell, D.T., & Herskovits, M.J.（1963）Cultural differences in the perception of geometrical illusions. *Science,* 139, 769–771; Segall, M.H., Campbell, D.T., & Herskovits, M.J.（1966）*The Influence of Culture on Visual Perception.*

Chicago: Bobbs-Merrill.

（21）被験者は、紙に描かれた図形のなかの2つの水平線分のうちどちらが長く見えるかを答えたが、両者の違いには12段階あって、違いが0%の刺激はなく、その付近では、マイナス8%、マイナス2%、プラス3%、プラス10%といったように刺激はとびとびだった。したがって、平均が1%や2%といった値は、被験者間の反応のばらつきを考慮に入れると、統計的には、錯覚は生じていないことになる。

（22）Leibowitz, H.W. & Pick, H.A.（1972）Cross-cultural and educational aspects of the Ponzo perspective illusion. *Perception & Psychophysics*,12, 430–432; Leibowitz, H., Brislin, R., Perlmutter, L., & Hennessy, R.（1969）Ponzo perspective illusion as a manifestation of space perception. *Science*, 166, 1174–1176.

（23）Dücker, G.（1966）Untersuchungen über geometrische-optische Täuschungen bei Wirbeltieren. *Zeitschrift für Tierpsychologie*, 23, 452–496; Révész, G.（1924）Experiments on animal space perception. *British Journal of Psychology*, 14, 386–414; 鈴木光太郎（１９９５）『動物は世界をどう見るか』新曜社。

（24）Fujita, K.（2006）Seeing what is not there: Illusion, completion, and spatiotemporal boundary formation in comparative perspective. In Wasserman, E.A. & Zentall, T.R.（eds.）, *Comparative Cognition: Experimental Explorations of Animal Intelligence*. Oxford: Oxford University Press, pp. 29–52; 藤田和生（１９９８）『比較認知科学への招待——「こころ」の進化学』ナカニシヤ出版。

（25）中溝幸夫（２００３）『視覚迷宮——両眼視が生み出すイリュージョン』ブレーン出版。

（26）Day, R.H.（1962）The effects of repeated trials and prolonged fixation on error in the Müller-Lyer figure. *Psychological Monographs*, 76, no.14.

（27）Hudson, W.（1960）Pictorial depth perception in sub-cultural groups in Africa. *Journal of Social Psychology*, 52, 183–208.

（28）これは私だけの主観的印象ではない。同じような感想を述べている研究者がいる。須賀哲夫『知覚と論理——「生れつき」とは何か』（東京大学出版会、１９８０）を参照。

（29）アフリカをフィールドにしている知人の文化人類学者によると、狩猟民はふつうは槍を右手でもち、投げる。サウスポーは珍しいという。

（30）シーガル・M（１９９３）『子どもは誤解されている――「発達」の神話に隠された能力』（鈴木敦子・外山紀子・鈴木宏昭訳）新曜社。

（31）Deregowski, J.B.（1972）Pictorial perception and culture. *Scientific American*, 227, November, 82–88; Hudson,（1960）前掲論文。

（32）次のような、自分の子を実験台にした研究がある。１９６０年ごろ、コーネル大学の知覚心理学者、ジュリアン・ホックバーグとヴァージニア・ブルックスの夫妻が、息子を生まれてから2年間、絵や写真やテレビというものを見せないようにして育てた。2年後、はじめて絵を見せて、なにかを尋ねたところ、描かれているのがなにかを（単純な線画でも！）ちゃんと答えることができた。したがって、絵を見て描かれているものがわかるということ自体は、経験や学習によるものではないのだ。Hochberg, J. & Brooks, V.（1962）Pictorial recognition as an unlearned ability: A study of one child's performance. *American Journal of Psychology*, 75, 624–628.

（33）ソルソ・R・L（１９９７）『脳は絵をどのように理解するか――絵画の認知科学』（鈴木光太郎・小林哲生訳）新曜社、ゼキ・S（２００２）（『脳は美をいかに感じるか――ピカソやモネが見た世界』（河内十郎監訳）日本経済新聞社。

（34）ニニオ・J（２００４）『錯覚の世界――古典からCG画像まで』（鈴木光太郎・向井智子訳）新曜社。

（35）Hudson, W.（1962）Pictorial perception and educational adaptation in Africa. *Psychologia Africana*, 9, 226–239; Deregowski.（1972）前掲論文。

（36）たとえば、グレゴリー・R・L（１９７５）「錯視のメカニズム」（大山正訳）、本明寛編『別冊サイエンス特集 視覚の心理学イメージの世界』日本経済新聞社、47-59。

（37）Suzuki, K. & Arashida, R.（1992）Geometrical haptic illusions revisited: Haptic illusions compared with visual illusions. *Perception & Psychophysics*, 52, 329–335.

（38）鈴木光太郎（１９９０）『錯覚のワンダーランド』関東出版社。

（39）グレゴリー・R・L（2001）『脳と視覚——グレゴリーの視覚心理学』（近藤倫明・中溝幸夫・三浦佳世訳）ブレーン出版。

（40）グレゴリーが念頭においている例は、ターンブルの報告であると思われる。ターンブル・C（1976）『森の民——コンゴ・ピグミーとの三年間』（藤川玄人訳）筑摩書房。心理学者のコールらも、似たような例を報告している。コール・M&スクリブナー・S（1982）『文化と思考——認知心理学的考察』（若井邦夫訳）サイエンス社。こうした例については、鈴木光太郎（1990）前掲書に解説してある。

4章

（1）Hearnshaw, L.S.（1979）*Cyril Burt, Psychologist.* Ithaca: Cornell University Press.

（2）Burt, C.（1955）The evidence for the concept of intelligence. *British Journal of Educational Psychology,* 25, 158–177.

（3）Conway, J.（1958）The Inheritance of intelligence and its social implications. *British Journal of Statistical Psychology,* 11, 171–190.

（4）Burt, C.（1966）The genetic determination of differences in intelligence: A study of monozygotic twins reared together and apart. *British Journal of Psychology,* 57, 137–153.

（5）カミン・L・J（1977）『IQの科学と政治』（岩井勇児訳）黎明書房。

（6）Gillie, O.（1976）Crucial data was faked by eminent psychologist. *Sunday Times*（London）, October 24, 1–2. この問題を記事にするまでの経緯については、Gillie, O.（1979）Burt's missing ladies. *Science,* 204, 1035–1038.

（7）Burt, C. & Howard, M.（1956）The multifactorial theory of inheritance and its application to intelligence. *British Journal of Statistical Psychology,* 9, 95–131.

（8）Hearnshaw（1979）前掲書。

（9）Fletcher, R.（1991）*Science, Ideology, and the Media: The Cyril Burt Scandal.* New Brunswick: Transaction Publishers; Joynson, R.B.（1989）*The Burt Affair.* London: Routledge.

（10）Mackintosh, N.J.（ed.）（1995）*Cyril Burt: Fraud or Framed?* Oxford: Oxford University Press.
（11）Hearnshaw（1979）前掲書。
（12）Burt, C.（1943）Ability and income. *British Journal of Educational Psychology*, 13, 83–98.
（13）Jensen, A.R.（1995）IQ and science: The mysterious Burt affair. In Mackintosh, N.J.（ed.）, *Cyril Burt: Fraud or Framed?* Oxford: Oxford University Press, pp. 1–12.
（14）河合信和（２００３）『旧石器遺跡捏造』文藝春秋、毎日新聞旧石器遺跡取材班（２００１）『発掘捏造』毎日新聞社。
（15）１９７０～８０年代に乳幼児の知覚や認知の研究において巧妙な実験を精力的に行ない、本や論文を立て続けに出していたのは、イギリスのエジンバラ大学のＴ・Ｇ・Ｒ・バウアーであった。当時のアカデミックな心理学のスターだった。しかし、あれだけの活躍ぶりだったのに（時代を画したのに）、その後本人は表舞台を去り（現在はテキサス大学にいる）、それらの研究もいまではあまり引用されることがない。聞くところによると、その実験データのほとんどが捏造の疑いがあるために、彼の研究はなかったことになっているという。当時も、彼の行なった実験の追試をしてみたが、彼の言うような結果にならなかったという研究者も多かった。しかし、ことの真相は、はっきりした形では公表されていない。
（16）Hearnshaw（1979）前掲書。
（17）Herrnstein, R.J. & Murray, C.（1994）*The Bell Curve: Intelligence and Class Structure in American Life.* New York: Free Press. この本の要点が村上宣寛『ＩＱってホントは何なんだ？――知能をめぐる神話と真実』（日経ＢＰ社、２００７）に簡潔にまとめられている。
（18）たとえば、Devlin, B., Fienberg, S.E., Resnick, D.P., & Roeder, K.（eds.）（1997）*Intelligence, Genes, and Success: Scientists Respond to The Bell Curve.* New York: Springer.
（19）クラーク・Ｗ＆グルンスタイン・Ｍ（２００３）『遺伝子は私たちをどこまで支配しているか――ＤＮＡから心の謎を解く』（鈴木光太郎訳）新曜社、リドレー・Ｍ（２００４）『やわらかな遺伝子』（中村桂子・

斉藤隆央訳）紀伊國屋書店。
（20）ゴールトンは、個人差や個人識別ということに徹底的にこだわった科学者である。指紋が個人の識別に使えるということを思いついたのも彼だし、横顔の5つのポイントを測るだけで個人を識別できるというアイデアを出したのも彼だった。またゴールトンは、犯罪の捜査でモンタージュ写真（合成写真）が使えるということも思いついた。こうした個人差が遺伝するという信念から、優生学を唱えたのも、このゴールトンだった。天性の「計り魔」で、四六時中ものを計測していたというエピソードもある。これについては、ピックオーバー・C『天才博士の奇妙な日常』（新戸雅章訳、勁草書房、２００１）を参照。近年ホットな話題として科学的関心を集めている「共感覚」を最初に調べたのも、このゴールトンである。彼はダーウィンとは従兄弟どうしだった。
（21）Dorfman, D.D.（1978）The Cyril Burt question: New findings. *Science,* 201, 1177–1186.
（22）Bouchard, T. J., McGue, M., Hur, Y., & Horn, J. M.（1998）A genetic and environmental analysis of the California Psychological Inventory using adult twins reared apart and together. *European Journal of Personality,* 12, 307–320. ブシャードらの研究でよく引用されるのは、１９９０年の論文だが、その時点で用いられているデータは56組だった。Bouchard, T. J., Lykken, D. T., McGue, M, Segal, N.L., & Tellegen, A.（1990）Sources of human psychological differences: The Minnesota study of twins reared apart. *Science,* 250, 223–228.
（23）Shields, J.（1962）*Monozygotic Twins.* Oxford: Pergamon Press.
（24）離れ離れになって育った一卵性双生児をめぐる研究の問題点、とくにサンプリングの問題点については、以下の論文が参考になる。Joseph, J.（2001）Separated twins and the genetics of personality differences: A critique. *American Journal of Psychology,* 114, 1–30.
（25）Holden, C.（1980）Identical twins reared apart. *Science,* 207, 1323–1328; 安藤寿康（２０００）『心はどのように遺伝するか』講談社。
（26）Dionne quintuplets (http://www.thecanadianencyclopedia.ca/en/article/dionne-quintuplets/).

（27）2つめの例（ブリジットとドロシー）と3つめの例（オスカーとジャック）については、ミネソタ研究におけるはじめての再会以前に会ってもいたし、手紙のやりとりもしていたというのが真相のようだ。これについては、ホーガン・J『続 科学の終焉——未知なる心』（竹内薫訳、徳間書店、２０００）を参照。

（28）Segal, N. L.（2000）*Entwined Lives: Twins and What They Tell Us about Human Behavior.* New York: Plume Book; 安藤寿康（２０００）前掲書。

（29）McClearn, G.E., Johansson, B., Berg, S., Pedersen, N.L., Ahern, F., Petrill, S.A., & Plomin, R.（1997）Substantial genetic influence on cognitive abilities in twins 80 or more years old. *Science,* 276, 1560–1563.

（30）本文で述べた以外の双生児研究の問題点については、次の本に詳しい。Joseph, J.（2003）*The Gene Illusion: Genetic Research in Psychiatry and Psychology under the Microscope.* Ross-on-Wye, Herefordshire: PCCS Books.

5章

（1）Salk, L.（1962）Mothers' heartbeat as an imprinting stimulus. *Transactions of the New York Academy of Sciences,* Series II, 24(7), 753–763; ソーク・L（１９７３）「母と子の間の心音の役割」（小林登訳）、サイエンス、7月号、34－40。ソークとほぼ時を同じくして、南カリフォルニア大学のウェイランドもこのことに気づいた。Weiland, I.H.（1964）Heartbeat rhythm and maternal behavior. *Journal of the American Academy of Child Psychiatry,* 3, 161–164.

（2）これについて、クリス・マクマナスは、ソークが参照した画集は実は14世紀中心のものであって、その後の１４５０年から１５５０年にかけて（イタリア・ルネサンスの最盛期）の作品では断然右が多いと書いている。McManus, C.（2003）*Right Hand, Left Hand.* London: Phoenix.（なお、邦訳は『非対称の起源——偶然か、必然か』（大貫昌子訳、講談社、２００６）だが、該当部分がカットされている。）つまり、時代時代によってカトリック教会が右と左にもたせた意味が違っているので、芸術作品は参考にならないというのである。確かに、どの時代のものをサンプリングするかで偏りはあるかもしれない。しかし、マクマナス自身は、時代によって、抱くのが左胸か右胸かにどのようなシンボリックな意味があったのかを明示していない（それにルネサンス最盛期の作品のほうが特別ってことだってある！）。ちなみに、「聖母の画家」と言われたラファエロの作品ではどうなっているか。（手元にある画集の範囲内でだが）マリアがイエスを抱いている作品13点のうち、左胸が6点、右胸が7点で、ほぼ半々だった。私がフランスの教会にある聖母子像を行き当たりばったりに調べたところ（ランダムなサンプリングにほぼ近い）、１００を越える像（像そのものは作られた時代がさまざまで、どの時代のものもある）のうち、やはり８割強が左の胸でイエスを抱いていた（図５・１参照）。イエスを抱く聖人（男性）の場合も、８割が左の胸だった。

（３） Richards, J.L. & Finger, S.（1975）Mother and child holding patterns: A cross cultural study. *Child Development,* 46, 1001–1004; Saling, M.M. & Cooke, W.L.（1984）Cradling and transport of infants by South African mothers: A cross-cultural survey. *Current Anthropology,* 25, 333–335.

（４） Torgersen, J.（1950）Situs inversus, asymmetry, and twinning. *American Journal of Human Genetics,* 2, 361–370. １００万人近い人の胸部レントゲン画像にもとづく研究である。

（５） 実験が行なわれた生後２日目から４日目というのは、出産の翌日から退院前日までということである。赤ちゃんの泣き声が断続的に録音されているのは、当時はそれほど長時間録音できるテープがなかったためである。実験群の新生児ののべ人数は１０２人、対照群は１１２人であった。

（６） モリス・Ｄ（１９６９）『裸のサル――動物学的人間像』（日高敏隆訳）河出書房新社。

（７） Detterman, D.K.（1978）The effect of heartbeat sound on neonatal crying. *Infant Behavior and Development,* 1, 36–48; Tulloch, J.D., Brown, B.S., Jacobs, H.L., Prugh, D.G., & Greene, W.A.（1964）Normal heartbeat sound and the behavior of newborn infants: A replication study. *Psychosomatic Medicine,* 26, 661–670.

（８） 川上清文・高井清子・清水幸子・矢内原巧（１９９８）「母親の心音で赤ちゃんは安心するか」『日経サイエンス』４月号、72－78。

（９） Todd, B. & Butterworth, G.（1998）Her heart is in the right place: An investigation of the "heartbeat hypothesis" as an explanation of the left side cradling preference in a mother with dextrocardia. *Early Development and Parenting,* 7, 229–233.

（10）　鈴木光太郎（１９９５）「母親だけが赤ん坊を左胸で抱くのか？——ソーク説をめぐって」『遺伝』10月号、39－40。

（11）　スウェーデンのボグレンも、左胸で抱く傾向が父親でも見られることを報告している。Bogren, L.Y. (1984) Side preference in women and men when holding their newborn child: Psychological background. *Acta Psychiatrica Scandinavica,* 69, 13–23.

（12）　左胸で抱く父親が多いのは、妻の抱き方をまねていることも考えられる。しかし、私たちが１０７組の夫婦について抱き方の対応関係があるのかを統計的に調べたところ、関係はなかった。つまり、母親が右で抱こうが左で抱こうが、父親は、それとは関係なく抱いていた。父親が左胸で抱くようになるのは、それとは別の理由によるようだ。

（13）　こうした説明を支持するのは、スウェーデンのドゥ・シャトーらの研究である。２歳から16歳までの男女の児童が人形をどう抱くかを観察したところ、女の子の場合には、６歳以前では、傾向は見られないが、６歳以降では、左側で抱く傾向（約75％）がはっきり現われるようになる。これに対して、男の子では、そうした傾向は見られない。De Château, P. & Andersson, Y.（1976）Left-side preference for holding and carrying newborn infants. II: Doll-holding and carrying from 2 to 16 years. *Developmental Medicine and Child Neurology,* 18, 738–744.

（14）　Tanaka, I.（1989）Change of nipple preference between successive offspring in Japanese macaques. *American Journal of Primatology,* 18, 321–325.

（15）　左胸で抱く割合は、チンパンジー（10頭）で84％、ゴリラ（４頭）で82％、オランウータン（４頭）で62％であった。Manning, J.T. & Chamberlain, A.T.（1990）The left-side cradling preference in great apes. *Animal Behaviour, 39,* 1224–1227.

（16）　Salk, L.（1970）The critical nature of the post-partum period in the human for the establishment of the mother-infant bond: A controlled study. *Diseases of the Nervous System*（Suppl.）, 31, 110–116; ソーク（１９７３）前掲論文。

（17）　ドゥ・シャトーらは、この母子分離の影響の問題を再検討している。De Chateau, P., Holmberg, H., &

Winberg, J. (1978) Left-side preference in holding and carrying newborn infants: I. Mothers holding and carrying during in the first week of life. *Acta Paediatrica Scandinavica*, 67, 166-175. 彼らも、分離がなかった母親では右側で抱く母親の割合が10~20%であり、24時間の分離になると30~40%に増えるという結果を得た。ソークの言うように「刷り込み」ではないにしても、また「臨界期」とは言えないにしても、分離が24時間を越えると左胸で抱くという傾向が見られなくなるのは、確かなようだ。ドゥ・シャトーらは、母親は赤ちゃんの生まれるまえから左胸で抱く傾向をもっているのだが、分離が長くなると、その傾向が出てこなくなると考えている。そして、出てこなくなるのは、母子分離の不安な状態がそうさせるのかもしれないと推測している(母親の不安な状態が最初に赤ちゃんを左で抱かせるとしたスパーバーらの説とは逆である。注22参照)。

(18) ソークは、想定される刷り込みのメカニズムについてとくに言及はしていないが、分娩後の母親の生理状態を考えると、左胸で抱くという傾向の固定に、たとえばホルモン(分娩を機に、母乳の分泌を促進するホルモンであるプロラクチンの量は急激に増加する)などがなんらかの形で関係していることが可能性として想定されるだろう。

(19) クラウスとケネルの本がそうである。クラウス・M・H&ケネル・J・H(1985)『親と子のきずな──母子関係の原点をさぐる』(竹内徹ほか訳)、医学書院。この時代、同じように読まれた同じような本に、ブラゼルトンの本(『ブラゼルトンの親と子のきずな──アタッチメントを育てるとは』(小林登訳、医歯薬出版、1982)がある。ただし、のちにこうした母子(あるいは親子)のきずなを重要視する考えとそれがもとにしている研究には大きな問題があることも指摘されている。アイヤー・D・E『母性愛神話のまぼろし』(大日向雅美・大日向史子訳、大修館書店、2000)を参照。

(20) アメリカの神経科学者、ウィリアム・カルヴィンは、人間がなぜ右利きと左脳優位を獲得するようになったかを次のように説明する。太古の昔、私たちの祖先は、男性も女性も狩りをしていたが、女性は赤ちゃんを抱きながら移動し、槍を投げなければならなかった。女性は、心音を聞かせ安心させるために赤ちゃんを左胸で抱くから、おのずと槍投げで使える手は右手になった。これが気の遠くなるほどの世代を重ねた結果、右手で投げるという行動とその器用さ（すなわち右利き）が定着し、左脳もそれ用に発達し、やがては言語もつかさどるようになった。すなわち、右利きと左脳の発達の鍵を握ったのは女性だった（そして赤ちゃんに心音を聞かせることだった）、というのだ。カルヴィンのこの仮説は、その著書の書名『投げるマドンナ（*The Throwing Madonna*）』（邦訳は『マドンナがしとめた――脳の進化は女性から始まった』須田勇・足立千鶴子・寺本コウ訳、誠信書房、１９８７）にそのまま反映されている。これはどう転んでも、誤りである。狩猟の主役が女性だったというのはともかく（これも通常の説とは異なる）、右手利きの傾向は人間に近い類人猿にも見られるからである。それに心音説自体が誤りだ。カルヴィンがこの仮説を本気で考えているのかどうかはわからない。彼は、よく知られた野球好きで、ピッチャーもするので、ひょっとすると野球に引きつけたジョークなのかもしれない。

（21） Ginsburg, H.J., Fling, S., Hope, M.L., Musgrove, D., & Andrews, C.（1979）Maternal holding preferences: A consequence of newborn head-turning response. *Child Development*, 50, 280–281. 新生児は仰臥状態では頭を右に向ける傾向がある。実は、この傾向は胎児にも認められる。興味深いことに、胎児でのこの傾向は出生後の利き手を予測し、頭を右に向ける胎児のほとんどは右利きになり、頭を左に向ける胎児は、右利きと左利きになるのがほぼ半々だという報告がある。これについては、Previc, F.H.（1991）A general theory concerning the prenatal origins of cerebral lateralization in humans. *Psychological Review*, 98, 299–334を参照。

（22） Sperber, Z. & Weiland, I.H.（1973）Anxiety as a determinant of parent-infant contact patterns. *Psychosomatic Medicine*, 35, 472–483. なぜ左胸で抱くと不安が低減するのかは不明である。

（23） Campbell, R.（1982）The lateralization of emotion: A critical review. *International Journal of Psychology*, 17, 211–229.

（24） Manning, J.T. & Chamberlain, A.T.（1991）Left-side cradling and brain lateralization. *Ethology and Sociobiology*, 12, 237–244; Vauclair, J. & Donnot, J.（2005）Infant holding biases and their relations to hemispheric specializations for perceiving facial emotions. *Neuropsychologia*, 43, 564–571.

（25） 前原勝矢（１９８９）『右利き・左利きの科学――利き手・利き足・利き眼・利き耳…』講談社。

（26）コレン・S（1994）『左利きは危険がいっぱい』（石山鈴子訳）文藝春秋。

6章

（1）Bringmann, W.G. & Abresch, J.（1997）Clever Hans: Fact or fiction? In Bringmann, W.G. et al.（eds.）*A Pictorial History of Psychology*. Chicago: Quintessence Books, pp. 77–82.

（2）一連の実験報告をまとめた著書は、1907年にドイツ語で刊行され、1911年に英訳版が出た。英語版からの邦訳は、プフングスト・O（2014）『りこうなハンス』（柚木治代訳）丸善プラネット。

（3）この時の実験では、老若男女の多数の人間が被験者をつとめた。なかでも、フングストが多用した有能な18歳の学生がいた。名前はクルト・コフカ。のちにゲシュタルト心理学の代表的存在として活躍することになる。1904年11月当時、彼はクレヴァーなウマの役を一生懸命こなしていた。

（4）Krall, K（1912）*Denkende Tiere : Beiträge zur Tierseelenkunde auf Grund eigener Versuche*. Leipzig : Verlag von Friedrich Engelmann.

（5）バーバー・T・X（1980）『人間科学の方法――研究・実験における10のピットフォール』（古崎敬監訳）サイエンス社。

（6）シーガル（1993）前掲書。

（7）ブラインド法では、情報を知らされない者には、実験者や観察者だけでなく、実験結果を記録したり整理したり分析したりする者も含まれる。これは、実験の内容を知っている人間がそれらのことをすると、結果が歪んでしまうおそれがあるからである。実験結果が曖昧で、判断に迷う要素を含んでいる場合には、とりわけそうである。したがって、それらのことをするのは、実験条件や被験者についてなにも知らない第三者でなければならない。これは、次のように応用される。たとえば、だれかにテストを受けてもらって、その回答を、どんな人の回答かを教えずに専門家に採点・分析・解釈してもらうのだ。これを専門的には「ブラインド・アナリシス（目隠し分析）」という。同じ回答に、何人かの専門家がほぼ一致した判定や評価を下したなら、その結果は信用してよいということになる。ところが、ロールシャッハテスト（インクのしみの図版を見てなにが見えるかを答えてもらう）という有名な心理検査で、このブラインド・アナリシスを行なうと、専門家の間でさえ、判定・分析結果が食い違うことがある。これはなにを意味するのだろうか。そう、それは信用できないということだ。しかし、この道の専門家の多くは（私の知人の何人かもそうだが）、「ブラインド・アナリシス」は邪道だと言っている。なぜなら、そのテストを受ける人のことをよく知っておかないと、分析や解釈がより正確で、より豊かなものにならないからだ、と。これは、その人についての知識が分析に影響することを自ら認めていることになる。心理学の実験や調査の結果は、最終的には、ブラインド法やブラインド・アナリシスのような方法で試されたのでないかぎり、信用することはできない。そうした試金石を拒むようでは、それはもう科学ではない。なお、ロールシャッハテストに大きな問題があるということについては、次の本を参照されたい。ウッド・J・M、リリエンフェルド・S・O、ネゾースキ・M・T&ガーブ・H・N（2006）『ロールシャッハテストはまちがっている――科学からの異議』（宮崎謙一訳）北大路書房、村上宣寛（2005）『「心理テスト」はウソでした。受けたみんなが馬鹿を見た』日経BP社。

（8）ヘイズ・C（1971）『密林から来た養女――チンパンジーを育てる（新装版）』（林寿郎訳）法政大学出版局。

（9） Gardner, R.A. & Gardner, B.T. (1969) Teaching sign language to a chimpanzee. *Science*, 165, 664-672.

（10）プリマック・A・J（1978）『チンパンジー読み書きを習う』（中野尚彦訳）思索社、パターソン・F&リンデン・E（1984）『ココ、お話しよう』（都守淳夫訳）どうぶつ社。Rumbaugh, D.M. (ed.) (1977) *Language Learning by a Chimpanzee: The LANA Project.* New York: Academic Press.

（11）プレマック・D&プレマック・A（2005）『心の発生と進化――チンパンジー、赤ちゃん、ヒト』（長谷川寿一監修・鈴木光太郎訳）新曜社。

（12）松沢哲郎（1991）『チンパンジーから見た世界』東京大学出版会、松沢哲郎（2002）『進化の隣人ヒトとチンパンジー』岩波書店。

（13）サベージ＝ランボー・S（１９９３）『カンジ――言葉を持った天才ザル』（古市剛史監修、加地永都子訳）日本放送出版協会、サベージ＝ランバウ・S&ルーウィン・R（１９９７）『人と話すサル「カンジ」』（石館康平訳）講談社。

（14）テラスが実験の継続を断念したのは、おそらく、単純に研究費やスタッフの調達の問題という理由だけではない。チンパンジーなど大型類人猿の場合、成熟していくにつれて、身体が大きくなって腕力が強くなり、悪気のない行為でも、場合によっては人間に危害がおよぶおそれが出てくる。たとえば、１９８０年には、ワショー（ガードナー夫妻のもとで手話を覚えた最初のチンパンジー）が訪問客の有名な神経科学者カール・プリブラムの手の指を噛み、傷が化膿して切断するという事故も起きた。テラスが実験を断念したのは、ニムが手に負えなくなったということがおそらくある。そして、ニムのことばの習得がもうある状態に達していて、それ以上実験しても、目新しいことはあまり出てこないという予想もあったに違いない。

（15）Terrace, H.S., Petitto, L.A., Sanders, R.J., & Bever, T.G.（1979）Can an ape create a sentence? *Science*, 206, 891–902; テラス・H（１９８６）『ニム――手話で語るチンパンジー』（中野尚彦訳）思索社。

（16）反論の詳細は、ファウツ・R&ミルズ・S・T『限りなく人類に近い隣人が教えてくれたこと』（高崎浩幸・高崎和美訳、角川書店、２０００）を参照。補足すると、テラスとガードナー夫妻で問題になったのは、習得された語彙そのものよりも、実験で観察された発話が通常の会話と言えるのか、そこには簡単な文法があると言えるのかであった。ここで言う文法（規則）はおもに語順であった。語順は確かに英語では規則として重要な位置を占めるが、ほかの言語では、語順がそれほど厳格ではないことがある。少ないながらも単語を介して意思の疎通が成立していれば、それは会話と言えるのではないか。

（17）Sebeok, T.A. & Rosenthal, R.（eds.）（1981）*The Clever Hans Phenomenon: Communication with Horses, Whales, Apes, and People.* New York: the New York Academy of Sciences.

（18）２０１１年に、ニムをめぐるドキュメンタリー映画『ニム・プロジェクト』が制作され、劇場公開された（日本では未公開）。関係者が（もちろんテラス本人も）インタヴューに応じ、当時のことを洗いざらいしゃべっている。そこにはかなり衝撃的な内容も含まれている。本文で述べたテラスに対する私の印象――彼の二面性――は、この映画を見てからさらに強いものになった。映画は、Marsh, J. (Dir.) & Chinn, S. (Pr.) (2011) *Project Nim*. London: Icon Film。なお、この映画は、エリザベス・ヘスの次のノンフィクションをもとにしている。Hess, E. (2008) *Nim Chimpsky: The Chimp Who Would Be Human*. New York: Bantam.

(19)　１９５０年代の終わり、アメリカとソ連はロケット技術をめぐって熾烈な競争を繰り広げていた。有人ロケットを飛ばすことが中期的な目標だったが、それには動物を使った実験を繰り返す必要があった。ソ連はライカ犬を実験台に選んだが、それに対し、アメリカが選んだのはチンパンジーであった。そのためには、たくさんのチンパンジーをストックしておく必要があり、繁殖計画が実行された。１９５８年にアメリカはチンパンジーを乗せたロケットの打ち上げに成功するが、それから3年もたたないうちに、ソ連はついに有人ロケットを打ち上げ、帰還にも成功する（この時の宇宙飛行士が「地球は青かった」という名言を残したガガーリンだ）。これを境に、時代は有人宇宙船の開発に突入し、チンパンジーは不要になった。しかし繁殖計画は続行され、余ったチンパンジーは宇宙計画から医学実験に転用されることになった（これはアメリカの国の方針だった）。ワショーやニムは、そうしたチンパンジーであり、たまたま言語学習実験のために借りてきたものであった。したがって、言語学習実験が終われば、もとの持ち主（国や大学や研究機関）に返さなければならず、その持ち主はもとの目的に使用することができた。これをめぐるさまざまな問題と彼らの運命については、リンデン・E（１９８８）『悲劇のチンパンジー――手話を覚え、脚光を浴び、忘れ去られた彼らの運命』（岡野恒也・柿沼美紀訳）どうぶつ社、ファウツ&ミルズ（２０００）前掲書、Wise, S.M. (2000) *Rattling the Cage: Toward Legal Rights for Animals*. New York: Perseus Publishing を参照のこと。また、イギリスのＢＢＣテレビが１９９８年に制作したドキュメンタリー『死を待つチンパンジーたち――実験台にされた命の行方』（ＮＨＫ教育テレビでも放映された）にも詳しく紹介されている。この問題については、ジェイン・グドールの次の本も参考になる。グドール・J&バーマン・P（２０００）『森の旅人』（松沢哲郎監訳、上野圭一訳）角川書店。なお、言語習得実験に参加したそれ以外のチンパンジーの多くは、その後もほかの心理学実験に参加している

（たとえば、プレマック夫妻のもとにいたサラは、その後オハイオ州立大学のサラ・ボイゼンのもとで認知実験に勤しみ、現在はルイジアナのサンクチュアリにいる）。いずれにしても現在では、研究者の多くは、チンパンジーを実験のたんなる被験体としてでなく、実験のパートナーや協力者として見ている。たとえば、松沢哲郎（２００２）前掲書を参照。

(20) 類人猿が人間の言語をわずかに習得できたという主張に対して、ふつうの人間のもつ語彙数や文法を中心に考えるチョムスキーやピンカーなら、そんなのは言語のゲにも相当しないと言うだろう。これについては、たとえばピンカー・S『言語を生みだす本能』（椋田直子訳、日本放送出版協会、１９９５）などを参照。

7章

（1） ラシュレイ・K・S（２００６）『脳の機序と知能――脳傷害の量的研究』（安田一郎訳）青土社。

（2） Rilling, M.（1996）The mystery of the vanished citations: James McConnell' s forgotten 1960s quest for planarian learning, a biochemical engram, and celebrity. *American Psychologist,* 51, 589–598.

（3） 宮崎武史（２０１２）『プラナリアって何だろう?――切っても死なない無敵の生きもの』幻冬舎ルネッサンス。

（4） Thompson, R. & McConnell, J.V.（1955）Classical conditioning in the planarian, Dugesia dorotocephala. *Journal of Comparative and Physiological Psychology,* 48, 65–68.

（5） 実は、１９２０年代にすでに、オランダの研究者がプラナリアの学習に成功していた。けれど、その研究はほとんどの研究者の目に触れることはなかった。トンプソンとマコーネルもその研究の存在を知らなかった。知ったのは、論文を書く段になってからだった。

（6） McConnell, J.V.（1962）Memory transfer through cannibalism in planarians. *Journal of Neuropsychiatry,* 3(Suppl.), 42–48.

（7） McConnell, J.V. & Shelby, J.M.（1970）Memory transfer experiments in invertebrates. In Ungar, G.（ed.）*Molecular Mechanisms in Memory and Learning.* New York: Plenum, pp. 71–101.

（8）Ungar, G., Desiderio, D.M., & Parr, W.（1972）Isolation, identification and synthesis of a specific-behaviour-inducing brain peptide. *Nature*, 238, 198–202.
（9）この数年前には、ＴＲＦの単離・同定・合成をめぐるロジェ・ギユマンとアンドリュー・シャリーの熾烈をきわめた先頭争いがあった。これも結局は、ノーベル賞の争奪戦だった。詳しくは、ウェイド・Ｎ『ノーベル賞の決闘』（丸山工作・林泉訳、岩波書店、１９８４）を参照。
（10）Stewart, W.W.（1972）Comments on the chemistry of scotophobin. *Nature*, 238, 202–209.
（11）コリンズ・Ｈ&ピンチ・Ｔ（１９９７）『七つの科学事件ファイル——科学論争の顛末』（福岡伸一訳 化学同人。
（12）McConnell,（1962）前掲論文。
（13）手代木渉（１９８７）『プラナリアの生物学——基礎と応用と実験』共立出版。
（14）コリンズ&ピンチ（１９９７）前掲書。
（15）Cordaro, L. & Ison, J.R.（1963）Psychology of scientist: Observer bias in classical conditioning of the planarian. *Psychological Reports*, 13, 787–789; Corning, W.C. & Riccio, D.（1970）The planarian controversy. In Byrne, W.L.（ed.）*Molecular Approaches to Learning and Memory*. New York: Academic Press, pp. 107–149.
（16）手代木渉（１９８７）前掲書。最近の研究も、尾部から頭部が再生したプラナリアにも記憶が受け継がれることを示している。Shomrat, T. & Levin, M. (2013) An automated training paradigm reveals long-term memory in planaria and its persistence through head generation. *Journal of Experimental Biology*, 216, 3799–3810.
（17）http://www.okstate.edu/artsci/psych/abramson/plan.html
（18）コリンズ&ピンチ（１９９７）前掲書。
（19）Setlow, B.（1997）Georges Ungar and memory transfer. *Journal of the History of the Neurosciences*, 6, 181–192.
（20）カンデル・Ｅ・Ｒ&スクワイア・Ｌ・Ｒ（２０１３）『記憶のしくみ 上・下』（小西史朗・桐野豊監修）講談社。

（21） マコーネルはもともと、さまざまなことに関心をもっていた。プラナリアの実験をするかたわら、サブリミナル効果にも関心を寄せていた（サブリミナル効果のレヴュー論文も書いている）。８章の注24も参照のこと。

（22） McConnell, J.V.（1974）*Understanding Human Behavior: An Introduction to Psychology.* New York: Holt, Rinehart & Winston. この本は何度か改訂されている。ちなみに１９７４年版は８５０ページの厚さがある。

（23） McConnell, J.V.（1978）Confessions of a textbook writer. *American Psychologist,* 33, 159–169.

（24） Sommer, R.（1991）Orbituary: James V. McConnell（1925–1990）. *American Psychologist,* 46, 650.

（25） Chase, A.（2003）*Harvard and the Unabomber : The Education of an American Terrorist.* New York : W.W. Norton & Company.

（26） McConnell, J.V.（1970）Criminals can be brainwashed—now. *Psychology Today,* April, 14–18,74.

８章

（１） Watson, J.B. & Rayner, R.（1920）Conditioned emotional reactions. *Journal of Experimental Psychology,* 3, 1–14.

（２） Beck, H.P., Levinson, S., & Irons, G. (2009) Finding little Albert: A journey to John B. Watson's infant laboratory. *American Psychologist,* 64, 605–614; Fridlund, A.J., Beck, H.P., Goldie, W.D., & Irons, G. (2012) Little Albert: A neurologically impaired child. *History of Psychology,* 15, 302–327.

（３） Powell, R.A., Digdon, N., Harris, B., & Smithson, C. (2014) Correcting the record on Watson, Rayner, and little Albert: Albert Barger as 'Psychology's lost boy.' *American Psychologist,* 69, 600–611.

（４） Cohen, D.（1979）*J.B. Watson: The Founder of Behaviorism.* London: Routledge and Kegan Paul.

（５） ワトソン・Ｊ・Ｂ（１９７５）「ワトソン」（今田恵訳）、佐藤幸治・安宅孝治編『現代心理学の系譜―その人と学問と（第３巻）』岩崎学術出版社、１-17。

（６） Jones, M.C.（1924）A laboratory study of fear: The case of Peter. *Pedagogical Seminary,* 31, 308–315. 半世紀後、ジョ

ーンズは、この研究とワトソンを回想した一文を書いている。Jones, M.C.（1974）Albert, Peter, and John B. Watson. *American Psychologist,* 29, 581–583.

（7） Samelson, F.（1980） J.B. Watson' s little Albert, Cyril Burt' s twins, and the need for a critical science. *American Psychologist,* 35, 619–625.

（8） Cornwell, D. & Hobbs, S.（1976）The strange saga of little Albert. *New Society,* March, 602–604; Harris, B.（1979）Whatever happened to little Albert? *American Psychologist,* 34, 151–160; Prytula, R.E. & Oster, G.D.（1977）The "rat rabbit" problem: What did John B. Watson really do? *Teaching of Psychology,* 4, 44–46.

（9） Cornwell & Hobbs（1976）前掲論文。

（10） Watson, J.B.（1921/1979）*Experimental Investigation of Babies*［film］.（Available from Penn State Media Sales, Pennsylvania State University, University Park, PA16802, U.S.A.）

（11） Watson, J.B. & Watson, R.R.（1928）*The Psychological Care of Infant and Child.* New York: Norton.

（12） Watson, J.B.（1921/1979）前掲の映画。アルバート坊やは、恐怖の条件づけの実験では3分10秒、それ以外の実験では1分45秒映っている。

（13） Watson & Watson（1928）前掲書。

（14） ワトソン・J・B（１９８０）『行動主義の心理学』（安田一郎訳）河出書房新社。

（15） フランスの歴史家、フィリップ・アリエスは、西洋における子どもという存在が、中世や近世には、現代とはかなり異なるものとして位置づけられていたことを明らかにしている。アリエス・P（１９８０）『〈子供〉の誕生——アンシァン・レジーム期の子供と家族生活』（杉山光信・杉山恵美子訳）みすず書房。

（16） Hulbert, A.（2003）*Raising America: Experts, Parents, and a Century of Advice about Children.* New York: Knopf. ハリー・ハーロウの生涯と研究を印象的に描いたブラムの次の本にも、アメリカでの育児法の大きな揺れが詳述されている。ブラム・D（２０１４）『愛を科学で測った男——異端の心理学者ハリー・ハーロウとサル実験の真実』（藤澤隆史・藤澤玲子訳）白揚社。

(17) スポック・B（１９６６）『スポック博士の育児書』（高津忠夫監修、暮しの手帖翻訳グループ）暮しの手帖社。
(18) Bjork, D.W.（1997）*B.F. Skinner: A Life.* Washington, D.C.: American Psychological Association.
(19) Watson, R.R.（1930）I am the mother of a behaviorist' s sons. *Parents' Magazine*, 5(12), 16.
(20) ハクスリー・A（２０１３）『すばらしい新世界』（黒原敏行訳）光文社。
(21) ワトソンは、どんなものに対してでも恐怖の条件づけが可能であるように考えていたが、そうではないようだ。ヘビなどに対する恐怖はすぐに条件づけられるが、花などに対する恐怖条件づけは起こらない（あるいは起きにくい）ことが報告されている。たとえば、Tomarken, A.J., Mineka, S., & Cook, M. (1989) Fear-relevant selective association and covariation bias. *Journal of Abnormal Psychology*, 98, 381–394; Mineka, S. & Cook, M. (1993) Mechanisms involved in the observational conditioning of fear. *Journal of Experimental Psychology: General*, 122, 23–38などを参照。
(22) R・ボークス（１９９０）『動物心理学史——ダーウィンから行動主義まで』（宇津木保・宇津木成介訳）誠信書房。
(23) 大学当局からは研究を断念するよう再三注意があった。アメリカでは不可能だというので、飲酒のできるイギリスで実験することも計画していた。
(24) ワトソンがジョンズ・ホプキンス大学を辞職し、離婚せざるをえなくなったのは、実はこの性行動の研究だったというショッキングな主張が、１９７４年になされたことがある。そう主張したのは、７章でとりあげたマコーネルである。しかも、一般向けの心理学の教科書『人間の行動を理解する』のなかにさりげなく実話として挿入されていた（７章で述べたように、この教科書の執筆で彼は賞をもらっている）。キンゼイ・レポートやマスター&ジョンソン報告などに示されるように、セックスの行為そのものに科学的な目が向くのは、１９４０年代末になってからである。それまで、セックスの研究はタブー視されていた。それには、セックスが個人的な営みであることも関係している（公にすべきものではないということだ）。マコーネルによると、ワトソンはこの禁を破ろうとした。ワトソンの関心は、性交時に男女の身体の状態がどのように変化してゆくかにあった。それには、性交中の男女を生理的に調べなければならない（つまり、各種の計測器をつけてセックスをする・させることになる）。ワトソンは手始めに、自身と妻のメアリーが実験台になることを考えたが、メアリーの強い拒否にあった。それで、自分の学生であったロザリーを相手に実験に臨んだというのだ。これを知ったメアリーは激怒し（見つけた実験結果も焼却してしまった）、それが離婚問題に発展していった。この研究は、ジョンズ・ホプキンス大学当局の知るところとなり、忌々しきこととしてワトソンには辞職を勧告せざるをえなかった。しかし、セックスの研究をしたということを公にするわけにはいかなかったので、表向きは不倫の問題ということで片づけた。以上がマコーネルの主張である。マコーネルによると、不倫問題ごときで大学どころか学問の世界を去るのはおかしい、なにかもっと決定的な原因があるはずであって、それが性行動の実験だったのだという。しかし、おそらくそうではない。ワトソンの前任者であったマーク・ボールドウィンも、買春行為が発覚して、ジョンズ・ホプキンスをクビになっているのだ。この時代、不倫は大きな問題であった。マコーネルは、いままで知られていなかったこのスキャンダラスな話を、ワトソンと一緒に広告の仕事をしていたデック・コールマン（ワトソンはコールマンに私的なさまざまなことを語っていたらしい）から聞いたのだという。しかし、この話には証拠がない（マコーネルはこの話をコールマンに再確認したかったが、彼はすでに亡くなっていた）。ワトソンが人間の性行動に大きな関心を寄せていたのは確かだが、それを実行に移したことを示す形跡は現時点でも見つかっていない。どうやらガセネタだったようだ。マコーネルによるワトソンのスキャンダラスな「実話」は、*Understanding Human Behavior: An Introduction to Psychology* (New York: Holt, Rinehart & Winston, 1974) を、この問題についての解説は、Benjamin, L.T., Whitaker, J.L., Ramsey, R.M., & Zeve, D.R. (2007) John B. Watson's alleged sex research: An appraisal of the evidence. *American Psychologist*, 62, 131–139を参照のこと。

9章

（1）エビングハウス・H（1912）『心理学（全）』（高橋穣訳、元良勇次郎校閲）冨山房。
（2）村上陽一郎（1994）『科学者とは何か』新潮社。なお、「サイエンス」をだれが「科学」と訳したのかはわかっていない。伊藤博文と書いている本もあるが、そうではないようだ。

(3) Gleitman, H., Gross, J., & Reisberg, D. (2011) *Psychology* (8th edition). New York: W.W. Norton.

(4) 心を脳のはたらきだと言い切ってしまうことに抵抗(や嫌悪感)を示す人は多い。しかし、そうでないわけがない。脳のそれぞれの部分が壊れると、動きが見えない、ことばが理解できない、相手の感情が読めない、性格が変わってしまうといったように、心も一変してしまうからである。心イコール脳というのが言いすぎなら、心とは、脳を含む身体のなかで起こっていること(あるいは周囲の環境と脳を含む身体との相互作用)だと言い直してもよい。いずれにしても、脳を離れて心があるわけではない。

(5) 西洋の学問が日本に輸入された時(明治のはじめの頃)、「サイコロジー」は「心理学」と訳された。そう訳したのは、「哲学」などの訳語も作った西周である。しかし、西はそう訳すことにはじめは躊躇して、心理学の中身のほうをとって、「性理学」という訳語を用いた。人間や動物の性質、本性、感性、理性、知性、個性をあつかう学問というわけだ。しかし、性理学では、セックスの科学と混同されたり、生理学とも混同されるおそれがあった。それで結局は、直訳ふうの「心理学」をとったのである。しかし、「性理学」は絶妙のネイミングだと思う。これだと、心理学の内容についての誤解はもっと少なくなっていたはずである(別の誤解で困っていたかもしれないが)。

(6) モーツァルト効果については、宮崎謙一・仁平義明(2007)「モーツァルトは頭を良くするか—『モーツァルト効果』をめぐる科学とニセ科学」を、ロールシャッハテストについては、宮崎謙一(2007)「ロールシャッハテストをめぐる真実と疑惑」を参照(それぞれ仁平義明編『嘘の臨床・嘘の現場(現代のエスプリ481)』至文堂、113-127、66-79)。文化と性役割については、ブラウン(2002)前掲書を参照のこと。心理学の俗説全般については以下の本を参照。リリエンフェルド・S・O、リン・S・J、ラッシオ・J&バイアースタイン・B・L(2014)『本当は間違っている心理学の話——50の俗説の正体を暴く』(八田武志・戸田山和久・唐沢穣監訳)化学同人。

(7) 以下の本は、誤信や迷信の心理学的解説として参考になる。ギロビッチ・T(1993)『人間この信じやすきもの――迷信・誤信はどうして生まれるか』(守一雄・守秀子訳)新曜社、ハインズ(1995)前掲書、菊池聡(1998)『超常現象をなぜ信じるのか』講談社、ボイヤー・P(2008)『神はなぜいるのか?』(鈴木光太郎・中村潔訳)NTT出版、ベリング・J(2012)『ヒトはなぜ神を信じるのか――信仰する本能』(鈴木光太郎訳)化学同人。

(8) 実は、このことは、科学の商業的マスメディア(たとえば『ネイチャー』や『サイエンス』)にも言える。そこに掲載される記事や掲載論文は、科学的に価値があること以上に、ニュース性や目新しさがなければならない。ここでも商業的基準が優先される。したがって、その商業的基準を満たすためにデータの歪曲、改竄、捏造が行なわれている可能性はつねにある。その1例。2014年1月、理化学研究所の小保方晴子を中心とする研究チームは、『ネイチャー』にSTAP細胞についての実験論文2編を発表し、その研究は世紀の大発見として鳴り物入りで報道された。しかし論文の発表直後からさまざまな疑義が出され、それは捏造スキャンダルへと発展し、最終的に論文は撤回された。この顚末を時系列に沿って追ったものとして、須田桃子『捏造の科学者――STAP細胞事件』(文藝春秋、2014)を参照。

(9) たとえば、関西テレビ『発掘! あるある大事典』捏造事件(発覚は2007年1月)。捏造は常態化していた。

図版出典

図1・1、図1・2、図1・3、図1・4、図1・5、図1・6　Singh, J.A.L. & Zingg, R.M.（1942）*Wolf-children and Feral Man.* New York: Harper.

図1・7　Allman, J.M.（1999）*Evolving Brains.* New York: Scientific American Library.

図1・8　Yolen, J., Roth, R., & Stemple, H.E.Y.（2001）*The Wolf Girls: An Unsolved Mystery from History.* New York: Simon & Schuster.

図2・1　Brooks, J.（1958）The little ad that isn't there: A look at subliminal advertising. *Consumer Reports,* January, 7–10.

図3・1　Berlin, B. & Kay, P.（1969）*Basic Color Terms: Their Universality and Evolution.* Berkeley: University of California Press.

図3・2、図3・3　松沢哲郎（１９９１）『チンパンジー・マインド――心と認識の世界』岩波書店。

図3・4　Whorf, B.L.（Carroll, J.B., ed.）（1956）*Language, Thought, and Reality: Selected Writings of Benjamin Lee Whorf.* Cambridge, Mass.: MIT Press.

図3・5、表3・1　Segall, M.H., Campbell, D.T., & Herskovitz, M.J.（1963）Cultural differences in the perception of geometric illusions. *Science,* 139, 769–771.

図 3・6　Leibowitz, H.W., Brislin, R., Perlmutter, L., & Hennessy, R.（1969）Ponzo perspective illusion as a manifestation of space perception. *Science,* 166, 1174–1176.

図3・7　Hudson, W.（1960）Pictorial depth perception in sub-cultural groups in Africa. *Journal of Social Psychology,* 52, 183–208.

図3・8　Deregowski, J.B.（1972）Pictorial perception and culture. *Scientific American,* 227, November, 82–88.

図3・9、図3・10　鈴木光太郎（１９９０）『錯覚のワンダーランド』関東出版社。

図３・11　Gregory, R.L.（1998）*Eye and Brain: The Psychology of Seeing.*（Fourth edition）London: Oxford University Press.

図４・１　Gillie, O.（1976）Crucial data was faked by eminent psychologist. *Sunday Times*（London）, October 24, 1–2.

図４・２　Hearnshaw, L.S.（1979）*Cyril Burt: Psychologist.* Ithaca, New York: Cornell University Press.

図４・３　Plomin, R.（1990）*Nature and Nurture: An Introduction to Human Behavioral Genetics.* Pacific Grove, California: Brooks/Cole.

図５・１　著者撮影。

図５・２　鈴木光太郎（１９９５）「母親だけが赤ん坊を左胸で抱くのか？——ソーク説をめぐって」『遺伝』10月号、39－40。

図５・３　Salk, L.（1973）The role of the heartbeat in the relations between mother and infant. *Scientific American,* 228, May, 24–29.

図６・１　Pfungst, O.（1911）*Clever Hans: A Contribution to Experimental Animal and Human Psychology.* New York: Henry Holt; 長谷川眞理子（１９９９）『科学の目　科学のこころ』岩波書店。

図６・２、図６・３　Bringmann, W.G. & Abresch, T.（1997）Clever Hans: Fact or fiction? In Bringmann, W.G., Lück, H.E., Miller, R., & Early, C.E.（eds.）（1997）*A Pictorial History of Psychology.* Chicago: Quintessence Books, pp. 77–82.

図６・４　Terrace, H.S.（1979）*Nim: A Chimpanzee Who Learned Sign Language.* New York: Alfred Knopf.

図６・５　Terrace, H.S., Petito, L.A., Sanders, J., & Bever, T.G.（1979）Can an ape create a sentence? *Science,* 206, 891–902.

図７・１、図７・２、図７・５　McConnell, J.V.（1974）*Understanding Human Behavior: An Introduction to Psychology.* New York: Holt, Rinehart & Winston.

図７・３　Trotter, R.J. & McConnell, J.V.（1978）*Psychology: The Human Science.* New York: Holt, Rinehart & Winston.

図７・４　McConnell, J.V. & Shelby, J.M.（1970）Memory transfer experiments in invertebrates. In Ungar, G.（ed.）*Molecular Mechanisms in Memory and Learning.* New York: Plenum, pp. 71–101.

図８・１　Popplestone, J.A. & McPherson, M.W.（1994）*An Illustrated History of American Psychology.* Akron, Ohio: University of Akron Press.

図8・2、図8・3　Watson, J.B. & Watson, R.R.（1928）*The Psychological Care of Infant and Child.* New York: Norton.

図8・4　Powell, R.A., Digdon, N., Harris, B., & Smithson, C. (2014) Correcting the record on Watson, Rayner, and little Albert: Albert Barger as 'Psychology's lost boy.' *American Psychologist,* 69, 600–611.

図8・5　Cornwell, D. & Hobbs, S.（1976）The strange saga of little Albert. *New Society,* March, 602–604.

図8・6　Bjork, D.W.（1997）*B. F. Skinner: A Life.* Washington, D.C.: American Psychological Association.

図8・7　Buckley, K.W.（1989）*Mechanical Man: John Broadus Watson and the Beginnings of Behaviorism.* New York: The Guilford Press.

本書は、二〇〇八年一〇月に新曜社より刊行された『オオカミ少女はいなかった――心理学の神話をめぐる冒険』に加筆訂正したものです。

ちくま文庫

増補《ぞうほ》　オオカミ少女《しょうじょ》はいなかった
――スキャンダラスな心理学《しんりがく》

二〇一五年五月十日　第一刷発行

著　者　鈴木光太郎（すずき・こうたろう）

発行者　熊沢敏之
発行所　株式会社　筑摩書房
東京都台東区蔵前二―五―三　〒一一一―八七五五
振替〇〇一六〇―八―四一二三
装幀者　安野光雅
印刷所　三松堂印刷株式会社
製本所　三松堂印刷株式会社

ISBN978-4-480-43269-8　C0111